本著作系上海市哲学社会科学规划课题"创业人才的心智特征及其神经学实验观测研究"(NO. 2018BGL023)、国家自然科学基金面上项目"人机混合智能的心智效能及神经管理研究"(NO. 71971066)、教育部哲学社会科学研究重大课题攻关项目"新一代人工智能发展的自然语言理解研究"(NO. 19JZD010)的阶段性研究成果。

Entrepreneurial Growth and Mental Model

创业成长与心智模型

戴永辉 —— 著

图书在版编目（CIP）数据

创业成长与心智模型/戴永辉著. —北京：知识产权出版社，2020.6
ISBN 978-7-5130-6957-1

Ⅰ.①创… Ⅱ.①戴… Ⅲ.①创业—企业管理—研究 Ⅳ.①F272.2

中国版本图书馆 CIP 数据核字（2020）第 089154 号

内容提要

《创业成长与心智模型》从多学科交叉角度对创业成长与心智模型的理论及应用作了系统性研究和阐述，主要内容包括创业生态系统与创业者心智模型理论、创业企业的成长机制及约束理论、心智模型与创业者心智画像分析、成长企业的员工胜任力分析、大学生创业心智与创新创业实践等，采用广义生态群落理论、系统动力学、情感智能分析技术、网络心理计算技术、神经学实验观测技术和仿真建模等对相关问题作了研究，为创业成长与心智模型的研究、发展与应用提供了新的理论、方法及技术手段。

本书可作为高等院校本科高年级学生和研究生的创新创业教学参考书，也可供工商管理、管理科学与工程以及心理学、教育学等相关专业从事交叉学科研究的研究人员参考。

责任编辑：兰 涛	责任校对：谷 洋
封面设计：郑 重	责任印制：刘译文

创业成长与心智模型

戴永辉 著

出版发行：知识产权出版社有限责任公司	网　　址：http://www.ipph.cn
社　　址：北京市海淀区气象路 50 号院	邮　　编：100081
责编电话：010-82000860 转 8325	责编邮箱：lantao@cnipr.com
发行电话：010-82000860 转 8101/8102	发行传真：010-82000893/82005070/82000270
印　　刷：北京虎彩文化传播有限公司	经　　销：各大网上书店、新华书店及相关专业书店
开　　本：787mm×1092mm　1/16	印　　张：19
版　　次：2020 年 6 月第 1 版	印　　次：2020 年 6 月第 1 次印刷
字　　数：334 千字	定　　价：78.00 元

ISBN 978-7-5130-6957-1

出版权专有　侵权必究
如有印装质量问题，本社负责调换。

前　言

时光飞逝，眨眼之间来到了 2020 年，回想自己 1995 年大学毕业后经历的工作、创业、读博和 2016 年进入上海对外经贸大学任教的历程，深有感触。之前在企业十多年的工作经历和最近四年在高校从事"创业管理""创业战略管理""管理学研究工具""数据科学与管理""企业管理数据可视化与智能决策"等课程教学的感悟以及指导学生参加各类大学生创新创业大赛的体验，使自己对于创业管理的理论与实践有了更深刻的理解，也为撰写《创业成长与心智模型》这本书提供了基础和动力。

自从党的十八大明确提出实施创新驱动发展战略以来，我国的创新创业进入前所未有的发展新阶段。目前，我国各类众创空间数量规模已跃居全球第一，创新创业已成为促进我国社会、经济发展的强大驱动力。然而，在我国创新创业活跃度不断提升的同时，创业企业"存活时间短、失败率高"的现象同样引人注目，尤其是作为创业生力军的大学生的创业失败率高达 95% 的严酷事实，引起了创业投资机构、政府主管部门及研究学者们的高度关注与深思。

创业的成败与社会经济环境、法规政策制度、基础设施条件、新技术发展以及创业团队的能力与素质等多方面因素相关，需要"天时、地利、人和"的机遇和环境。众多理论研究与案例实证均表明，创业者的人格特质、内在秉性及其经验形成的心智模式对于创业机遇的把握、风险的认知、团队的构建、社会资本的利用以及决策行为具有重大影响，是创业成败的关键要素。如何深入研究创业企业的成长与创业者的心智模式，为我国的创业企业提供实践指导，并通过科学评估和有针对性地训练，健全、完善创业者的心智模式，提高创业质量、减少失败率，是我国创业管理中亟待思考与解决的问题，对于提升创业成效、增强创业者与社会资本投入的信心和合理配置政府的创业资源具有重大意义。

自然界生物群落和社会经济群落均具有可持续发展的生态学法则，基于上述群落的共同特征与规律而提出的广义生态群落理论,从群落结构、生态链、群落演替、支撑环境等方面为创业成长研究提供了系统性指导。从上述理论来看,创业成长是一个创业群落在社会经济生态系统中形成、发展与演替的过程,需要具备适宜的环境、有效的驱动机制、可持续发展的生态链和完善的支撑环境,才能实现群落朝着最优化的"顶级群落"模式演替,而通过生态群落建模与计算仿真可以深入把握以上过程的特征与规律。近年来,随着人工智能、脑科学及认知神经科学的发展,尤其是脑电图、事件相关电位、功能性磁共振成像、近红外脑功能成像技术等神经实验观测技术的出现,为从生理与行为大数据智能挖掘、神经活动观测和神经机理层面深入研究创业者的心智模式提供了先进的手段。因此,创业成长与心智模式的研究已成为一个多学科交叉的新兴研究领域。

本书是作者多年来在创业管理理论研究和实验经验积累的基础上撰写而成的,主要特点如下。

(1) 在研究视角上,从多学科交叉角度对创业成长与心智模型进行研究,在创业生态系统与创业者心智模型理论、创业企业的成长机制及约束理论等基础上对创业成长进行剖析,由于创业机会识别、创业企业评价、创业胜任力、创业心智等研究所涉及的知识较广,需要融合多个学科专业知识来开展研究,为此,本书融合了管理学、心理学、计算机科学、神经认知科学等交叉学科知识,为创业成长与心智模型的研究提供了新的视角。

(2) 在研究方法上,以理论分析和实证研究相结合,从理论联系实践的角度对创业成长与心智模型进行研究,注重研究成果的应用,例如:通过约束理论解释了创业企业成长瓶颈的产生原因,给出了创业企业在面临企业战略瓶颈、运营管理瓶颈、企业团队瓶颈和企业资源瓶颈时该如何应对;依托员工胜任力模型,帮助创业企业进行人才绩效管理、招聘与人才培养;借助网络客户的心智模型分析,实施精准营销和客户兴趣挖掘等。

(3) 在研究手段上,综合运用了系统动力学、情感智能分析技术、网络心理计算技术、神经学实验观测技术和仿真建模等多种技术和方法,采集了问卷调研数据、客户网上行为数据、神经科学实验数据等多个来源的数据,进行实证研究,给出了创业企业评估、员工胜任力评价、客户网络心理、创业者心智画像、大学生创业热点等方面量化计算与分析的方法,为量化研究创业成长与心智模型提供了新的方法及技术手段。

(4) 在研究意义上,其理论意义在于,从企业层面和个体层面,对创业成长与心智模型相关的理论进行研究，为创业企业和创业者的研究与评估提供新的理论与方法，描述的创业企业评价模型、员工胜任力模型和创业者心智模型，充实了创业背景下的胜任力理论和心智模型理论的研究，结合神经科学实验观测和机理发现对上述研究进行解释，丰富了胜任力理论和心智模型理论的研究范畴；其实践意义在于，企业层面的研究有助于广大创业企业更加客观地认识和评价自己，为其在制定合理的发展策略和降低创业风险上提供帮助，提出的创业者画像为创业者的心智特征分析、评估和培养提供了重要参考，在创业画像基础上进行针对性地培训，将提升创业者对机会与风险的认知能力，尤其在大学生创业培训和避免创业失败上提供更科学的指导，为建设创新型国家和培养高素质创业人才服务。

本著作系上海市哲学社会科学规划课题"创业人才的心智特征及其神经学实验观测研究"（No. 2018BGL023）、国家自然科学基金面上项目"人机混合智能的心智效能及神经管理研究"（No. 71971066）、教育部哲学社会科学研究重大课题攻关项目"新一代人工智能发展的自然语言理解研究"（No. 19JZD010）的阶段性研究成果。在此，向以上项目组成员表示感谢，同时感谢本人的工作单位——上海对外经贸大学给予的资助！

本著作在编写过程中，参考了大量参考文献，限于篇幅，恕不一一列出，特作说明并致谢。限于作者水平，书中难免存在疏漏，不当甚至错误之处，恳请同行、专家及读者批评指正。

戴永辉
2020 年 4 月 16 日

目 录

第1章 绪 论 ··· 1
  1.1 研究背景与意义 ··· 1
    1.1.1 研究背景 ·· 1
    1.1.2 研究意义 ·· 6
  1.2 国内外研究概述 ··· 7
    1.2.1 创业成长 ·· 7
    1.2.2 心智模型 ··· 14
  1.3 研究内容与方法 ·· 16
    1.3.1 本书内容 ··· 16
    1.3.2 研究方法 ··· 18
  1.4 本章小结 ·· 20

第2章 创业成长与心智模型的理论基础 ······························· 21
  2.1 创业与创业理论 ·· 21
    2.1.1 创业定义及内涵 ·· 21
    2.1.2 创业的相关理论 ·· 22
  2.2 创业者与创业团队 ·· 24
    2.2.1 创业者 ··· 24
    2.2.2 创业团队 ··· 27
    2.2.3 创业精神 ··· 29
  2.3 创业成长相关理论 ·· 31
    2.3.1 创业生态系统 ·· 31
    2.3.2 创业过程理论 ·· 33
    2.3.3 企业成长理论 ·· 35
  2.4 胜任力与心智模型 ·· 40

2.4.1　胜任力模型 ………………………………………… 40
　　2.4.2　心智模型理论 ……………………………………… 43
2.5　本章小结 …………………………………………………… 43

第3章　创业企业的商业模式与成长机制 ……………………… 45
3.1　创业企业商业模式 ………………………………………… 45
　　3.1.1　创业企业战略 ……………………………………… 45
　　3.1.2　创业类型划分 ……………………………………… 47
　　3.1.3　企业商业模式 ……………………………………… 55
3.2　创业企业成长机制 ………………………………………… 59
　　3.2.1　创业环境分析 ……………………………………… 59
　　3.2.2　创业资源整合 ……………………………………… 62
　　3.2.3　企业成长机制 ……………………………………… 63
3.3　创业企业成长案例 ………………………………………… 67
　　3.3.1　企业背景概况 ……………………………………… 67
　　3.3.2　市场服务介绍 ……………………………………… 68
　　3.3.3　企业生态环境 ……………………………………… 69
　　3.3.4　企业商业模式 ……………………………………… 70
　　3.3.5　企业成长机制 ……………………………………… 71
3.4　本章小结 …………………………………………………… 72

第4章　创业企业的成长指标及仿真研究 ……………………… 73
4.1　创业企业的成长指标选取 ………………………………… 73
　　4.1.1　指标建立原则 ……………………………………… 73
　　4.1.2　评价指标选取 ……………………………………… 75
4.2　创业企业的评价指标计算 ………………………………… 82
　　4.2.1　模糊综合评价模型 ………………………………… 83
　　4.2.2　各级判断矩阵构建 ………………………………… 84
　　4.2.3　指标权重系数计算 ………………………………… 86
　　4.2.4　模糊综合评价分析 ………………………………… 88
4.3　基于生态群落的指标仿真 ………………………………… 91
　　4.3.1　跨境电商的生态群落分析 ………………………… 91
　　4.3.2　跨境电商软性供应链指标 ………………………… 93

  4.3.3 基于 Netlogo 的建模仿真 ……………………………… 98
  4.3.4 供应链关键影响指标分析 …………………………… 106
 4.4 本章小结 ………………………………………………………… 107

第5章 创业企业的成长约束及瓶颈分析 ……………………………… 108
 5.1 约束理论及瓶颈的产生 ………………………………………… 108
  5.1.1 约束理论核心思想 …………………………………… 108
  5.1.2 企业瓶颈起因分析 …………………………………… 108
 5.2 创业企业成长瓶颈分析 ………………………………………… 110
  5.2.1 企业战略瓶颈分析 …………………………………… 110
  5.2.2 运营管理瓶颈分析 …………………………………… 112
  5.2.3 企业团队瓶颈分析 …………………………………… 114
  5.2.4 企业资源瓶颈分析 …………………………………… 117
 5.3 创业企业成长瓶颈应对 ………………………………………… 119
  5.3.1 企业战略瓶颈应对 …………………………………… 119
  5.3.2 运营管理瓶颈应对 …………………………………… 120
  5.3.3 企业团队瓶颈应对 …………………………………… 123
  5.3.4 企业资源瓶颈应对 …………………………………… 124
 5.4 本章小结 ………………………………………………………… 125

第6章 基于系统动力学的创业成长研究 ……………………………… 126
 6.1 系统动力学的原理与方法 ……………………………………… 126
  6.1.1 系统动力学的基本原理 ……………………………… 126
  6.1.2 系统动力学的分析方法 ……………………………… 127
 6.2 创业成长的系统动力学视角 …………………………………… 128
  6.2.1 创业企业的界定与特征 ……………………………… 128
  6.2.2 创业企业成长影响因素 ……………………………… 129
  6.2.3 创业活动及其动力机制 ……………………………… 131
  6.2.4 系统动力学的视角分析 ……………………………… 133
 6.3 创业活动系统动力模型构建 …………………………………… 134
  6.3.1 模型构建的目标与原则 ……………………………… 134
  6.3.2 创业活动因果关系模型 ……………………………… 135
 6.4 创业活动的系统动力学分析 …………………………………… 138

6.4.1 创业活动模型参数估计 ……………………………… 138
6.4.2 创业活动模型检验分析 ……………………………… 139
6.5 本章小结 …………………………………………………… 140

第7章 心智模型分析与创业者心智画像 ……………………… 141
7.1 心智模型分析与测量方法 ………………………………… 141
7.1.1 心智模型分析 ………………………………………… 141
7.1.2 心智模型测量 ………………………………………… 143
7.2 创业者心智模型要素分析 ………………………………… 146
7.2.1 个体先验知识 ………………………………………… 147
7.2.2 个体人格特质 ………………………………………… 148
7.2.3 创业机会识别 ………………………………………… 148
7.3 创业者心智画像的构建 …………………………………… 149
7.3.1 心智画像设计 ………………………………………… 149
7.3.2 心智画像构建 ………………………………………… 152
7.4 本章小结 …………………………………………………… 164

第8章 心智模型与网络心理计算的应用 ……………………… 165
8.1 基于心智模型的网络创业服务 …………………………… 165
8.1.1 网络创业特点与创业模式 …………………………… 165
8.1.2 网络客户的心智模型分析 …………………………… 167
8.1.3 网络教育的用户心智模型 …………………………… 171
8.2 基于网络心理计算的应用示例 …………………………… 177
8.2.1 网络心理计算过程与方法 …………………………… 177
8.2.2 在线客户的网络心理计算 …………………………… 185
8.2.3 社群情绪的网络心理计算 …………………………… 194
8.3 本章小结 …………………………………………………… 201

第9章 成长企业的员工胜任力模型研究 ……………………… 202
9.1 员工胜任力的相关研究 …………………………………… 202
9.2 员工胜任力模型的构建 …………………………………… 205
9.2.1 胜任力模型构建流程 ………………………………… 205
9.2.2 胜任力模型构建准备 ………………………………… 207
9.2.3 胜任力模型构建分析 ………………………………… 209

9.3 胜任力模型的实证研究 ································ 215
9.3.1 研究框架与问卷收集 ···························· 215
9.3.2 信度检验及效度检验 ···························· 217
9.3.3 主成分及权系数计算 ···························· 217
9.3.4 指标的神经认知验证 ···························· 226
9.3.5 模型指标权重的确定 ···························· 233
9.4 员工胜任力模型的应用 ································ 234
9.5 本章小结 ·· 235

第10章 大学生创业心智与创新创业实践 ···················· 236
10.1 大学生创业心智模型 ································ 236
10.1.1 大学生创业心智调研 ·························· 236
10.1.2 大学生创业心智分析 ·························· 239
10.2 大学生创业热点发掘 ································ 242
10.2.1 创业热点数据的收集 ·························· 242
10.2.2 创业热点及趋势分析 ·························· 247
10.3 大学生创新创业实践 ································ 248
10.3.1 教育服务业创业实践 ·························· 249
10.3.2 电子商务类创业实践 ·························· 264
10.4 本章小结 ·· 272

第11章 研究总结与展望 ···································· 273
11.1 研究总结 ·· 273
11.2 研究展望 ·· 276

参考文献 ·· 277

致 谢 ·· 289

第1章 绪 论

1.1 研究背景与意义

1.1.1 研究背景

近年来,全球经济形势的变化和信息科技的发展,为创新创业的发展带来了变化和提供了良机。尤其是微软(Microsoft)、谷歌(Google)、百度、阿里巴巴、华为等众多世界知名企业的创业成长历史逐步被人们熟知,比尔·盖茨、李彦宏、马云等创业家为广大创业者树立了榜样,点燃了国内众多创业人的创业梦想。在当前拉动我国经济增长的投资、出口和消费三驾马车放缓的新经济形势下,创新创业作为接力棒,已成为经济增长和经济结构持续转型升级的动力新引擎,在推动技术改革、提升产品竞争力和扩大就业等方面的作用愈发明显。我国创新创业在政府引导、企业投入和个人参与的三方联动合力机制下,呈现出稳步推进和勃勃生机。在2014年9月举行的夏季达沃斯论坛上,李克强总理公开提出"大众创业、万众创新"的号召,得到政府和社会各界的积极响应,使得我国的创新创业发展进入新的阶段。有数据表明,中国的受访者中具有创业意愿和持有创业积极态度的占91%(李红军,2015),中国中西部地区农民创业意愿达到78%(黄俊等,2014)。然而,由于企业在创立之后,需要面临创业环境、创业团队、机会识别、创业资源整合等成长与发展过程中必然面临的诸多问题,对上述问题的分析处理是事关创业企业能否存活与发展的关键,具有重要的研究和广泛的应用实践价值。

以往学者的研究表明,我国有超过2/3的新创企业存活时间低于两年,民营企业的平均寿命为3.7年,中小微企业的平均寿命甚至更短,仅有2.5年;与此同时,作为创业生力军的大学毕业生,其创业失败率更是高达95%(蒋景媛，2013；于佳乐，2016；王飞，2017；郭师绪，2018)，上述严酷的事实给广大创业者和将要踏入创业行列的人们以"创业有风险，创业需谨慎"的警示。由于创业企业的成长和成败与社会经济环境、法规政策制度、基础设施条件、新技术竞争优势和创业团队的能力与素质等多方面因素相关，需要"天时、地利、人和"的机遇与环境（Saikia，et al.，2013；Wilson，et al.，2015；Lee，et al.，2016；毕先萍，等，2013；李雪灵，等，2015；张默，等，2018)，而且创业者的人格特质、内在秉性及其经验形成的心智模式对于创业机遇的把握、风险的认知、团队的构建、社会资本的利用及其决策行为等具有重大影响，关系到创业企业的成败（Shepherd，et al.，2010；Schmidtke，et al.，2017；Bajwa，et al.，2017；Dino，et al.，2015；Ademar，et al.，2017；戴鑫，等，2016；薛静，2018)，因此，本书从上述诸方面对创业成长与心智模型进行研究分析，相关的研究背景如下。

背景一：近年来我国的创新创业发展态势良好，作为国家战略任务，创新创业在激发市场活力和社会创新潜能上发挥着重要作用，是促进经济社会发展和扩大就业的新动力。

创新驱动发展，在党的十八大会议上被明确提出并列入关系国民经济全局紧迫而重大的战略任务。围绕创新驱动，我国政府近年来颁布了一系列创新创业相关的政策（见表1.1）。在国家引导和政策扶持下，我国的创新创业进入了快速发展的轨道，大量的创业企业随之诞生，成为国民经济的重要组成部分。科技部公开的数据显示，我国国内各类众创空间数量截至2017年年底已经超过5500家，培育上市挂牌企业1871家，通过创业孵化平台成长的企业多达50多万家（陈龙，2018）。科技部、教育部等部门联合主办的面向企业的"中国创新创业大赛"，参与企业数量由2012年第一届的4411家迅速增加到2018年第七届的31136家，提升了6倍多。在高校，创新创业活动同样受到大学生们的高度关注和积极参与，从教育部和财政部支持的"国家级大学生创新创业训练计划项目"来看，该项目每年的立项数目逐年上升，2013年立项数为23305项，2018年立项数则达到39575项（教育部高等教育司，2018），上述数据从另一方面体现了当下大学生对于创新创业的热情。此外，当前我国的中小企业在GDP的贡献上超过60%，是国民经济的主体，在税收上的贡献也达到50%，并且提供了80%以上的就业岗位（中国政府网，2018），中小企业和创新创业已成为促进我国社会、经济发展的强大驱动力，"大众创业、万众创新"也正以燎原之势，向着更大范围、更深程度发展。

表 1.1　近几年我国颁布的相关创新创业政策

序号	时间	相关政策
1	2013 年 2 月	国务院办公厅关于强化企业技术创新主体地位全面提升企业创新能力的意见
2	2014 年 5 月	国务院办公厅关于做好 2014 年全国普通高等学校毕业生就业创业工作的通知
3	2014 年 12 月	国务院关于创新重点领域投融资机制鼓励社会投资的指导意见
4	2015 年 3 月	国务院办公厅关于发展众创空间推进大众创新创业的指导意见
5	2015 年 5 月	国务院办公厅关于深化高等学校创新创业教育改革的实施意见
6	2015 年 6 月	国务院关于大力推进大众创业、万众创新若干政策措施的意见
7	2016 年 2 月	国务院办公厅关于加快众创空间发展服务实体经济转型升级的指导意见
8	2016 年 4 月	国务院关于印发上海系统推进全面创新改革试验加快建设具有全球影响力科技创新中心方案的通知
9	2016 年 5 月	国务院办公厅关于建设大众创业、万众创新示范基地的实施意见
10	2016 年 11 月	国务院办公厅关于支持返乡下乡人员创业创新促进农村一、二、三产业融合发展的意见
11	2017 年 6 月	国务院办公厅关于建设第二批大众创业、万众创新示范基地的实施意见
12	2017 年 7 月	国务院关于强化实施创新驱动发展战略进一步推进大众创业、万众创新深入发展的意见
13	2018 年 9 月	国务院关于推动创新创业高质量发展打造"双创"升级版的意见
14	2019 年 1 月	国务院办公厅关于推广第二批支持创新相关政策举措的通知
15	2019 年 6 月	"大众创业、万众创新"税收优惠政策指引
16	2019 年 12 月	国务院关于创新重点领域投融资机制鼓励社会投资的指导意见

数据来源：根据政府网站发布的信息整理。

从表 1.1 中列的政策可知，国家对于创新创业的支持涵盖了从税收优惠到众创空间扶持，从农村返乡下乡人员到高等院校大学生，从科创中心创建到投融资机制创新等众多方面的内容。

背景二：大学生创新创业教育课程列入我国高校的学分管理，如何培养创业人才，对于提升创业成效、增强创业者与社会资本投入的信心和合理配置政府的创业资源具有重大意义。

创新创业人才的培养作为"大众创业、万众创新"战略实施的关键之一，受到各方的关注。为此，教育部在 2016 年发文中明确提出"从 2016 年起所有高校都要设置创新创业教育课程，对全体学生开设创新创业教育必修课和选修课,纳入学分管理"。此后,随着《创业管理》(张玉利等,2016)、《大学生KAB创业基础(修订版)》(共青团中央等,2015)等优秀教材的面世,开启了创新创业教学这一新兴课程体系的新篇章。创新创业强调创业思维的发散性与个性化,其教学注重引导与跳跃式互动,这与机械式、循序渐进的传统教学大相径庭,围绕创新创业教学,国内外学者取得了一系列研究成果。例如,高雪升等(2011)将体验式学习引入教学中,并将"个体创业行为体验培养"作为核心教学内容,希望以实践的方式来培养学生内在创新创业精神,从而加深对创新创业的理解。Soares等(2013)在讲解创业集成时,将学生分成4个小组,以模拟实践的方式来完成教学,锻炼学生的项目管理、团队合作与沟通能力。张慧玉等(2016)认为直觉在创业者决策实践中至关重要,创新创业教育是大学生综合素质培养实践性课程,可通过创设学习情境、参与创业实践活动和引导学生反思来构建学生的创新创业知识体系和能力体系。刘灿德(2017)从建构主义理论角度出发,对创新创业教学要加入真实情境的模拟做出了肯定,提出了一系列教学模式,如任务驱动、团队学习、实践操作等,并证明了这些教学理论的有效性。何良兴等(2017)认为创业情绪是一种非常重要的创业资源,在优化创业认知能力与诱发创业行为方面作用明显。总体来看,上述研究均肯定了体验式学习,情境与认知对于创新创业教学的重要性。

在鼓励和支持大学生创新创业方面,我国陆续出台了一系列政策,对于大学生创新创业可以给予很好的帮助。

① 企业的简易注销登记改革以及降低中小企业财税征收,这使得想要创业的大学生极大地节约了创业成本,在创业初期可以快速地建立企业,将更多的资金和时间用于创新创业上。

② 政府对于中小企业扶持力度加大,提高了创新产品和服务采购力度。很多大学生创业者之所以失败,原因在于他们的产品和服务没有市场,导致无法实现资金周转,政府对于中小企业的创新产品的购买将从资金和市场上初创企业生存下去的能力。

③ 知识产权管理服务体系的进一步完善,对大学生这类小型创业群体来说,阻碍他们创新创业的因素除了资金短缺外,还有大公司的抄袭。国家政策注重知识产权的保护,会使得更多的小企业的利益受到保护,这将大大提高大学生创业者的积极性,是一种对于大学生创业者十分有效的保护。

④ 由于大学生创业者从进入大学开始便萌生了创新创业的念头,但是缺乏相应的知识和经验,因此将创新创业课程纳入高校必修课程体系,将大大拓

宽未来大学生关于就业还是创业的选择路径，这对于大学生创业者来说可能是最早的创业启蒙教育，为今后就业创造了有利条件。

背景三：近年来，认知科学与认知计算的发展以及脑电图、事件相关电位、功能性磁共振成像、近红外脑功能成像技术等神经实验观测技术的进步，使得通过神经活动的观测来研究人类的心理与行为及其脑机制获得了重要进展，上述观测技术为深入分析创业者的心智模式及其神经学机理提供了条件。

认知科学作为一门专门研究人类认知本质和思维信息处理规律的科学，建立在心理学、神经科学、自然哲学、信息科学和数学等学科交叉基础之上，涉及人类的感觉输入到问题求解的整个过程，包含认知变量、认知实验范式和脑认知成像等内容和人类智能与机器智能的研究（陈霖，2017），其中心智问题被认为是认知科学研究的出发点和重要的理论目标（张廷国等，2004）。进入 21 世纪以来，认知科学的研究备受全球关注，早在 2000 年，认知科学就被美国列为 21 世纪的四大带头学科之一，并在全球率先启动了人类认知组计划（Human Cognome Project，HCP），面向全球科学家发出邀请共同探索人类认知的本源（Thagard，2007）。2005 年，我国科技部批准建设了脑与认知科学国家重点实验室，为我国在这一高端领域的研究迈出了重要的一步。此后，在 2006 年国务院发布的《国家中长期科学和技术发展规划纲要（2006—2020）》明确将"脑科学与认知科学"列为基础研究的科学前沿问题（中华人民共和国国务院，2006；冯康，2014），标志着我国在该领域的研究进入了新的阶段。2014 年，3 位长期从事认知神经科学的学者获得了诺贝尔生理学或医学奖，为认知科学的宣传和推广开启了新的纪元，使得认知科学的研究与应用迈上了新的台阶。此后，基于认知科学的交叉研究应用发展迅猛。例如，在自然语言处理上，由普林斯顿大学研制的 WordNet 成为自然语言结构分析的重要工具，著名的 Google 搜索引擎便是基于 WordNet 开发的。

认知计算作为认知科学的核心技术子领域之一，起源于模拟人脑计算的人工智能计算系统。由于人类心智和认知从低到高可分为神经认知、心理认知、语言认知、思维认知、文化认知五个层级（谢治菊，2018；蔡曙山等，2016），认知计算不同于传统的计算技术，其重点不在于计算精度和性能，它试图回答的是生物系统中不精确、不确定和部分真实的问题（马海群等，2019）。2011 年，美国"危险边缘"智力竞猜电视节目里，两位最成功的选手被拥有认知计算能力的 IBM 的超级电脑沃森（Watson）击败，该事件被视为认知计算领域取得重大进展的里程碑（潘燕等，2011）。2013 年，中国工程院院士李德毅在中国移动开发者大会（Mobile Developer Conference China，MDCC）上做了"大数据时代的认知计算"的演讲，指出了以人为本的认知物联网的时代已经到来了，人工智能是人类社会发展的加速器（李德毅，2017）。在当今数据爆炸的年代，大数据带来机遇的同时也带来了数据挖掘和数据认知上的挑战，因而认知计算被一些学者认为是应对大数据挑战的关键科技之一，它能更好地驾驭大数据（吉燕勇，2016；Abdulah，2015）。此外，近年来，基于脑电信号的认知计算、功能核磁共振（Functional MRI）数据的认知计算、媒体神经认知计算（刘扬等，2015）、互联网数据的情感认知计算（贾珈等，2014）、情感计算（Picard，1997）等在情绪识别、行为学、大数据的研究中被使用，使得认知计算越来越贴近人们的日常生活。

1.1.2 研究意义

本书从创业成长与心智模型的新视角出发，对创业过程中的成长指标、约束瓶颈、商业模式、创业者心智、员工胜任力等展开研究，其理论意义与实践意义如下。

（1）理论意义

① 针对企业和个人的创业成长，以创业生态系统理论、心智模型理论和约束理论等为指导，结合数据挖掘、仿真建模、网络心理计算等方法，从企业层面和个体层面，开展创业成长与心智模型相关的创业企业成长机制、成长瓶颈、创业者心智与胜任力等内容的创新性研究，为创业企业和创业者的研究与评估提供新的理论与方法。

② 从实证角度研究创业企业的评价模型、员工胜任力模型和创业者心智模型，充实创业背景下的胜任力理论和心智模型理论的研究，结合神经科学实验观测和机理发现对上述研究进行解释，丰富胜任力理论和心智模型理论的研究范畴。

（2）实践意义

① 在企业层面，本研究以理论与实践相结合的方法，对创业企业成长相关的商业模式、成长机制、成长指标评价、企业生态环境、成长约束及瓶颈应对等进行研究，研究结果有助于广大创业企业更加客观地认识和评价自己，为其在制定合理的发展策略和降低创业风险上提供帮助。

② 在个体层面，本研究对创业者心智、在线客户网络心理、员工胜任力、大学生创业热点与实践等进行研究，给出心智画像构建、胜任力模型构建、网

络心理计算等的实现过程与方法，研究结果可用于分析创业者心智和获取客户兴趣，帮其改进产品设计和营销策略，为提升公司的业绩服务。

③ 从创业者的先验知识、人格特质和创业机会识别维度给创业者画像，为创业者的心智特征分析、评估和培养提供重要参考，基于上述画像进行有针对性的培训，将极大提高创业者对机会与风险的认知能力，尤其为大学生创业培训和避免创业失败提供更为科学的指导，为建设创新型国家和培养高素质创业人才进行量化评估提供参考，具有重要的实践意义。

1.2 国内外研究概述

1.2.1 创业成长

企业从创立到成长，涉及人、组织、环境和政策等诸多内容，国内外学者围绕上述内容进行了大量的研究，在此，本书从创业成长视角对相关文献进行梳理与整理，将其归纳为创业者素质、创业环境和创业企业成长三个方面。

（1）创业者素质

个人素质指的是个人的素养和品质。1973 年，美国著名心理学家麦克兰德（McClelland）教授指出，个人的素养和品质在决定人们工作绩效高低方面比智商更为有效（Luo et al., 2017）。个人素质可以看作是个人的知识、技能、人格特质、社会角色和动机需要等个性特征的集合，具有三个重要特征：与工作绩效直接相关，与任务情景紧密联系，能够划分与评判工作一般和优秀者（宁德等，2006）。1998 年，斯克特（Scott）提出了著名的素质冰山模型。该模型认为，个人素质是个人要素特征的集合，要素特征分为可见和不可见，可以通过培训来提升个人素质（刘智勇，2016）。著名的管理学领域大师彼得·德鲁克曾说过："管理者的素质和能力决定企业的成败。"（江国良，2003）同样，创业者的素质往往决定创业企业的成败（Hvide，2004），创业者素质的研究也一直是创业领域国内外学者关注的热点。

创业者应该具备什么样的素质？这是所有研究创业的学者都关心和试图回答的问题。然而，由于受到各国的国情、社会经济环境、文化市场环境等的影响，该问题很难获得统一的答案，即使给出了临时的答案，随着时间的推移和社会经济形势的变化，该答案的判断标准也会随之变化。"创业者"一词的对应英文单词是 entrepreneur，其包含两层含义，其一是指企业家，其二则是指创始人。经济学家 Begley（1995）从创始者所处地位、公司创办年龄和公司增长率三方面进行相关分析，获得了区分小企业创业者与一般经理人特性的方法（Begley，1995）。Markman 等（2003）在"个人—组织适合"理论基础上，提出了"个人—创业适合度"模型，该模型描述了影响创业者成功的一些关键因素，如自我感知能力、优秀的机会识别和社会技能、丰富的社会资本和社交关系、坚强的意志等（Markman et al.，2003），他们的研究结果表明创业者的个性特征越能匹配创业者的要求，其创业成功的概率就会越大（王艳波等，2011）。美国的研究机构对创业公司高管和企业老总进行了调查，总结出从高到低的 14 项素质与能力，如图 1.1 所示（曾华玲，2013）。

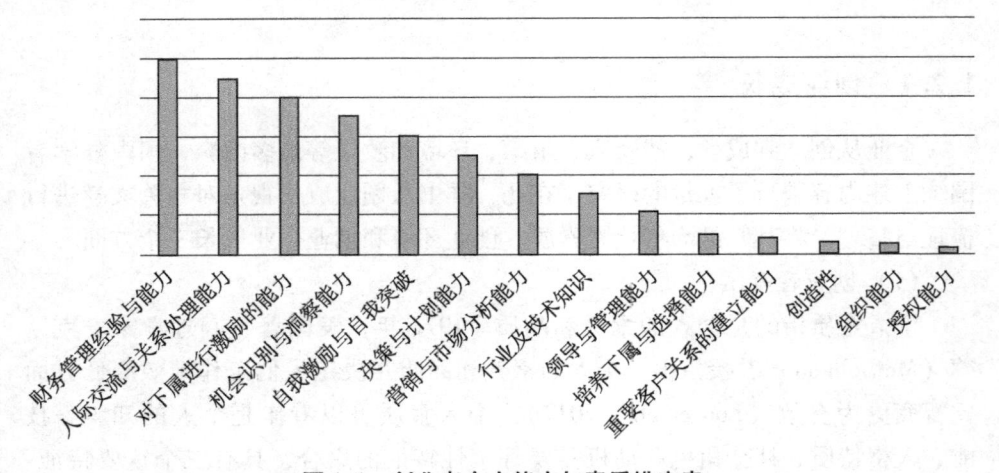

图 1.1　创业者个人能力与素质排序表

国内学者在冰山模型、素质模型等理论基础上，分析了国内外典型创业者的创业案例，从能力素质、知识素质、心理素质和创造性思维素质四个方面归纳了创业者核心素质指标体系（王鸣华，2017）。学者们通过调查问卷对北京中关村高新技术产业创业者的特点与行为进行了研究，发现高新技术企业创业者普遍比传统行业创业者的年龄要低、学历要高，具有更强的工科或自然科学知识背景，上述创业者也被称为科技型创业者（杨德林等，2002）。之后，有学者从心理学、管理学、社会学和经济学视角对创业者素质进行研究（Inci，2007），给出了广义创业者和狭义创业者的定义，并以从事创业活动、创建新企业或新企业的创业领导人为研究对象归纳了创业者素质，展望了对未来创业者研究的方向（姜军等，2005）。还有学者使用探索性因子分析方法，提出了行为力、思维力、心理力、资本力和公德力五个创业能力因子，构建了创业力模型，并通过实证研究验证了模型的适用性，该模型可以对创业者相关素质进行评价（张文辉等，2010）。此外，有不少学者针对大学生创业能力评价进行了研究，如采用 AHP 层次分析法和熵权法相结合的评价方法（曹佳蕾等，2017），采用 SPSS 软件对大学生创业能力构成维度及大学生创业能力现状的调查问卷进行信度检验和探索性因子分析。他们的研究发现包括：构成大学生创业能力的维度主要有专业能力、社会能力和创新精神三个维度（王辉等，2017）；性别和所学专业会对创业能力产生显著影响，高校类型则对创业能力的影响不显著，等等。

（2）创业环境

环境是指"组织中做出决策的个体或群体所需要直接考虑的物理和社会因素的总和"（Duncan，1972）。从广义上看，环境可看成一切与目标的设定和获取存在关联性的资源；从狭义上看，环境可看成投入要素的来源、市场和竞争者等各种对企业具有调整作用的群体（柳燕，2007）。从创业企业的角度来看，创业环境可分为企业外部环境和企业内部环境，其中内部环境主要包括企业组织结构、企业文化、创新投入环境和创新管理环境，外部环境主要包括政策法律环境、市场环境、社会文化环境、科学技术环境和自然生态环境。如图 1.2 所示。

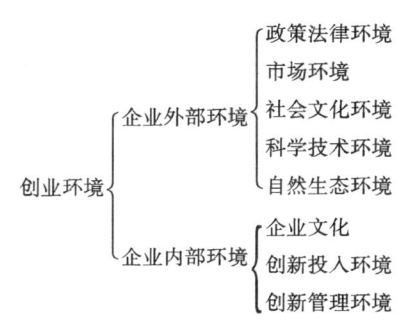

图 1.2 创业环境

在图 1.2 里，市场环境由市场容量、供应商、买方市场、竞争对手、市场结构和市场规则等构成；自然生态环境包括资源环境和生态环境等；创新投入环境包括研发投入、生产投入、营销投入、财务投入等；创新管理环境包括市场创新管理、技术创新管理、生产创新管理等。

在创业环境的研究上，学者们从技术环境、融资环境、园区环境等方面对新创企业绩效产生的影响进行了研究。例如，国内学者从技术的经济价值，技术的突破性，技术专利，技术的类型，技术的商业化导向等方面研究创业机会的来源，以产业技术环境的创业型与惯例型两大类为纵向，以技术属性的不利与有利为横向，构建出相互交叉的四个象限，对四个象限的创业机会进行分析（田莉等，2009）；之后，有学者从创业企业的微观环境和宏观环境出发，将创业环境划分成创业激励体系、支持体系、文化体系、市场网络体系和非市场网络体系五个体系（林子建，2018）。上述体系里的创业激励体系是指单位职员如果做出特殊贡献应给予相应的激励，如单位设立的创造发明奖励、提案奖励、优秀员工奖励等；支持体系是指单位应提供人、财、物、技术等相应的支持来配合创业活动与创业项目的开展以及对创业失败的容忍；创业文化体系是指单位内部形成的创业文化氛围，如创新创业培训、领导对创新性建议的重视等；市场网络体系指的是单位与采购商、消费者和市场竞争者等利益相关者之间的关系；非市场网络体系指的是单位与政府、非营利机构等的关系（文亮等，2010）。此外，有学者从创业资源构成着手来研究人才资源、资金资源、信息资源、社会网络资源、科技资源、政策资源等因素对创业绩效产生的影响，研究结果发现对创业绩效影响起正向调节作用的资源有信息资源、社会网络资源和科技资源，而人才资源、资金资源、政策资源则起到的是负向调节作用；社会网络这一资源在帮助建立创业企业的过程中起到正面的影响，如果创业者能够通过社会网络获得所需的足够资源，那么其创业成功的可能性会大大提升（余绍忠，2013；张秀娥，2014）。研究者以农业科技园区创业环境为研究对象，从科技园区的基础设施、产业发展、政府政策和金融环境等方面来研究上述环境对创业者创业行为的影响（郑宝华等，2016）。

（3）创业企业成长

企业在创立之后，面临的一个典型问题就是企业的发展，俗话说"创业难，守业更难"，就是指企业在新建完成，经历了一段时间的成长，发展到一定规模之后陷入的发展停滞，甚至衰退的状况。由于企业成长与发展难以持续，导致创业企业存活率偏低，围绕创业企业发展，无论是在理论还是实践上，学者们均积累了丰富的研究成果。本书对创业企业成长相关研究进行了整理，如表1.2所示。

表1.2 创业企业成长相关研究

研究视角	研究内容	学者代表
古典经济学	劳动分工、企业组织以及产业组织的作用	Adam Smith; John Stuart Mill
新古典经济学	从规模经济角度研究企业持续成长，企业调整产量达到最优规模	Hutchinson, 1999; Bianchi et al., 2005; Shah et al., 2013
新制度经济学	企业是市场机制的替代，节约交易费用是企业成长的动力	Robert, 2008; 崔彩周, 2008
资源理论	从资源和能力的差异性假设出发分析企业持续竞争优势的来源	Edith Penrose, 1959; Andersen et al., 1998; 许晓明等, 2005
生命周期与演化理论	企业的生存能力，市场的自然选择和企业持续成长	吴晓翠, 2005; 陈敬贵, 2007; 李军波等, 2011; 畅玉玺, 2014
波特的企业竞争优势理论	市场结构特征对企业成长的决定作用	陈耀, 2002; 尚会永, 2011
创业成长机制	从微观机制入手，研究企业创新机制与战略实践	吴晓波, 2013; 周长辉, 2017
企业发展瓶颈	企业发展方式和TOC制约理论	刘宏, 2010; 黄芹, 2016; 葛宝山等, 2018; 戴永辉等, 2019

创业企业成长研究的历史，可一直追溯到古典经济学。该学派曾对企业成长问题，从劳动分工、企业组织以及产业组织作用三个方面开展研究。古典经济学派的几位代表人物均给出了一系列重要的结论。例如，亚当·斯密（Adam Smith）认为企业成长是由分工程度与市场容量决定的；约翰·穆勒（John Stuart Mill）认为，规模经济对企业成长极为关键，大企业代替小企业的成长是一种趋势（穆勒企业成长理论体现的是企业规模经济，本质上看就是企业规模经济理论）；马歇尔（Marshall）认为，一个企业的成长是由其所处行业的巨大市场和良好的管理所带来的超额利润决定的，想要实现企业的良好成长就需要发挥好内部经济与外部经济的共同作用，需要关注销售和企业家等影响企业成长的关键因素；熊彼特（Joseph A. Schumpeter）认为，企业的成长可看成是一种非连续性并且具有突发性和创造性破坏的过程，在这一个过程中，创业者通过引入创新活动，将技术、制度和市场等融入企业创新中，以推

动企业的持续成长。

新古典经济学认为,企业的持续增长主要由物质资本驱动,企业成长过程可以看成是将产品产量调整到最优规模的过程,该过程的进行是在约束条件已知和最大化利润目标已经确定的情况下实施的,企业规模会影响到企业成长(Hutchinson,1999;Bianchi et al.,2005;Shah,2013)。

新制度经济学认为,企业的成长要注重经济主体的交易效率因素,当市场变得发达后,交易范围会变大,交易费用增加的同时使得交易效率也提升,因此,只要交易效率带来的盈利大于交易费用付出的成本,则市场与企业的成长均能获得保障。国内外学者从资产专用性、不确定性和交易效率三个维度对交易费用进行了界定,并且分析了企业边界的确定原则(叶光毓,2009),阐述了企业扩张这一企业成长表现形式,即企业采用前向或后向一体化行为将一些交易阶段纳入企业(Robert,2008;崔彩周,2008)。

资源理论认为企业的管理能力,企业的资源及其所具备的知识等共同决定了企业成长的程度与范围,是共同影响企业成长的主导因素,其核心观点就是企业成长依靠企业资源。该理论的研究者指出稀缺的管理资源是企业成长的关键因素,企业要想获得成长,其前提就是增加管理资源,如果管理资源未获得增加,企业的扩张会让企业生产效率降低,影响企业成长。企业在进行扩张时,在开始阶段由非程序化决策活动产生的协调问题会占用管理者大量精力和时间,当这些问题转为程序化和规律化后,管理资源就能得到节约和释放。企业的资源范围十分广泛,包括创业者、风险投资、管理要素、拥有的技术、原材料与设备、土地、管理者与普通员工、客户与消费者、制度环境与社会网络等(张秀娥等,2012)。这里需要重点强调的是企业资源不仅仅是决定一个企业能力的基础方面,同时也包含创立一个企业以及促进企业成长所必须的影响因素。企业能力往往能够决定企业的成长速度和发展空间,与此同时,企业成长的关键要素是企业的管理水平,企业创始人也就是创业者的能力与价值观以及愿景对企业成长起着主导作用。总的来看,资源理论关注的是企业内部的资源,能力对企业持续成长的作用(Edith Penrose,1959;Andersen et al.,1998;许晓明等,2005)。

生命周期与演化理论认为,企业成长是由利润推动的,企业是追求效率机制的经济实体,我国学者基于演化经济学对企业的生存能力和市场的自然选择进行研究,结合企业家精神、柔性组织结构和网络联盟等影响因素给出了企业成长中的效率与适应悖论的解决方法(吴晓翠,2005;陈敬贵,2007)。此后，有学者将生态理论运用到企业成长的研究中，由于企业经营所面临的环境的不确定性和动态性，与企业生态学里的环境类似，因而基于生态学对企业的内外部环境变化和可持续发展进行解释，解答企业成长中的一些问题（畅玉玺，2014）。

波特的企业竞争优势理论认为，企业获取竞争优势主要有成本领先战略、差异化和目标集聚战略。该理论指出，企业应该在分析其供应者、购买者、竞争者、替代者、潜在竞争者五种力量的基础上确定企业的竞争战略，明确了企业的竞争优势来源于价值链的优化，市场结构特征会对企业成长起决定作用等观点（陈耀，2002；尚会永，2011）。

在创业成长机制的研究上，国内学者进行了一些研究。例如，从微观机制视角对我国的企业创新机制与战略实践做研究，有学者指出了在全球化大背景下，我国制造业该如何实施企业创新实践与跨越式发展，提出了"二次创新"动态非线性模型。该模型的重点是给出了如何利用后发优势进行技术超越的途径。此外，该学者还认为企业持续成长呈现的是非线性特征，企业不断突破，上演周期性的演进过程（吴晓波，2013）。有学者对创业企业成长的制度环境与决策作用机制进行研究，从创业企业成长的合法性视角研究新企业创业机理与成长模式以及从战略管理视角来研究创业企业的成长，阐述了即兴战略与传统的应急战略的差异与融合（周长辉，2017）。

创业企业在成长过程中需要面临的另一个重要问题就是企业发展瓶颈，它是制约企业做大、做强的关键，具体体现在管理能力的制约，市场容量的制约，资金的约束，持续创新的不足，战略规划能力的不足等方面，造成新创企业出现管理瓶颈、融资瓶颈、人才瓶颈、市场瓶颈和创新瓶颈等瓶颈，会严重阻碍新创企业的发展。为此，国内有学者提出了通过引入创业投资来解决中小企业发展瓶颈的建议和思路（刘宏，2010；刘变叶等，2015），剖析了中小企业的管理模式、资金来源、投资决策和退出方式等，指出以政府引导和完善投资机制的建设来支持中小企业的发展。此后，有学者认为国内中小企业经过多年的发展，已经由量的扩张进入到质的提升阶段，但是由于种种原因，如战略规划能力不足、企业盲目投资、市场准入障碍、内部管理混乱、融资能力不足、缺乏竞争力和自主创新能力差等，使得中小企业的发展受到阻碍，面临着众多困难和瓶颈（黄芹，2016）。国外对创业企业成长的研究同样十分关注。1999年，哈佛大学教授威廉·A. 萨尔曼（William A. Sahlman）指出创业企业成长的关键要素是人、外部环境和交易模式，其中外部环境是创业企业成长的核心，它会影响人与资源、机会和交易模式；反之，外部环境同样会受到人与资源、机会和交易模式的影响（葛宝山等，2018）。2005年，杰弗里·蒂蒙斯（Jeffry A. Timmons）提出，创业是一个动态过程，其核心是识别商业机会，并抓住商业机会实施创业。他在研究中指出，资源是创业过程的必要条件，团队是创业企业的关键要素，商业机会、资源和团队决定了创业的发展。针对企业成长瓶颈，高德拉特提出了约束理论（Theory of Constraints，TOC），该理论明确指出每个系统都会存在一个或多个制约系统发展的瓶颈（戴永辉等，2019）。

1.2.2 心智模型

（1）心智

从字面上理解，"心智"中的"心"即心脏，"智"即智力、智能，心脏作为人体生理组织的重要器官，负责向其他器官和人体组织提供充足的氧气、血流量和各种营养物质。心智模型中的"心"，从更深层次来理解可以解释为"内心""心理"，因而心智可以看成人内心的心理与人本身智能的结合。关于心智模型这一说法，其历史可以追溯到很早，在古希腊时代就有了心智模型的说法。当时的学者认为心智模型包含的是人的思想、欲望和理性等要素。此后，心智模型说经过长期的发展，不断完善，形成了心智模型相关理论。对于心智模型的定义，学者们从各自的理解出发，给出了多个不同的定义。例如，有学者认为心智模型是人的个体头脑中的"简化假设"，即植根于人们心中的概念化的"假设、定性观念和印象"，是人们在日常学习和生活中理解和推理事物时，在短期记忆或工作记忆中建立的问题情境的暂时表征，或是长期记忆中存储的外部世界的稳定表征。心智模型的形成过程是一种映射反应，往往通过长期的、不断的知识累积与日常生活的经验累积而形成，但也有一些心智模型是通过瞬间的刺激而形成的（赵辰羽，2013）。心智是个人发展的重要决定因素，一个人的幸福、成功往往取决于这个人的心智发展程度（邹晓晖，2014）。心智模型是人类大脑在观测到现实世界的各种事物受到刺激后，大脑自身构建出的与现实世界相对应的"小型模型"，该模型可以进行预测以及进行一定程度的逻辑推理或者将此"小型模型"作为解释现象的基础（戴永辉等，2019；李海涛等，2015）。心智模型中，心智代表的是人的内在的心理，而模型则指的是人类心智的外在表现形式，这种外在的表现形式与个体特性相关，自身很难察觉。如果人的内在只有人本身才会了解的话，那么为了研究人的内心思想，通常把内在的特征抽象成一种外在的表现形式，即心智模型

(施蹦蹦，2015）。

总的来看，心智模型可以看成人脑对现实生活中所见所闻的感知，并对已知的知识进行沉淀和储存来形成先验知识，之后基于先验知识而形成的心理活动与思维反应能力的总和。如果具体到某一人或某类人的"心智"，指的则是这个人或这类人通过他们自身的选择、记忆和想象，形成的经验理解和判断来指导其行为的方式。心智模型表达了用户在做某事时的心理活动、思维方式和相应的行为，它被广泛用于各领域的研究。例如，一些学者对手持移动设备界面设计中的用户心智模型和操作性能进行了人机认知实验，结果表明，心智模型的逻辑一致性是影响界面可用性的重要因素（杨颖等，2008）。有学者对用户的心智模型进行挖掘研究，获得了用户的操作习惯与用户的心理和行为理解之间的内在关系，并以心智模型的思想为指导，通过文字和图表获得了用户抽象思维的表达，为产品设计提供了详细而有力的指导，开发了符合用户心理的移动终端界面（黄咪丽，2015）。此外，有研究者对心智模型的界定、心智模型的特点和心智模型的分类进行了研究和总结，并基于共享心智模型进行团队绩效的研究（周双喜，2018）。

（2）创业者心智

创业者心智，是创业者在创业过程中的心理活动和思维方式，是其对外在事物或事件进行初始判断和分析的思维能力的总和。一些学者从先验知识和信念系统两个维度对创业者心智进行研究。他们认为，创业者心智模式就是创业者对所见事物的理解和信念，并在该信念基础上筛选信息和基于知识对信息进行加工形成问题的决策方案（吴子稳，2007），指出企业家的创新机会策略反映的是企业家的先验知识、警觉性、信念、认知模式等认知要素的复杂心智过程（姜卫韬，2012；褚珊珊，2019）。有学者以创业团队中的团队共享心智为研究对象，获得了一些有意义的成果。所谓共享心智模式，从"共享"二字可以看出，这是团队成员所共有的一种模式，主要是指知识结构，而团队成员共同具备一种知识结构会有利于整体对团队任务的理解以及预测。有学者指出共享心智模式对团队绩效是能产生非常重要的影响作用的，并且整个团队的合作程度以及沟通能力等在这中间起着完全中介的作用（吕晓俊，2009）。还有学者从心理学的角度对团队绩效的权变模型进行研究，发现共享心智模式与团队绩效之间关系密切，具有显著的正相关关系（白新文等，2011）。此外，学者们还对共享心智模式与创新绩效、组织学习空间和团队的关系进行了研究，他们发现共享心智模式对于创新绩效的提升具有明显的促进作用，组织学习空间和团队沟通管理在当中起着部分中介的作用（李柏洲等，2014；陈艳艳等，2014）。

1.3 研究内容与方法

1.3.1 本书内容

本书从创业成长与心智模型视角对创业企业开展理论与实践相结合的研究，在创业生态系统理论、企业成长理论、约束理论、系统动力学理论和心智模型等理论基础上，结合 Netlogo 仿真、心智模型测量、网络心理计算、神经学实验、标签画像等技术与方法对"创业成长与心智模型"展开创新性研究，总体内容框架如图 1.3 所示。

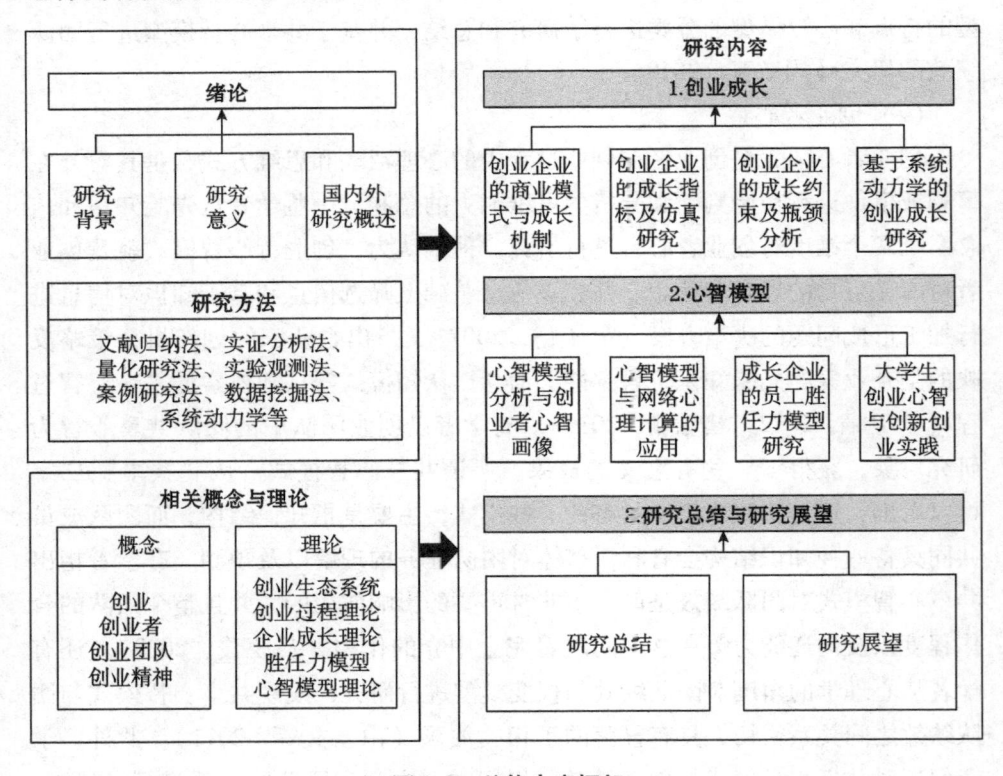

图 1.3 总体内容框架

第 1 章　绪　论

从图 1.3 可知，总体内容主要由绪论、创业与心智模型相关概念与理论、创业成长、心智模型、研究总结与研究展望构成，具体内容如下。

(1) 从理论上对创业成长进行了剖析，系统的介绍了创业生态系统理论、企业成长理论、约束理论、系统动力学理论和心智模型理论，基于上述理论对创业的商业模式与成长机制进行了分析，探讨了创业企业战略、创业环境、创业资源整合对企业成长的影响，并结合实际的创业企业成长案例，对创业市场服务、企业生态环境、企业商业模式与企业成长机制进行了分析。

(2) 对创业企业成长指标及仿真进行了研究，围绕创业企业成长指标的选取，给出了指标设置原则、指标选取方法和指标评价方法，包括模糊综合评价模型、判断矩阵构建、指标权重系数计算和模糊综合评价分析等，并且基于生态群落的指标进行仿真研究，以众多创业者所选择的跨境电商的供应链指标为例，采用 Netlogo 软件对商品品类数量、商品品类在架时长、新增用户数量、用户留存时长、购买转化率等指标进行仿真研究，在企业成长的观测和分析上进行了新的研究手段的探索，为今后的同类研究提供参考。

(3) 基于系统动力学对创业企业成长进行了研究，从系统动力学视角对创业企业的界定与特征、创业企业成长影响因素、创业活动及其动力机制进行了分析，并完成了创业活动系统动力模型的构建，采用 Vensim 工具软件建立了因果关系图和流图，对创业活动模型进行了参数估计和检验分析，为创业企业更好地成长提供帮助。

(4) 对心智模型分析与创业者心智画像进行研究，分析了心智模型在先天和后天方面的影响因素，给出了基于心理反应和基于生理指标的两种心智模型测量方法，并对创业者心智模型要素进行了归纳，包括创业者个体先验知识、个体人格特质和创业机会识别等，对创业者心智画像构建进行了实证研究，在走访调研计算机服务和软件业、生物医药、培训、教育业等多个行业的创业者基础上，结合可穿戴式实验进行画像数据分析，通过聚类分析、关联规则分析等数据挖掘方法，得到了创业者心智标签，给出了成功自信型、理智谨慎型、盲目冲动型和冷静生存型等四类创业者心智的画像，上述研究立足于创业者心智画像的研究视角，在创业管理研究上进行了新的探索，为今后创业管理研究提供帮助。

(5) 对心智模型与网络心理计算的应用进行了研究，归纳总结了网络创业特点与创业模式，对网络客户的心智模型进行了分析，提出了网络教育的用户心智模型的获取方法，并进行了实验，将学习用户的心智信息归纳到界面元素、框架需求、交互易用性、操作习惯等方面，为从事网络教育的创业者提供参考。给出了网络心理计算过程与方法，包括网络文本情感计算、网络语音情感计算和网络行为认知计算等，然后进行了在线客户的网络心理计算实验和社群情绪的网络心理计算实验，对用户网购行为与心理行为之间建立计算关系进行了探索，采用AIDA（Attention，Interest，Desire，Action）消费者行为模型，对在线客户的网络心理进行了分析，并对社群情绪传播的作用过程和计算进行了研究，研究结果为创业企业在产品设计、营销策略制定等方面提供了依据。

（6）基于心智模型对企业员工胜任力进行了研究，阐述了胜任力模型构建过程的六个步骤：建模前准备、确认绩效标准、选择分析效标样本、资料收集、模型建立和模型验证。以房地产员工市场拓展岗位的胜任力为例，对该岗位的职责、绩效、胜任力要素等进行分析，结合主成分分析、层次分析法和神经学实验观测等手段与方法，给出了员工胜任力模型，并应用于公司的人才绩效管理、招聘与人才培养等方面，上述研究在胜任力研究方法上进行了新的探索，为同类研究提供了新的研究思路。

（7）对大学生创业心智与创新创业实践进行研究，基于以往学者的研究成果，对影响大学生创业心智的先验知识、创业机会识别、创业动机、创业效能感等四个维度开展调研，给出了大学生所学的专业类别和创业心智维度的描述性统计分析，并结合创新创业实践，给出了大学生创业热点及趋势分析，以创业热门类行业（教育服务业和电子商务类）的大学生创业项目为例展开分析，为大学生创新创业实践提供参考。

1.3.2 研究方法

本书内容涉及的研究方法主要有文献归纳法、实证分析法、量化研究法、实验观测法、案例研究法、数据挖掘法和系统动力学等。

（1）文献归纳法

文献归纳法通过查阅、收集、整理和分析有关创业企业成长与心智模型相关的研究文献，运用NoteExpress 3.2文献管理工具，对国内外相关研究进行检索和跟踪，全面掌握相关研究的最新动态和研究发现，系统吸纳上述研究成果和创新性研究思路。

（2）实证分析法

实证分析方法是社会实验研究方法之一，其通过实际案例以及以往的经验进行分析总结，进而在理论的基础上进行推论。该方法基于以往经验以及大量研究对象进行观察、实验，从客观现实出发，从个体到一般事物，对事物的本质属性和发展规律进行总结归纳。本书的成长企业的员工胜任力模型、大学生创业心智模型等研究就采用了实证分析法。

(3) 量化研究法

量化研究法指的是针对一些社会现象的数量关系以及特征进行研究分析的方法。本研究采用该方法对创业企业成长数据和脑电认知实验数据等进行计算，对上述有关数据的数量之间的关系以及变化进行分析，构建创业企业成长指标评价体系和创业者心智特征画像。

(4) 实验观测法

在本项目各项任务的相关研究中，采用ERPs、EEG等神经科学实验观测分析方法，对创业者的心智特征与神经活动进行观测分析，在此基础上研究其系统性神经学机制，获得客观的观测指标参数。

(5) 案例研究法

案例研究法指的是针对某一特定的现象或者个体、情境、主题进行专门研究。该研究通过广泛地收集资料并进行详细的了解从而分析现象之间的关系以及发展过程，甚至是内外在各种因素之间的关系，最终形成对有关问题的全面和深入的了解。本书的创业心智部分涉及案例研究法的运用。

(6) 数据挖掘法

在创业者心智特征分析和创业者心智特征画像的研究中，通过分类、聚类、预测等数据挖掘分析技术，为创业者的心智特征画像研究提供数据分析技术手段，数据挖掘通常包括信息收集、数据集成、数据规约、数据清理、数据变换、数据挖掘实施过程、模式评估和知识表示八个步骤，其中数据挖掘实施过程是根据数据信息，应用特征、关联、分类、聚类、趋势、偏离和孤立点等挖掘算法处理信息获得结果。数据挖掘实施过程如图1.4所示。

(7) 系统动力学

系统动力学强调的是站在系统角度来看问题，以发展的眼光和联系的视角来看待事物和待研究的对象和问题，它认为两个或两个以上的部件才能构成系统，部件之间的相互联系和相互影响是系统动力学关注的问题，在企业运营瓶颈的研究上，通过系统动力学方法对运营流动系统进行研究。

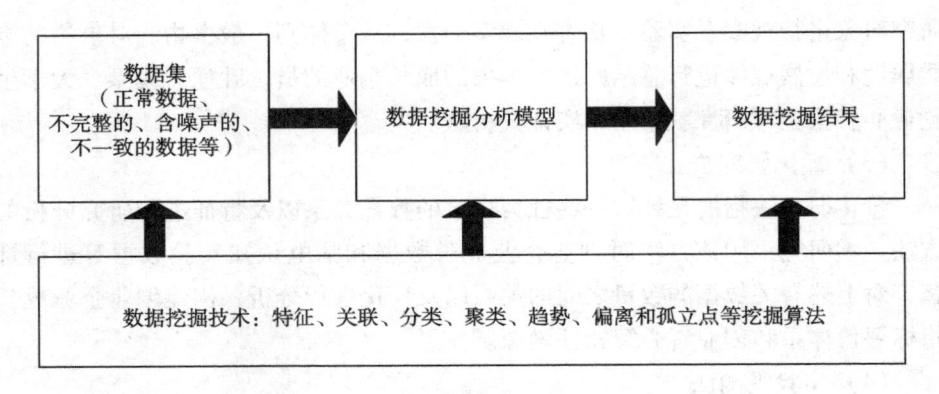

图 1.4　数据挖掘实施过程

1.4　本章小结

本章首先对创业成长与心智模型的背景进行概述，指出近年来我国的创新创业发展态势良好。作为国家战略任务，创新创业在激发市场活力和社会创新潜能上发挥着重要作用，是促进经济社会发展和扩大就业的新动力。然而，由于企业在创立之后，需要面临创业环境、机会识别、创业资源整合等诸多问题，创业者的人格特质、内在秉性及其经验所形成的心智模式对上述问题的处理具有重大影响，在当前新创企业存活率低，大学毕业生创业失败率高达95%的现状下，引出研究创业成长与心智模型的意义。接着对创业成长与心智模型的国内外研究现状进行归纳，从创业者素质、创业环境、创业成长机制与创业者心智等方面阐述了相关研究状况。然后指出本书的研究是以理论与实践相结合方式进行的，在创业生态系统理论、企业成长理论、约束理论、系统动力学理论和心智模型等理论基础上，结合 Netlogo 仿真、心智模型测量、网络心理计算、神经学实验、标签画像等技术与方法对"创业成长与心智模型"展开创新性研究。最后介绍了研究中所用到的文献归纳法、实证分析法、量化研究法、实验观测法、案例研究法、数据挖掘法和系统动力学等方法。

第 2 章　创业成长与心智模型的理论基础

2.1　创业与创业理论

2.1.1　创业定义及内涵

创业的英文表示是"entrepreneurship",字面上的理解是企业家精神或企业家活动。《辞海》里给出的创业的基本解释是创立基业。围绕创业的定义,国内外学者因视角不同,导致出现不同的理解,给出了多个版本的定义。例如,创业就是指创建企业的活动,创业需要建立一个企业,创业是企业家把握的一种机会(王辉,2017);创业是创业者发现机会,组织和整合资源,进行价值创造的行为;创业是创业者运用现有的资源或能获得的资源,在市场中进行自主选择价值生产和价值创造模式的过程。尽管学术界对于创业的定义众说纷纭,但是有两种较有代表性,一种是"创业是一种被机会驱动的,需要从方法上进行整体考虑并且能够具备领导能力的思考以及推理的一种行为方式"(杰弗里·蒂蒙斯,2005;毛翠云等,2014);另一种是"创业是不拘于目前资源条件限制而探寻机会,将不同的资源进行整合、利用和开发机会,实现创造价值的过程"(陈勇,2015;Stevenson,1985)。前者在指出机会对于创业的重要性的同时,强调了创业的理性行为;后者认为创业需要不断整合资源和发现机会。

为了方便理解,本书在借鉴以往学者所作定义的基础上,对创业进行了界定,认为"创业是个体或组织在一定的环境下,发现和把握机会,并通过创新的思维和整合资源开展业务或实现价值创造的过程"。综合来看,创业的内涵主要包括如下几个方面。

(1) 创业条件

创业除了人及其社会经验和掌握的相关技术等基本内在条件外，还包括创业时机、创业环境等外在条件。创业者要在这些条件下，进行业务开展或价值创造。

(2) 创业管理过程

创业是一个过程，而且是一个管理过程，无论是创业初期还是创业成长期，都与管理密不可分。创业企业成立之后，创业计划的实施、人员的组建和领导以及决策的执行等都需要管理。

(3) 创业风险

创业风险的实质就是创造新的事物或价值时，可能成功，也可能失败。创业是一个风险与收益并存的结合体。无论创业提供给他人的是产品还是服务，其实质都是创造新的事物或价值。

2.1.2 创业的相关理论

创业涉及的内容很多，创业相关理论包括奥地利经济学理论、新古典均衡理论、风险理论、创新理论、机会理论、社会资本理论和管理学派理论等。

(1) 奥地利经济学理论

奥地利经济学理论认为，市场上信息的不对称是创业行为的起源；在市场中，人们由于自身特征的差异、所处环境的不同，会导致一些人能发现商业机会，他们通过自身对现象的观察，看到其他人无法发现的机会。能否获得创业信息是由创业者所处环境、创业者个体特征、创业者所拥有的资源等因素共同来决定的。奥地利经济学派通过对一系列创业行为起源进行研究，给出的结论是：创业市场上信息的不对称是影响创业者们做出不同创业行为的关键因素。该学派为研究创业动因作出了贡献，但是对创业企业在成长发展的过程中可能会遇见的各种问题以及如何克服这些问题来促进企业成长的研究则较少涉及，而这恰恰是创业研究需要重点关注的内容。

(2) 新古典均衡理论

新古典均衡理论在对创业行为的动因上，与奥地利经济学理论所提出的创业行为受到创业市场上信息不对称的影响完全相反。该理论认为，影响创业行为的原因主要是来自创业者本身所具有的差异化的特质。他们将整个创业市场看成一个具有完全竞争的市场，该市场可以通过合理的价格来进行自由竞争，因而在该市场里，所有人从理论上来说，获得的创业机会都是均等的，与此同时，发现机会的人也可以选择将他们发现的商业机会销售给他人。因此，支持该理论的学者认为，影响创业行为的原因主要是来自创业者本身所具有的差异化的特质，与市场信息不对称无关。上述结论的前提就在于将创业机会赋予了可交易性，这为今后有关创业方面的理论研究奠定了基础，具有一定的推动力。

（3）风险理论

风险理论的核心理念就是承担风险。该理论认为，承担风险是创业者所需具备的一种基本素质与能力。创业者需要承担各种各样的不确定性风险并进行风险管理，而创业利润则来自风险回报。所谓风险回报，就是通过对风险进行合理的管理以及决策从而获得回报。由于创业具有不确定性，因而创业者要想获得利润，就要能够擅长把握不确定性，并且能够在不确定性中找寻到新的或者尚未得到满足的社会需求和机会，将其抓住并获取利润。风险理论学派对创业所持的观点是，创业利润来自识别风险之后的收益。该理论作为创业理论体系里的重要组成部分，在创业研究中发挥了重要的作用。

（4）创新理论

创新理论认为，对一个创业企业进行衡量、判断的标准是该企业的创新水平；作为创业者，其主要职能是对各生产要素进行组合创新。创业者通过一系列的创新行为来打破固有市场的均衡和获取利润。因而，该理论的重要典型代表人物熊彼特认为，创新就是要"建立一种新的生产函数"，就是要在现有的生产体系中引进一个尚未有人做过的有关生产要素和生产条件的组合。为此，他给出了创新的五种情况，即引进一种新的创新产品、采用一种创新生产方式、重新开辟一片蓝海市场、获得并控制原材料或者半成品的供货来源及渠道、建立新的工业组织。其创新理论强调了创业者在创业过程中的作用，认为创业者是创新的驱动力，为创业研究的开展开辟了新的渠道。

（5）机会理论

机会理论学派持有的一个重要观点是，市场是由总体的均衡和局部短期的不均衡共同作用而形成的，其中短暂的市场不均衡是创业机会产生的源泉，从交易角度来看，市场机会本质上是一种商品，可以作为商品进行交易。因而在机会理论学者的眼里，创业研究的是"何人通过何种方式去发现和把握创造未来商品和服务的机会"。创业机会是该学派学者研究的重要内容。他们指出，"创业是发现市场中尚未满足的市场需求或者是尚未发现的市场机会，进而通过自己开发并创造新的产品或服务来满足这个市场需求，从而实现整体价值的过程。"创业机会识别与机会把握目前已经成为创业研究的热点。

(6) 社会资本理论

社会资本理论学派持有的核心观点是,创业者依靠自身的社会网络资源去寻找创业机会和付诸行动。该理论立足于创业者拥有优越的资源基础,能够方便、快捷地获得创业机会信息,事实表明,初始创业者的资金往往来自社会资本。该理论的提出,使得创业研究有了新的视角,在该视角下,社会网络结构和社会网络关系资本对创业行为影响的研究成为重要的内容。

(7) 管理学派理论

管理学派从管理的视角来看待创业。与其他学派不同的是,他们将战略管理加入到创业企业的成长过程中,并且认为企业战略管理是创业企业发展的核心内容。例如,有学者认为创业者应该根据其所具备的战略规划能力,先对所需完成的创业目标进行细致的分析,然后制定合适的战略实现方案,最后根据现有的能力与资源,评价战略实现的可能性和产生的效果;还有学者从创新、组织、国际化、高层管理以及公司治理等方面,将有关战略管理的研究融入企业的创业活动中,认为二者有着共同的创业目标——创造企业价值。管理学派同其他学派一样,都为整个创业活动的研究开辟了新的方向,将有关创业活动的研究内容进行了拓展,不仅仅局限于创业机会以及创业者本身的素质问题方面的研究,而是将创业扩展到了整个创业过程的研究。这对于整个创业理论研究体系的丰富而言意义重大。

2.2 创业者与创业团队

2.2.1 创业者

创业者一词最早源自法语的"entreprendre",意指承担军事远征风险的领导人。此后,随着创业活动的发展,创业者的范畴也逐步扩展。创业者是创业活动最重要的主体,是愿意承担风险而进行创业的一类人,既可能是企业的创始人,也可能是企业家。创业者的理解有狭义和广义之分,狭义的创业者往往指的是参与创业活动的核心人员,如创业企业的发起者、领导者等;而广义的创业者则指的是参与创业活动的所有人员。创业是一个充满风险、非常艰苦的过程,创业成功除了天时和地利之外,往往还需要依赖环境和人和等众多因素。在此，对一些优秀创业者的个性特征和技能特征进行了整理，如图 2.1 所示。

```
                         ┌ 优秀的领导力
              ┌ 个性特征 ┤ 坚强的毅力
              │         │ 善于沟通
              │         └ 良好的信誉
   优秀创业者 ┤
              │         ┌ 良好的市场营销能力
              │         │ 快速学习能力
              └ 技能特征┤ 敏锐的反应力
                        └ 良好的处理危机的能力
```

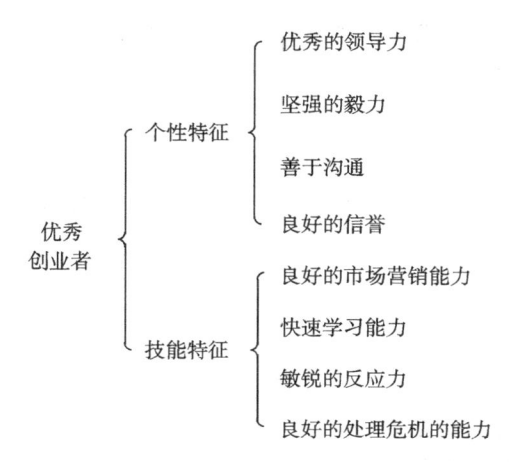

图 2.1　优秀创业者的个性特征和技能特征

2.2.1.1　个性特征

一个优秀的创业者具备的特征和品质很多，在此，整理了他们具备的几个主要的个性特征，即优秀的领导力、坚强的毅力、善于沟通和良好的信誉。

（1）优秀的领导力

初创公司的成败，往往取决于领导者，初创公司拥有高工作效率和优秀的领导力的领导者是获得成功的基础。所谓领导力，指的是在组织所管辖的范围内，以最小的成本完成工作和提高组织办事效率的能力。优秀的领导力无关乎年龄和经验，年纪轻者也可以成为一名优秀的领导者，其需要的是拥有坚定的工作原则和追逐成功的动力。

（2）坚强的毅力

创业是一个艰苦的过程，是不断考验创业者的承受力和意志力，能最终达到胜利彼岸的过程。创业成功的人往往具备非同常人的毅力。坚持，说起来容易，但是做起来却不那么简单。俗话说"有志者事竟成"，只有拥有顽强毅力的创业者，才能在遭遇困难时百折不挠、拼搏进取、克服困难，获得成功，因而优秀的创业者需要有坚强的毅力。

（3）善于沟通

一个优秀的创业者，往往是一个善于沟通的人，具备超强的沟通能力，无论是对外业务交流还是对内管理，都要能做到高效地沟通。沟通能力包含着表达能力、倾听能力和设计能力。"人是一切社会关系的总和。"马克思曾指出，"一个人的发展取决于和他直接或间接进行交往的其他一切人的发展。"因此，善于沟通是一个优秀的创业者的重要品质。

（4）良好的信誉

当你观察这些"成功者"时，你会发现他们往往拥有很好的品质，并能坚持做到言行一致。他们不会为了短期利益而去坑蒙拐骗，最终造成无法挽回的巨大损失。在这个信息发达的网络时代更是如此，答应人家的就必须做到，这样才有第二次合作的机会。

2.2.1.2 技能特征

一个优秀的创业者还应具备如下一些优秀的技能。

（1）良好的市场营销能力

不管创始人在什么行业里创业，创始人必须成为这个领域里优秀的销售人员和营销人员，并对自己的业务有充分的认知。在创业之前，创始人需要问问自己，还有谁比你更了解你的业务，有能力与你竞争？只有当创始人充分提升了销售和营销技能之后，才能知道该如何以及何时把业务托付给营销团队。销售是每家公司的生命线，如果创始人没有销售能力，公司就无法生存，所以创始人必须在这方面做得更好。能够获得成功的创始人往往具备出色的销售和营销能力。

（2）快速学习能力

身为一个创业者，需要创建一个高效的初创公司，要求创始人能在很短的时间内做出决策并快速实施，在这种情况下，即便失败了也能让创始人能够及时做出改变，减少损失。快速试错对初创公司而言非常重要，一旦某个产品或服务经历了试错并被验证成功，就能让公司在市场上获得先发优势。速度在商业竞争中极其重要，高效的执行力是创业成功必须具备的能力。

（3）敏锐的反应力

一个优秀的创业者需要具备发现和捕获商机能力，创业者要具备敏锐的反应力，能够比常人更容易发现一些事情的细节，容易发现新的变化和机会，这是优秀创业者的必备品质。

（4）良好的处理危机的能力

在创业的过程中，必然会遇到一些突发状况，优秀的人不仅仅是能迅速地处理这些问题，他们还会以发展的思维来看待这些问题，兼顾长期的策略布局，在危机中寻找商机。这往往也是创业成功者与常人的区别之处。

2.2.2 创业团队

创业团队顾名思义，首先，这一定是一个团队，也就是不止一个人，而是一群人；其次，这个团队里的所有人是为了同一个目标而奋斗，也就是"创业"这个集体性目标。总体来说，创业团队是指为进行创业所形成的一群愿意共担风险与责任、愿意为了同样的创业目标而聚在一起的特殊群体。

2.2.2.1 创业团队组建的基本原则

组建一个创业团队应当坚持如下原则。

（1）创业目标清晰原则

目标必须清晰明确。从管理学的角度来看，目标是实行某一计划或任务的第一个步骤，因为只有当大家都清楚地知道自己的目标，明确自己所要努力与奋斗的方向才能让团队有拼劲，达到激励团队的目的。

（2）团队成员互补原则

创业往往不是一个人在创业，而是一个团队一起工作，是群体工作，因而需要成员之间能够具有互补的能力，进而发挥集体大于部分之和的效果。团队成员可以从多个方面进行互补，例如，管理能力、实际技能以及经验交流等方面，只有这样才能达到"1+1>2"的互补叠加效应，达成上述条件的创业团队才是高效的团队，才可能获得成功。

（3）精简高效原则

精简的目的是能够节省成本，获得更高的利润。在该原则中，精简并不意味着敷衍了事，相反，是希望能达到高效的结果，希望能"集中力量办大事"，在简单的基础上最大限度地完成工作。

（4）动态开放原则

创业充满了风险和不确定性，团队中可能会有人因自己的理想、发展等原因选择离开，也会有人重新加入这个团队。因而，在构建团队时就应该考虑到这些情况，吸引那些真正认可团队目标，并能够与团队完美融合的人加入到队伍中，为了共同的目标一起努力。

2.2.2.2 创业团队组建的主要影响因素

在组建创业团队时，会受到多种因素的影响，如创业者、创业商机、团队目标与价值观、团队成员、外部环境等，这些因素相互作用、相互影响，是创业活动运行效率和创业成功的重要因素。

(1) 创业者

创业者的素质、能力和特点决定了创业团队的组建思路，何时组建创业团队、何人构成创业团队等都是创业者关心的问题。至于创业者为何要组建一个团队，主要在于创业者意识到自己所具备的能力不足以实现现有的创业目标，因此需要更多的人员来帮助其弥补自身缺失的能力，所以考虑建造一个团队并且考虑这个团队应该选择什么样的人才，引进人员需要怎样的才能和自己形成互补。

(2) 创业商机

创业商机因人、因时、因事而定，同样的一个机会，对不同的创业团队来说，最后的结果可能会完全不同。只有那些与机会相匹配的创业团队才能抓住机会，取得成功，因此就需要创业者去衡量和判断，选择合适的时间和形式投身创业。

(3) 团队目标与价值观

在创业时，创业团队在团队目标以及各团队成员的价值观上需要协调统一。团队目标必须具有一致性，团队只有在成员都认可的共同目标前提下才能够更好地相互协作和共同奋斗。而在价值观方面，如果成员的价值观不统一，那么就可能出现意见不一致的结果，甚至团队成员离开团队，削弱整体能力，需要及时地发现与修正。

(4) 团队成员

创业团队的整体战斗力与团队成员直接相关。想要提升团队战斗力，可从两个方面进行：一是成员自身能力的提升，因为成员的能力决定了创业团体整体的能力，所以要加强成员的技术技能的学习；二是成员间协调能力的提升，只有当团队成员配合默契，才能够达到整体大于部分的功效，才能够使团队发挥出理想的效果，达到组建团队的目的。

(5) 外部环境

在组建好创业团队后，另一个不能忽视的因素就是外部环境的影响。无论团队还是企业，想要很好地生存与发展，必然会受到社会、经济、政治、法律、市场和生态环境的影响，这些因素会对创业企业产生作用，不容忽视。

2.2.3 创业精神

创业精神自从 1983 年由 Miller 提出以来，受到众多学者的关注。关于创业精神的定义，学者们有着不同的理解，总的认为，创业精神可分为组织层面和个体层面两个层面，其中组织层面上的创业精神被称为"公司创业精神"（何志聪等，2005）。例如，有学者将公司创业精神看成一种创业姿态，认为其主要特征有创新性、先动性和风险承担性（Covin 等，1991）；有学者认为，创业精神是企业精神上的一种倾向，是企业为了争取到竞争优势而采取的充分运作创业资源的倾向，能对市场开拓和绩效增长产生促进作用（宋雷，2018）。在此，对以往学者有关公司创业精神维度的研究进行综合总结，得到公司创业精神的二维度划分、三维度划分、四维度划分和其他维度的划分，如图 2.2 所示。

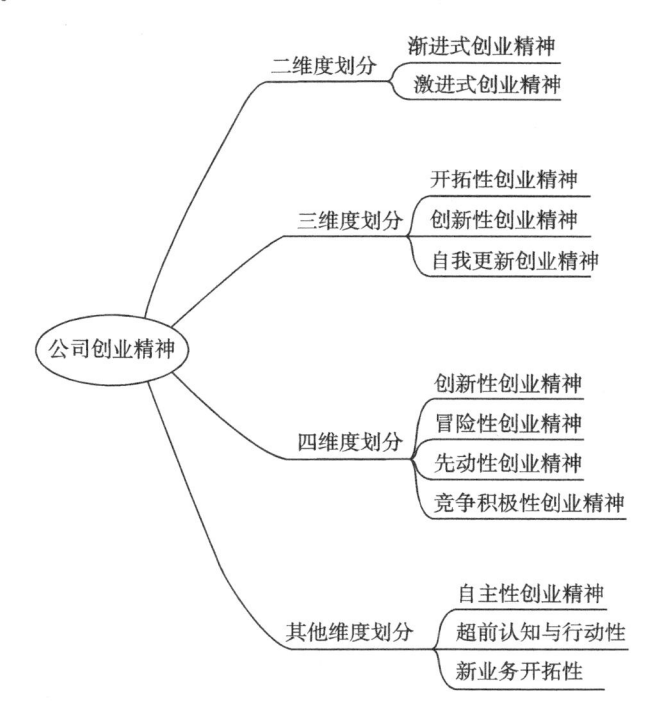

图 2.2 创业精神的维度划分

从图 2.2 可知，公司创业精神从二维角度上可划分成渐进式创业精神和激进式创业精神（蒋春燕等，2006）；从三维角度来划分，公司创业精神则被划分成开拓性创业精神、创新性创业精神和自我更新创业精神（Zahra 等，1999）；从四维度上，我国学者将公司创业精神分成创新性创业精神、冒险性创业精神、先动性创业精神和竞争积极性创业精神（杜海东，2012），其中创新性指的是企业运用创新性思维来进行技术、产品、服务、市场、组织创新的意愿；冒险性指的是企业在新产品研发、新技术使用和新市场开拓等方面需要承担的不确定性，适度冒险是所有的企业都必须面对的；先动性指的是企业对外部机会的敏锐感知和及时行动性，率先对机会进行捕获，而不是被竞争对手牵着鼻子走；竞争积极性指的是企业主动出击，参与竞争的倾向，常常体现在成熟期产业里。

个体层面的创业精神则往往指的是创业者主观世界中的思想、意志、观念和品质等（王洪东，2017）。一个成功的创业者，往往具备坚定的信念、明确的目标，永不言弃的精神，有主见和果断等精神品质，个体创业精神的要素主要有激情、领导力、主动性和适应性等。企业创始人的个人能力、精神特质与心理特点可以归纳为心力、智力与毅力三方面，与《中庸》里指出的"智、仁、勇"相对应。所谓心力，指的是创始人投入创业的信心力，可理解为创业动机；所谓智力，指的是创始人的创业智慧，决定企业的业务模式与战略设计和管理执行；所谓毅力，指的是创始人的冒险精神，在面对困难时的勇气与面对挫折时的毅力，表达的是一种对创业成功的执着的信念。创业家是一个特殊群体，这个群体的一个特性就是他们都具有创业精神。创业精神指的是创业者所表现出的外在特质，不同的创业者所表现出的精神特质各不相同，但或多或少具有一些普遍性，其整合表现为能够主动去发现机会、努力创造价值和追求成功，展示出的一些特征包括商业敏锐性、渴望成功、善于协作、热爱事业、结果导向、鼓励合作、好学不倦、认真务实、积极投入等。创业者的创业精神在现实生活中可以归纳到做事投入和做人豁达两个方面。

（1）做事投入

做事投入是创业精神最普遍和最基本的表现。创业者深信自己所创企业会取得成功，从而为之做出人生的事业选择。创业者常常视企业如自己的孩子，全身心投入企业，沉浸其中。创业者做事投入会体现在渴望成功、敢于冒险、追求意义上，他们全身心投入事业中所表现出的热度与力度是创业精神最强烈突出的特征。创业有风险，冒险精神是创业精神的一个突出特质，错误与失败不能阻止有毅力的创业者的尝试与行动，为了探求成功，他们会毫不犹豫地驾船勇闯未知的水域。

（2）做人豁达

做人豁达是创业精神另一方面的现实表现。要想创业成功，必然需要人与人之间共同协作，事业越大，协作越多，创业者善于协作，整体表现为善于沟通、关心他人、为人慷慨大度、善解人意等特质。优秀的创业者往往会去主动发现合作的机会，发起合作或对合作机会保持积极、开放的态度。他们在人际关系和个人魅力上往往富有感染力和吸引力，容易获得周围人的信任乃至追随，能让人体会到一种古道热肠的江湖义气与家长式的关怀照顾，从而对其敬重与忠诚。

2.3 创业成长相关理论

2.3.1 创业生态系统

创业生态系统指的是一个由新创企业和它所在的创业生态环境共同构成的动态群落，在该群落里的创业企业相互影响、彼此依存、共同发展（林嵩，2011）；创业生态系统也被认为是一个能够支持和促进创业主体获取创业资源，提供软件和硬件服务的群落，它具有多样性、共生性、网络性、竞争性、自我维持性和区域性六大特征（蔡莉等，2019）。其中的创业生态系统多样性指的是参与创业的主体的多样性和创业主体内部的多样性。在生态学看来，生态系统的食物链是由多个物种参与而形成的，并且通过多个物种的参与构成了系统的稳定循环，创业生态系统的参与主体主要有中小创业企业、大企业、创投机构、中介机构、大学及科研院所（蔡莉等，2016），上述主体在政策、经济、文化等环境影响下生长与发展，构成创业生态系统，如图 2.3 所示。

社会环境里的各个企业与自然界里的生物类似，存在原始合作、共生、共栖、寄生、捕食、竞争等关系。其中，原始合作关系在生态学里是指两种生物在一起共同生活（刘云海，2015），互相合作和分享利益，当彼此分开后，它们也都可以各自独立生活。例如，蚁群、蜂群等，这些同种动物以群居形态共同生活，群居个体之间就形成了一种原始合作关系，虽然它们之间有时会因为食物、空间等爆发冲突和争斗，但还是聚集在一起过着集体生活，为的是抵御外部侵害或者更好地赢得生存空间。原始合作创业就是指依照生态学的生物原始合作原理，创业企业在追寻利益目标的基础上，互相合作，为了使各自能够获得更多的利益而形成的一种创业模式。创业生态系统的共生关系如图 2.4 所示。

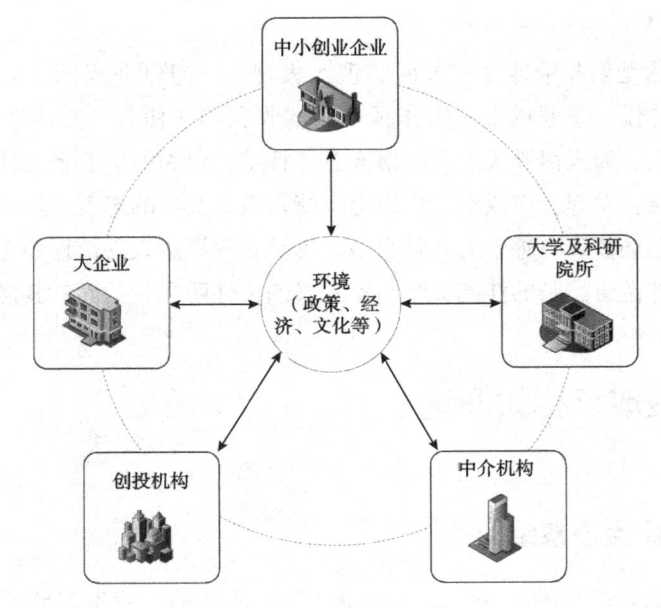

图 2.3　创业生态系统主体

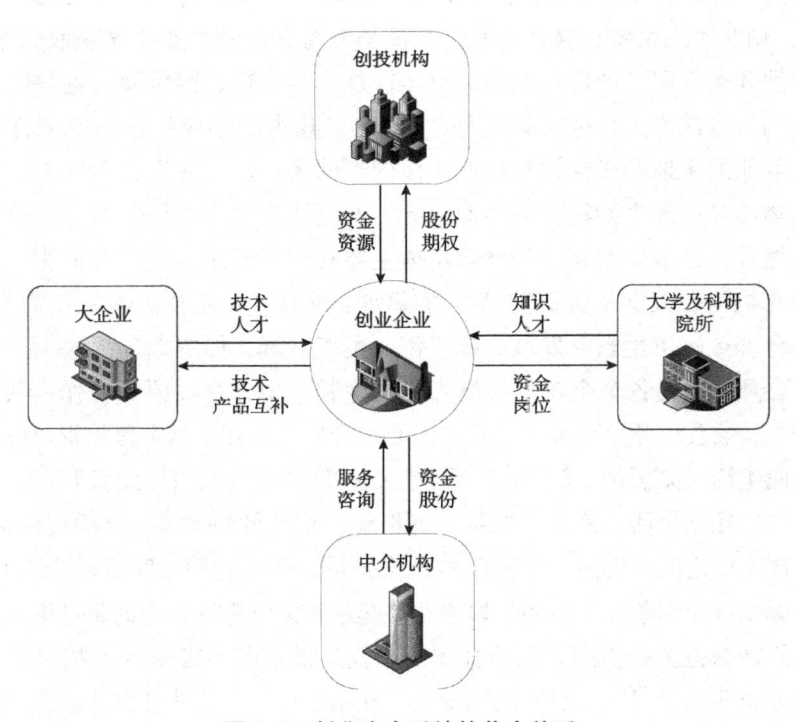

图 2.4　创业生态系统的共生关系

自然界的生态系统具有自组织、自维持、自调节的能力，创业生态系统与自然界的生态系统类似，也同样具有上述能力。例如，在市场中，某个大企业因一些原因退出某一行业，此时新的主体将会自动填补该企业所占据的生态位置，维持创业生态系统的平衡状态。以手机行业为例，当年的手机行业巨头摩托罗拉公司，因战略调整从手机行业退出，华为公司很快自动填补了摩托罗拉的空缺，很好地体现了创业生态系统的自维持特性。正因为自维持功能的存在，使得创业生态系统能够在动态平衡状态下稳定地发展。但是，系统的自维持特性是存在阈值的，如果创业生态系统的指标超过其阈值，那么自维持性将不再起作用，系统会失衡，导致的结果将会是生态系统的灭亡或者重组（宋姗姗，2018）。

2.3.2 创业过程理论

创业过程作为创业者在完成自己企业创建后需要经历的必然活动，涉及的知识与技能颇多，创业过程中的管理与一般企业中的管理存在较大区别。在创业过程里，往往要求创业者具有发现新机会、把握机会和将其发展为一个新创企业的能力。创业过程一般包含四个阶段：创业机会的识别与评估，企业的创建，企业管理体系的形成和新创企业的发展。

（1）创业机会的识别与评估

创业往往是从识别创业机会开始的，不管是新创企业还是已经正常运营的企业，对机会的识别都起着举足轻重的作用。国家政策的出台、新技术的出现、社会人口和家庭结构的变化、人们物质文化需求的变化等都蕴藏着商业机会。对于创业者而言，应该具有敏锐的眼光，能够准确及时地识别创业机会。

创业机会的识别通常包括两方面的内容，一方面，创业机会需要在宏观环境分析下把握，在宏观大环境下发挥；另一方面，创业机会需要在某行业和已有资源的分析基础上进行识别。只有在准备充分和有意识的储备基础上，才能做到胸有成竹、有的放矢，根据自己的优势，扬长避短，选择适当的行业和合适的项目进行创业。

（2）企业的创建

当创业者经过一系列准备，识别出创业机会和完成了创业环境分析、确定创业内容和拟订创业计划之后，就可以开始创建企业了。有时候，一件意想不到的突发事件或一个偶然的点子都有可能成为创业的契机。但光有契机还不够，创业的关键还需要看这些"点子"和"事件"能否形成一个完整的、周密的创业计划。所谓创业计划，可认为是创业者对创建企业的基本思路以及相关事项的具体安排，它不仅是创业者对创业思想及具体事宜的归纳和整理，而且能够成为风险投资者选择项目的依据，直接影响新创企业的融资。尽管可供选择的融资渠道和融资方式很多，但是获得资金上的支持绝不是一件容易的事情，资金往往成为新创企业的"瓶颈"。因此，创业融资在企业的创建过程中至关重要。

当创业者完成创业计划并获得融资之后，就可以按照法定的程序进行注册登记。该部分包括确定企业的组织形式、设计企业名称与商标、向工商行政管理机关提出企业登记注册申请、领取《企业法人营业执照》等内容。

（3）企业管理体系的形成

企业在完成注册登记后，该企业在法律上就获得了认可，宣告企业法人正式成立。一般来说，新创企业在创立初期会受到诸如市场业务量、资金、场地、人员等客观条件的限制，部门职能的划分往往不是很严格，员工的分工也不一定很明确，不像成熟的大企业那样拥有完善的管理机构。然而，随着时间的推移、业务量的上升和企业员工数量的增加，建立起系统的管理体系就成为必然。企业成长的一个重要前提就是拥有一个高效的管理体系，虽然因规模不同、行业不同，每个企业的情况有所区别，但一个最小化的管理体系至少要包括财务管理、市场营销管理、物流管理、技术研发管理和人力资源管理等内容。

由于新创企业的规模往往较小，资金实力较弱，所以加强内部财务管理对新创企业的成长非常重要。财务会计控制要求创业者具有基本的会计控制知识之外，还要有良好的业务素质与职业道德，并在企业内部建立严格规范的会计制度。新创企业的成长需要争取获得市场认可，让市场接受和认可企业所提供的产品或服务。相对于老企业而言，新创企业在行业内属于后发者，因此寻找目标市场、产品定价、营销渠道拓展等是创业企业营销管理要面对的重要内容。

影响新创企业成长的另一个重要方面就是人力资源管理，对于新创企业而言，其重点在于如何维持和发展创业团队。如果创业团队能够团结一致、共同进取，无疑会为企业成长提供良好的人才保证；反之，如果创业团队缺乏凝聚力，势必会导致管理混乱，团队成员各自为政或分道扬镳，严重者甚至反目为仇。此外，新创企业的另一个重要特点在于技术创新，因此，技术研发管理是企业管理体系中极其关键的环节。新创企业为了形成持续的核心竞争力，会进行强化技术管理，涉及组建科研团队、申请科研经费、获取科学技术相关的情报等内容。

(4) 新创企业的发展

新创企业在度过初始期之后，面临市场竞争，竞争对手可能会在技术或服务上进行赶超，使得原有的优势削弱。因而，不断追寻新的发展空间成为新创企业必须考虑的问题，其中企业扩张就是追寻发展的一种重要方式。扩张既可以通过支持企业内的创业来实现，也可以通过并购其他企业来获得技术和资源，突破市场的壁垒。新创企业的扩张除了进行新市场的开拓外，业务的多元化、管理水平的提升和企业规模的扩大都属于扩张的范畴。此外，新创企业还可以参与市场竞争，通过价格、产品、技术、品牌、知识以及企业文化等的竞争，使得企业走向成熟，形成良性发展。一旦企业的品牌和文化价值等在市场竞争中形成了竞争优势，往往标志着企业走向了成熟，企业不需要单纯依靠价格来赢得市场。

创业企业在发展过程中往往会面临生存危机、文化危机和竞争危机等各种危机，因此，为了能化解危机，需要创新创业者不断进取，在多个方面增强自身实力，应对危机，如组建优秀的营销队伍来克服生存危机，以杰出的领导力来处理文化危机等。

2.3.3 企业成长理论

美国《财富》杂志曾经报道，美国的新创企业存活率较低，约62%的新创企业存活时间不足5年，仅有2%的企业能存活50年，大型的跨国公司平均寿命为10~12年，而中小企业的平均寿命小于7年。我国的新创企业的寿命数据同样不乐观，超过2/3的新创企业寿命低于两年，民营企业的平均寿命为3.7年。上述数据足以说明，创业企业成长是一个充满风险、成功率低的过程。有关企业成长的理论较多，最为典型的是生命周期理论和格瑞纳成长理论。

2.3.3.1 生命周期理论

生命周期理论最早在1959年由学者马森·海尔瑞（Mason Haire）提出，该理论指出，企业从成立到后期的发展过程，与一个生命体从出生到长大的过程类似，因而，在分析创业企业的发展时，可以将其看成生命体的成长，也经历着从出生到不断壮大，从不成熟到成熟的过程。在企业生命周期阶段的划分上，学术界存在着一定的分歧，在此选择影响较大的企业生命十周期划分理论进行介绍。该理论是1989年伊查克·爱迪斯根据人类的生长过程提出来的，他将企业发展看成人的生长，把企业生命周期对应到人类生长的十个阶段，即孕育期、婴儿期、学步期、青春期、盛年期、稳定期、贵族期、官僚化早期、官僚化期、死亡期。在其提出的企业生命周期理论中，每一个阶段都有着非常鲜明的企业特点，如图2.5所示。

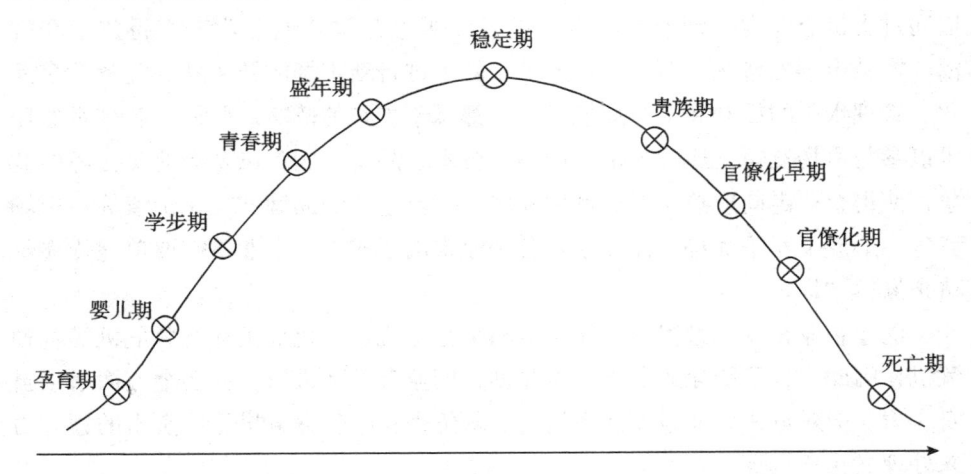

图2.5 爱迪斯的企业生命周期模型

（1）孕育期

处于孕育期的企业，其创始人最为关心的是企业的创办目的、整体发展计划和未来的目标与实现的可行性。创始者绘制宏伟蓝图，研究和制定计划和方案，认真调研和仔细分析市场需求，进行风险分析，出具相应对策。

（2）婴儿期

处于婴儿期的企业，创始人开始转移注意力，之前重点关注构思和可能性，现阶段的注意力则聚焦在成效性上，对产品销售额的渴望是该转向的驱动力。他们不会将太多的注意力放在规程、系统、书面工作和控制上。在该阶段的企业，决策权高度集中，授予权力和责任现象很少。创始人每天连续工作多个小时，超负荷工作，想把所有的事情都自己干完。

（3）学步期

处于学步期的企业，正值迅速成长的阶段，企业工作重点仍然以销售为主。企业日渐兴旺，已经经历了艰苦的创业初期，克服了亏损的困难局面，而且扭亏为盈。企业创始人此时相信其决定都是对的，把每一次决定都看成机会，这往往使得企业容易分心和发展多元业务，容易卷入到一些无关的生意当中去。这种多样化的经营模式会使该时期的企业把摊子摊得太大，导致主营业务不突出，造成顾此失彼的现象。创始人往往按照自己的意愿来管理企业，而不是通过部门职能。此时期的企业领导者尤其要注意，需要将管理风格由意愿型的感性管理向职能型的理性管理转移，否则企业就会陷入不可自拔的困境。

（4）青春期

处于青春期的企业，创业者对其影响已经远不如初始期，此时的企业可以脱离创业者而生存。在该时期，企业的业务范围不再由创业者个人能力控制，企业关注的内容也由之前的关注成效转向了政策和规则制度。处在青春期的企业应该将注意力放在量到质的转变上，然而要实现由以量取胜到以质取胜的转变面临着很多困难，需要企业领导者与员工团结一致，共同协作才能克服困难，达成目标。

（5）盛年期

盛年期是企业生命周期中最为旺盛的时期。企业按照宏伟蓝图在理性和感性之间寻找到了平衡点，而且不断创新，具有较为完善的规章制度。新业务在组织中不断萌生，呈现出生机勃勃，并且新生命周期的机会不断被发现。

（6）稳定期

当达到稳定期时，企业不再拥有高的增长率，停止生长是该时期的重要特征，这时的企业通常表现为市场份额稳定，管理良好。但企业的创造力不足，人们逐渐趋向保守，企业内部关系网密切的状况也日趋严重。此时，企业发展转折点出现，开始呈现出衰老态势。

（7）贵族期

处于该时期的企业，已经没有了长远目标，内部的管理与组织制度缺乏创新，讲究的是形式主义。处于贵族期的企业往往过于讲究做事的方式、称谓等，拘泥于传统，缺乏创新与活力。

（8）官僚化早期

处于这一阶段的企业，关注责任问题的追究，内部斗争激烈，内耗严重，容易忽视客户。此时，企业往往由于自身的偏执，束缚了自身的发展。

（9）官僚化期

处于这一时期的企业，大量的规章、制度、流程、政策等严重阻滞了企业革新的动力和创造力。企业逐步进入病入膏肓状态，直至跨入死亡期。

(10) 死亡期

企业的死亡或破产可能突然到来，也可能是苟延数年。当企业长期处在亏损状态，获取不到新的融资，一直入不敷出时，企业将会崩溃和死亡。

在爱迪斯理论里，有两个时间点值得注意。一个是盛年期，它是企业生命周期曲线中最为理想的点；另一个是稳定期，它是企业整个生命周期的转折点，企业的组建发展、管理规则制度的完善、企业人员和市场的扩张等一系列活动都由该时期来主导，是企业的运行机制和管理体制逐渐走向稳定的时期。

2.3.3.2 格瑞纳成长理论

哈佛大学格瑞纳教授根据企业成长提出了格瑞纳成长理论。该理论认为企业的成长分为5个阶段，分别是创业阶段、集体化阶段、规范化阶段、精细化阶段及合作化阶段。每个阶段企业都有一定的特性，也面临着一些挑战。

（1）创业阶段

在创业阶段，企业刚刚创立，其最重要的目标是短时间内如何用产品和服务去赢得市场。这个阶段的组织往往是业务导向的，强调的是核心创业者的能力。企业规模较小，通过创业者可以依靠本人的非正式沟通就可以控制整个团队，不需要太复杂的管理和战略。企业活下来才是硬道理。当企业度过生存期，在不断成长的情况下，遭遇领导危机是无法避免的：随着业务及员工人数的增加，创业者无法做到事必躬亲，精力越来越照顾不到整个公司的发展。在这个阶段，公司最为紧要的是找到一些能被创业者接受和信任的专业经理人来参与管理，形成家长式的管理模式。但在这个阶段，由于组织规模还小，核心能力不强，产品或服务容易被取代，使得创业者不敢轻易放手或不相信专业经理人的忠诚度，常常会直接或间接地进行干预，导致企业陷入矛盾混乱的管理状态。因此，委任能力强的专业经理人，帮助企业度过第一阶段危机，企业才能进入下一阶段的成长。

（2）集体化阶段

集体化阶段企业发展的第二个阶段。在该阶段里，企业聘用了专业经理人来参与若干部门的管理。他们建立管理团队和分配任务来执行决策层的决定和指导员工进行工作，企业在专业经理人的指导下成长。当成长到一定规模后，企业仅仅依靠统一指挥的管理方式已经无法控制多种不同的活动。处在一线的职业经理人往往遭受到繁琐的程序和集权式管理阶层的束缚，虽然他们在市场策略、产品等方面比高层管理者拥有更多的认识，但仍然受到上级指示的困扰。当职业经理人要求得到较多自主权时，矛盾和隐藏的危机就形成了。此时，通常采取的解决方式是给予职业经理人更多的"授权"。然而，要让已经习惯了过去"家长式管理风格"取得成功的创业者去授权是件非常难的事情，尤其是一些职业经理人缺乏承担能力，不敢自行决策时则会面临更加困难的局面，只有那些能有效进行授权管理的企业才能度过第二阶段的危机。

（3）规范化阶段

第三阶段是规范化阶段。度过第二阶段危机的企业通常会变成分权管理的组织，但是授权同时会给企业带来"缺乏控制"的影响，尤其在授权过度时，容易产生失控的危机。当企业发展到所经营的事业非常庞大，需极度分权管理时，总部的高层管理人员会产生被授权单位脱离控制的感觉。那些获得授权的前线管理者容易滋生出"打下江山"后的居功自傲心态，喜好自我表现，与组织内其他部门的协调合作性差，过度的自由引发出狭隘的"山头主义"态度，企业内部出现"诸侯割据"现象。此时，最高管理集团为了重获控制权，往往通过剧烈改革来实现。然而，组织的规模与经营范围与以往创业时期相比已经发生了根本性变化，再想获得集权式的管理已经很困难，因此改革会面临层层阻力。此时，那些建立了有效的"协调机制"的公司，才能够继续发展和前进，通过协调机制来使组织的有限资源进行更有效的分配，让被授权单位服从组织的整体，才能克服此时期的管理危机。"如何加强组织协调"是该机制需要解答的核心问题，并且为此颁布正式的制度和构建更优良的管理系统。高层管理的幕僚会直接负起这些新协调制度的拟订与监督的责任。要对地区大总部、小总部处于支持的状况进行改善，要突出总部的监控职能，要对一线管理人员可以自行决策的状况进行适当约束，要体现受总部制约的管理体系特点。换言之，该阶段可看成企业内部权力的斗争、拉锯和整合时期，此时的企业管理者如果缺乏宽阔的胸襟和高远的眼光，则企业成长会受阻，甚至可能遭遇严重内讧而导致企业回归原点或分家。只有那些能建立和适当执行有效的"协调机制"的企业才能度过第三阶段的危机。

（4）精细化阶段

在第四阶段建立了新的协调机制的公司会继续成长。然而，依靠幕僚的"协调"管理方式，稍有不慎就容易演变为"官僚作风的危机"。处在一线的产品负责人与总部幕僚人员之间的彼此不信任和不配合是该阶段呈现的主要矛盾，控制制度和计划不断出台，实际效用却大打折扣。例如，一线经理对那些不了解现场实情的总部幕僚发出的过度指示日渐不满；同样，幕僚也认为一线经理缺乏全局观和不配合实施计划而心生埋怨。在此阶段，组织往往较为庞大和复杂，无法再像以前那样以僵硬的制度或程序去实施管理。因此，为了克服"官僚作风的危机"，就必须进行第四阶段的剧烈改革，需要强调企业内部人与人之间的密切合作和共识，形成共同的价值观。这种共识涉及团队管理和人际管理技巧，能够有效处理人与人之间不同的观点和差异，讲究互相尊重，换位思考，发挥团队的协作精神，形成组织智慧。对于那些曾经建立制度、程序的专家和已经习惯依赖制度流程处理事情的员工而言，这个转变是非常困难和有些茫然的。当规模发展到该阶段时，企业尤其要注意那些计划安享企业成果的元老，他们认为自己没有功劳也有苦劳，个人的复杂情绪和不再追求创新的心态会无形中拖了企业发展的后腿，使企业难以真正地蜕变和成长。

（5）合作化阶段

合作化阶段是企业成长的第五阶段。这个阶段里，企业的成长是建立在一个较为宽松、富有弹性的环境下，以其非制度性的管理风格为重点，通过共同的合作来解决问题和延续成长，即处于此阶段的企业，企业文化上的共识成为企业长远发展的基石。

2.4　胜任力与心智模型

2.4.1　胜任力模型

"胜任力"一词对应英文中的"competency"，表示的是人的能力、才干和技能（汪英晖，2018）。因此，胜任力有时也被称为能力、素质、资质和胜任特征。1973年，哈佛大学教授戴维·麦克利兰（David C. McClelland）指出，胜任力是指在某些工作中，能将卓越成就的表现者与普通者进行区分的个人的深层次特征（叶蕊，2013），诸如动机、态度、特质、自我形象、某领域知识、认知或行为技能等，它们可以被准确测量和用于区分优秀与一般绩效的个体特征。胜任力模型是一组相关的知识、态度和技能，它们影响个人工作的主要部分，与工作绩效相关，能够用可靠标准测量和通过培训和开发而改善。有关胜任力模型的研究，最早起源于20世纪70年代，至今已形成了丰富的研究成果，其中最具代表性的是胜任力冰山模型和胜任力洋葱模型。

(1) 胜任力冰山模型

胜任力冰山模型最早由麦克利兰（McClelland）提出。他认为，胜任力就像是漂浮在水面上的一座冰山，浮出水面的部分是个人的表层特征，包括知识和技能，这些特征相对容易观察和评价；隐藏在水面之下的是个人的深层特征，包括价值观、态度和社会角色等内容，这些特征是潜在的，难以直接观测；在对工作绩效的影响上，决定一个人能否在工作中有优异表现的，并不是知识和技能这些表层特征，而是水面下的潜在特征。冰山模型如图2.6所示。

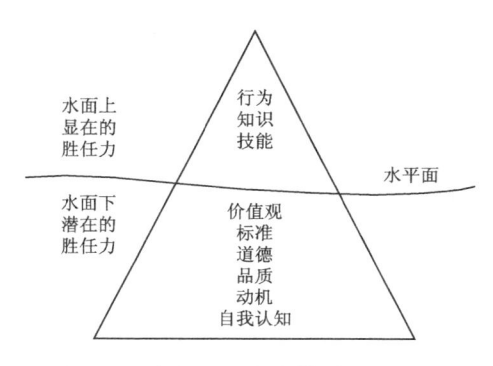

图 2.6 冰山模型

(2) 胜任力洋葱模型

胜任力洋葱模型类似一个剖开的洋葱而得名，是在冰山模型的基础上提出来的。与冰山模型相似，洋葱模型也按照要素的观测难易度、稳定程度和重要程度，由内而外说明了胜任力体系的各组成部分，具体包括知识、个性、技能、动机、价值观、社会角色等。洋葱模型如图2.7所示。

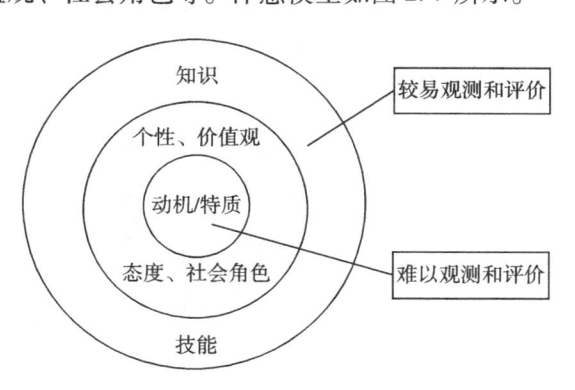

图 2.7 洋葱模型

(3) 胜任力的特征

从定义和构成要素来看，胜任力具有综合性、潜在性、预测性和可测性四个方面的特征。

① 综合性。与能力、个性、价值观这些独立特征不同，胜任力是一个包含若干个体特征的综合体。这些特征密不可分，具有不同的功能和作用，共同构成胜任力。例如，McClelland 最初认为胜任力是一个包含知识、技能、能力、特质和动机等特征的集合，后来又将自我概念、态度和价值观等特征要素纳入到胜任力体系中。因为胜任力综合了那些能够区分高绩效和低绩效的若干特征，因此它对工作绩效的预测力要强于个别要素。

② 潜在性。胜任力体系包含的要素大多是个体潜在、持久的特征。潜在性是相对于行为的外显性来说的。外显的行为经常变化且易于观察，潜在性特征则较为稳定，难以直接观察。胜任力体系包含的要素大多是潜在特征，但具体程度有所不同：知识和技能是可见、相对表层的个人特征，易于改变和完善，可以通过培训、工作轮换和调配晋升等人力资源管理活动来提高，因而具有较高的培训价值；胜任力体系中的动机、个性、自我形象等要素则是较为隐藏的、深层的和潜在的部分，相对难以改变、发展和培训，因而具有较高的选拔价值。

③ 预测性。考察胜任力能预测个体在工作中的行为表现和绩效结果。或者说胜任力与一定岗位情境下选取的绩效优秀的效标参照具有因果关系。预测性可以从三个方面理解。第一，具有因果关系是指胜任力能引起和预测个体行为和绩效表现，因此那些与个体行为和绩效表现无关的个人特征不能作为胜任力。第二，效标参照是指，胜任力是否具有预测性取决于人们使用什么标准去评价绩效，或者说如何界定"优异绩效"。例如，当主管用客户满意度来衡量客服人员的工作绩效时，客服代表的亲社会动机和服务意识就是胜任力要素，但当主管换一种标准来衡量绩效时，亲社会动机和服务意识可能就不是胜任力要素了。第三，胜任力对工作绩效的预测作用也会因为情境，如组织环境、企业文化、管理风格的变化而有所不同，因此并不存在绝对适用于所有情境的胜任力。

④ 可测性。胜任力包含的各项特征都可以进行测量和评价。只有这样，人们才能评估个体的胜任力水平，并借助这一评估结果进行胜任力的应用工作。需要指出的是，有些胜任力特征易于测量和评估，有些特征则需要借助相对复杂的测量和评估方式。例如，知识和技能可以通过纸笔测验或实际操作来

测量，深层次的价值观和动机则可以使用内隐测试。

2.4.2 心智模型理论

人的心智不仅仅是独立的，通常还受到人类历史上长期经验产生的哲学对已知事物的积累和判断的影响，再结合了人类本身的生物学特点，通过人类大脑进行信息处理，即在人类的大脑产生生物反应，自然而然地产生了为实现人类自身某种需求而进一步产生的心理活动。

心智模型是人们在日常学习和生活中理解和推理事物时，在短期记忆或工作记忆中建立的问题情境的暂时表征，或是长期记忆中存储的外部世界的稳定表征。当人们在预测和解释新的场景和问题时，它指导人们在新的未知环境下如何进行活动，心智模型在人力资源管理、创新创业、人机交互等众多领域有着广阔的应用前景。人的心智模型过程如图 2.8 所示。

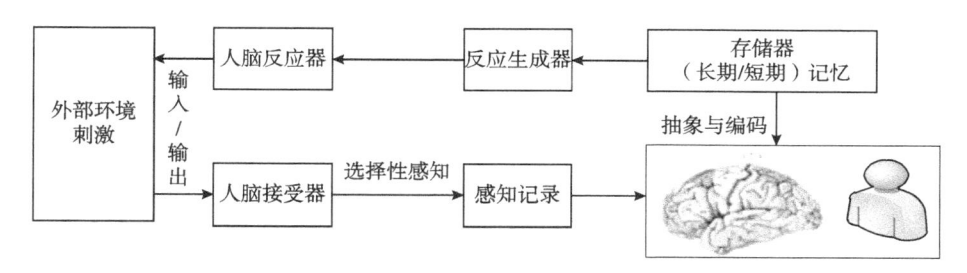

图 2.8 人的心智模型过程

具体到某个人，"心智"指的是这个人对事物、事件等进行初步判断和逻辑分析的各项思维能力的总和。通常是通过五官感受，再通过自身经验理解和判断，最后通过自身选择、记忆和想象，对现象进行假设和推理，从而根据推理的结果引导自身的行为。

因此，在对心智模型进行研究和运用时，首先应当了解心智模型的形成过程和心智模型的特征，了解影响心智模型形成的原因，最终将心智模型运用到创业企业成长研究之中。

2.5 本章小结

本章对创业成长与心智模型的理论基础进行介绍。首先介绍了创业的定义以及创业的相关理论，包括奥地利经济学理论、新古典均衡理论、风险理论、创新理论、机会理论、社会资本理论和管理学派理论等；接着对创业者、创业团队和创业精神进行介绍；然后对创业成长相关的创业生态系统、创业过程理论和企业成长理论进行阐述；最后介绍了胜任力模型与心智模型理论。

第3章 创业企业的商业模式与成长机制

3.1 创业企业商业模式

3.1.1 创业企业战略

创业企业战略与创业企业商业模式密切相关，它是指新创企业为实现自身的发展远景而实施的方法和政策，是在对目前拥有的资源进行判定之后形成的行动方法总纲。从时间上看，创业战略并非短期内的企业行动准则，也不是一个具体的行动方法，它是针对企业发展的、较长的时间范围内的行动准则，是从全局出发来考虑的布置，可以通过合理的资源配置和人员安排来达到战略目的。新创企业在刚开始时基本上处在中小型规模，所以在进行战略管理时无法像那些已经发展多年的成熟的企业那样系统地进行，因而在制定战略管理时需要紧抓战略管理的基本点：发展企业的核心竞争力。从创业面临的竞争和导向上来看，创业战略可分为创业竞争战略和创业导向战略。

3.1.1.1 创业竞争战略

美国学者迈克尔·波特（Michael Porter）在其1980年出版的《竞争战略》一书里，首次系统性地提到了企业在市场竞争中往往采用的几种竞争战略，即总成本领先战略、集中化战略和差异化战略。

（1）总成本领先战略

总成本领先战略是要求企业积极主动地扩大产业规模，在经验基础上通过有效途径全力以赴地降低生产和运营成本，最大限度地减少研发费用和管理费用，从而以低于竞争对手的单位成本在市场上占得先机，达到竞争优势的一种战略。成本优势的来源主要有追求规模经济、优惠的人工成本、提升产成品的

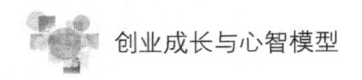

成功率、优惠的原材料等。

（2）集中化战略

创业企业通常不具备满足大部分市场需求的能力，如果他们与行业内的主导企业定位的客户群体一致，在争夺同样的客户时必然处于下风，因此，需要采取集中化战略，将市场目标定位在某个特定的顾客群、某产品系列的某一细分区间，或某个地区的市场。与其相对应的是多元化战略，即指企业开拓多个新的产品或进入多个新的市场。作为创业企业，往往适合采用集中化战略，在发展到一定规模之后再去尝试多元化战略。集中化战略与成本领先战略的不同之处在于，坚持自己的市场服务特色和定位，并且围绕特定顾客群体进行方针、政策制定和战略实施。

（3）差异化战略

差异化战略，又被称为特色优势战略。顾名思义，它是一种区别化的战略，是企业采用的一种较为独特且占据优势的战略。差异化战略围绕顾客满意度进行，选择顾客广泛接受或关注的方面，然后在该领域为顾客提供特色服务或产品，进而占据优势地位。它既可以是先发制人的战略，也可以是后发制人的战略。

3.1.1.2 创业导向战略

创业导向战略源自战略研究学者对战略决策模式的研究，是由创业企业在如何看待机会和有效实施企业活动和计划的过程中的决定性观念组成的。创业导向与创业并非一个概念，创业导向强调的是程序，注重的是创业的过程、实务与决策活动；而创业强调的是内容，讲究的是机会的识别与创业行为。在创业导向战略里，应用较为广泛的是创新性战略、超前行动战略和冒险战略。

（1）创新性战略

创新作为经济增长的原动力，是企业通过有效利用资源，以创新的生产方式来满足市场的需要，其最为常用的方式是产品创新、市场创新和技术创新。产品的设计、用途、外观等方面的创新均属于产品创新范畴；市场的选择、客户的细分及广告促销方面的创新则属于市场创新；产品生产过程中的工艺流程、性能结构、产品研发技术等方面的创新则属技术创新。创新的目的是提升企业的获利能力，但并不是所有的创新都能达到预期的提升企业获利能力的目的。

（2）超前行动战略

超前行动战略讲究的是对市场机会进行提前预测，并事先行动，以争得先机,从而建立竞争优势。通常来说,在新兴市场,先进入的企业往往更容易获取较大的份额和较高的利润。例如,当 Android 操作系统推向市场时,最早选用 Android 操作系统平台的手机制造商小米、华为等均获得了可观的利润,而那些反应滞后的摩托罗拉、诺基亚等塞班系统的老牌手机厂商则错失发展良机,惨遭淘汰。

(3) 冒险战略

创业具有不确定性,创业家与普通员工的不同之处在于创业家承担自己创业所带来的不确定性与风险。创业导向的企业往往具有承担风险行为的特性,创业者承担风险的研究也一直受到学者们关注。例如,创业者具有高度的创新倾向,对待风险会采取谨慎规避的态度;风险承担与公司的绩效呈现出的是一种非线性关系,承担中等水平的风险对公司是有促进作用的,往往可以促进公司取得高绩效,而承担极高或极低水平的风险则对公司发展几乎没有帮助(张玉利,2009);企业需要有危机感和冒险精神,在对危机充分认识的基础上,冒险往往能使企业柳暗花明、克服危机,在危机风险中求发展是企业必须适应的发展之路,就如古井贡酒在 1989 年面临产销矛盾时,大破大立,调整产品结构,冒险向市场推出低价位酒,抢占市场,走出了低谷(王效金等,1990)。在企业国际化方面,厌恶风险的战略领导者关注的焦点是国际化可能给企业带来的困境和损失,偏好风险的战略领导者认为国际化意味着企业发展的重大机会,企业领导者的成就动机和冒险倾向与企业国际化程度正相关(尹俊等,2013)。

3.1.2 创业类型划分

社会的发展和人们观念的更新,给创新创业的发展带来了活力,使得创业的类型也呈现出多样化的局面。在创业类型上,有从个人、组织、环境、过程上进行划分的,也有从团队属性和业务发展上进行划分的。在此,对一些典型的分类进行介绍。

3.1.2.1 基于创业主体差异的划分

根据创业主体的差异,创业可划分为个体创业和公司创业。个体创业指的是由个体或团队发起的创新创业活动;其中,公司创业指的是由公司或已有组织发起的创业行为。虽然两者从创业本质上看有众多的共同点,但在创业的风险承担、回报程度、环境影响、灵活性等方面存在差异,两者的比较如表 3.1

所示(张玉利等,2017)。

表 3.1 个体创业与公司创业的比较

类型 内容	个体创业	公司创业
风险承担者	个体或团队	公司
事业拥有程度	全部或大部分事业属于创业者	公司所有的权益或很小部分属于创业者
回报程度	理论上,创业者的潜在回报是无限的	在公司内,创业者所能获得的潜在回报是有限的
自主性	创业者可自行决断,具有相对独立性	受限于团队的关系
商业概念	创业者具有商业概念	公司具有商业概念及其有关的知识产权
抗失误力	失误容忍度低,一次失误可能导致创业失败	具有更好的容错措施,能够允许和吸纳失败
受环境的影响程度	外部环境波动对其影响较大	外部环境波动对其影响较小
灵活性	在策略制定、发展方向上具有很好的灵活性	受公司规则、程序等影响,阻碍创业者的策略调整
决策时间	决策很快能做出,决策周期短	决策周期长
资源局限性	严重的资源局限性	在各种资源的占有上都有优势
外部支持	在创业主意上,可以沟通的人少	在创业主意上,可以沟通的人多
安全性	缺乏安全网	有一系列安全网
实现规模经济时间	至少在创业初期,规模经济和范围经济有限	达到规模经济和范围经济较快

3.1.2.2 基于创业者付出时间的划分

按照创业者在创业上付出的时间来分,可以将创业类型分为全职创业和兼职创业。

(1)全职创业

全职创业指的是那些辞去自己原本的工作,开始将自己的所有时间都投入到创业事业当中的创业者。这种类型的创业因为付出的时间和心血更多,成功的概率也会相对更大一些。但是,因为是全职创业,所以压力会很大,除了创业的收入,自己没有任何其他收入来源,如果创业长时间不能赢利,其面临的风险也是很大的。

(2) 兼职创业

兼职创业是指利用业余时间来创业,如平时下班、周末或者晚上去创业,自己费的心血相对较少,获得成功需要的时间可能也会更长。不过,这种类型的创业是比较保险的,即使创业没有盈利,还有自己的工资收入可以维持日常开销。

3.1.2.3 基于创业场所的划分

按照创业场所的不同,可以将创业类型分为店铺型创业、摊贩型创业、居家型创业、网络开店型创业。

(1) 店铺型创业

店铺型创业指的是创业者以线下租赁实体店铺的方式创业。这种创业模式所需的成本更高,除了要进货、购买设备之外,还需要支付一定的店铺租金。

(2) 摊贩型创业

摊贩型创业模式投资成本较低,只需要摆摊的车子和货源等基本就可以开始。不过,摊贩型的创业模式档次不高,商品一般不会有较高的价格,利润空间也不会很大。而店铺型的创业模式看起来更加高档,所卖物品也是比较高大上的,利润空间也会更大。

摊贩型经营模式的营业区域一般选择人流相对密集的地方,比如景点附近的街道,夜市的两旁道路,住宅区进出口等人流量大的地方。其主要的经营形式为两种:第一种就是以摊车的形式,所售商品大多为小吃、饰品或者早点等一系列方便携带的物品;另一种形式为在空地铺置大布巾或摆放箱子,上面摆置各种发饰、眼镜、书本杂志或者衣物等。上述两种方式都具有流动性强的特点,因此,想要以这种形式创业,虽然投入资金与成本不是很高,但需要经营者全心全意地投入,同时需要体力充沛、热情饱满。如果创业者拥有较好的口才,能够在一群商贩中脱颖而出,那么这种创业形式成功的可能性会更大。

(3) 居家型创业

居家型创业目前来说最大的特点就是不用寻找办公地点,可以足不出户地拓展自己的客户。这种形式的典型方式就是微商创业,利用微信朋友圈功能在家就能够寻找客户以及拓展客户资源,免去了店面的租金费用,但是也需要拥有可靠的货源以及物流作为支撑。与此同时,还需要克服在家办公的惰性问题。居家型创业可能会出现不稳定的情况,因此,此类创业者除了要积极努力之外,还要做好自己的心理建设,要用积极乐观的状态迎接每一个挑战。

（4）网络开店型创业

网络开店型创业主要是以网络销售或者拍卖为主。目前，此类型创业较有代表性的平台是淘宝网平台。它是以网络信息媒体为支撑，让客户足不出户就能够买到自己想要的物品。采用这种形式的创业活动，除了要懂网络之外，更需要的是一种对时尚的敏感度以及对信息的快速理解，能够很快地掌握客户的需求，并做出快速准确的反应。这是这种创业形式成功的关键。例如，有人做过统计，淘宝网上销量排在前列的是女性衣物以及儿童用品。

3.1.2.4 基于效果的划分

有关创业的类型，不同的学者因理解不同，从而产生不同的划分方式。这里主要列举克里斯汀（B. Christian）等人根据创业对市场以及个人的影响程度，即基于创业效果，将其划分为复制型创业、模仿型创业、安家型创业和冒险型创业四种基本类型。

（1）复制型创业

所谓复制型创业，是指创业模式为原有经营模式的复制。例如，某川菜餐厅的大厨在离开原来的岗位以后选择创业的时候，创立一家与原来模式一样的川菜馆。这样类型的创业活动较为普遍，主要原因在于选择现有的成功企业的经营模式，由于有原有经验的积累，会有效地保证新企业的成功率。这种类型的创业影响其发展的因素是缺乏一定的创新性，一个市场总会有饱和的时候，因而并不能保证所有新进入的企业都能够获得成功。

（2）模仿型创业

模仿型创业与复制型创业具有很大的相似性，都是通过学习他人现有的经营模式后去创业，所具有的创新成分都非常少。但模仿型创业并不是完全地照搬照抄，因此在创业过程中所具有的风险性比复制型创业高。例如，某一网络公司的经理在辞掉自己的工作以后，决定开一家现在比较火热的网络咖啡店，虽然都是与网络相关，但是由于新创办的企业需要新的技能来维持运转，因而在开始创业之前，就必须做好充足的技能培训，需要一定的学习时间。从以上例子不难看出，模仿型创业的成功率往往低于复制型创业，主要是由于这不仅需要专门化的系统培训，同时还要具备一定的创业型人格，即具有创业精神，不仅要求创业者进行专业技能的学习，还要求他们能够准确分析进入市场的恰当契机，创业成功的可能性才会较大。

(3) 安家型创业

安家型创业顾名思义是指创业者从事"小富即安型"的创业，而不是颠覆性的创业，他们往往从原来所熟悉的行业或产品里进行延伸，继续为社会做出新的价值创造。比如，某研发公司的人员在完成某项产品研发之后，继续留在单位研发新的其他产品，而不是换工作单位或者自行创办公司。此类型的创业强调的是个人创业精神最大限度的实现。

(4) 冒险型创业

冒险型创业模式，字面上理解就是极具冒险性质的一类创业行为。该类型的创业行为失败率通常较高，但是一旦成功，所带来的收益也十分可观，因此依然吸引很多极具冒险精神的人去尝试此种类型的创业。该类型创业大多处在新兴行业，这样的行业往往缺乏经验可循，面对的是一片未知的、潜力巨大的市场，除了要去开创新的市场价值这一点是确定的外，创业者个人前途充满了不确定性。想要获得此类创业活动的成功，创业者不仅要具有良好的创业能力，能够把握创业时机，充分发挥自己的优势，同时还要注意组建自己的团队，做出创业决策，并且计划好后续的创业管理。在创业之前，必须先要深入地了解创业，通过调查与学习，才能拥有自己的经验，才能为以后的创业工作铺平道路。

3.1.2.5 基于创业者心理的划分

按照创业者的心理对创业类型进行划分，可分为脚踏实地型创业和眼高手低型创业。

(1) 脚踏实地型创业

脚踏实地型的创业者一般比较踏实，虽然不善于人际方面的交往，但是拥有一颗其他创业者所没有的真诚的心。他们不会为了业绩吹嘘自己的产品，只是将所有的心思放在产品的研发上，真正为消费者推出实用的良心产品。

(2) 眼高手低型创业

眼高手低型创业者往往具有很好的口才，能把自己的产品说得天花乱坠，他们的优势在于口才极好，善于忽悠人，但是却总是这山望着那山高，没有恒心，对于一件事情坚持不了太长的时间。

3.1.2.6 基于创业动机的划分

按照创业动机对创业类型进行划分，可分为机会型创业和生存型创业。

(1) 机会型创业

机会型创业主要分为两种。第一种是盲动型创业。这种创业者大多行事冲动，对自己抱有很强的自信，同时带有赌博性质，不去考虑或者估算创业成功的概率。这种类型的创业者很容易失败，但是一旦成功，往往就能成就一番伟大的事业。第二种是冷静型创业。这种创业者被看作创业者群体中的精英，他们在创业之前往往会仔细谋划一番，有了具体计划后再实行。他们的创业条件是根据自身的经验和观察所得，要么掌握了足够的资源，要么拥有精湛的技术，所以这种类型的创业者进行创业，成功率往往非常高。

(2) 生存型创业

生存型创业，按照字面解释就是为了生存而选择创业，有一种逼上梁山的感觉。这类创业者人群的典型代表如下岗工人，刚毕业尚未就业的学生或者是出门务工而又没有合适工作的农民工等，他们选择从事的工作主要以贸易为主，也有少量人会选择手工业或者加工业。调查报告显示，这类群体的创业者是我国创业者的主体，他们中的一部分人创立的企业可能会成长为大中型企业，所创企业有较大可能得到更好的发展。

3.1.2.7　基于创业初始条件的划分

创业行为的发生除了企业家或创业团队去创建新的企业之外，在大企业同样存在创业的种子，也同样存在创业行为。从创业初始条件上进行划分，创业可分为冒险型创业、与风险投资融合创业、大公司内部创业、革命性创业（李莎，2010）。具体创业特点见表3.2。

表3.2　不同创业类型的对比

因素	冒险型创业	与风险投资融合创业	大公司内部创业	革命性创业
创业的有利因素	创业机会成本低、技术领先、创业人才优秀等因素使得创业机会增多	管理团队优秀，有清晰的创业计划	启动资金充足，创新绩效直接影响晋升，市场调研能力强	创业计划很完美，财富与创业精神集于一身
创业的不利因素	融资渠道窄，缺乏技术管理和创业经验	受到资本的约束，不确定性，市场机会有限	缺乏对不确定性机会的识别和把握能力	有大量的资金需求，需大量的前期投资
获取资源	信用缺乏，固定成本低	有股份及个人所得的激励	有良好的信誉和承诺	具有富有野心的创业计划

续表

因素	冒险型创业	与风险投资融合创业	大公司内部创业	革命性创业
吸引顾客的途径	上门推销和服务，清楚市场真实需求，满足客户需要	目标市场清晰	信誉度高，广告宣传力度大，有关于质量服务等多方面的承诺	主要精力聚焦于少数大的顾客
成功的基本因素	创业团队的智慧、面对面的销售技巧	创业团队的创业计划和管理能力	组织能力、跨部门的协调能力及团队精神	创业者的魅力和创业计划
创业的特点	关注不确定性程度高但投资需求少的市场机会	关注不确定性程度低的广阔市场和先进的技术	投入到评估分值高、有丰厚利润的产品市场	有巨大创新的产品或服务，向顾客提供超额价值

资料来源：根据学者 Bhidé（1999）、张玉利（2017）的资料整理。

3.1.2.8 按其他条件划分的创业类型

（1）创新型创业

创新型创业与普通创业行为的不同之处在于，普通创业行为是发现新的市场机会以及尚未满足的顾客需求，而创新型创业行为则是建立新的市场机会，在新的市场中通过提供创新的服务或者产品，来形成自己的优势并建立新的顾客群以及维护顾客忠诚度，同时，该类型创业行为能够最大限度地为社会创造价值，为社会的经济发展贡献出很大一部分力量。新的时代对创业提出了新的要求。大量的创业实践统计表明，创业要想获得成功，除了生产技术和产品本身需要领先之外，创业者能否突破传统思维限制，能否在面对外部环境的变化时，能够通过资源的整合、组织的重整、技术与管理方法的创新以及品牌市场和策略的创新来创造出新的经营模式更为重要。只有在当前信息化与知识经济并重的社会中创造出属于自己的经营模式，才能够更有利于成功。创新型创业具有如下三大重要特征。

第一个特征是创新型创业以满足顾客需求为首要任务（兰建平等，2007）。我们必须清楚地认识到顾客需求是所有创新和创业活动的最根本要求和动力，只有通过满足顾客的需求才能够实现创业活动的价值。在满足顾客需求的过程中主要可以采用两种方法来实现。第一种就是通过技术创新，来提供质量更高以及性能更好的产品,也就是在现有的基础上对产品进行革新。第二种方法是在知识经济较为发达的情况下,面对顾客的新需求,创新型创业通过顺应时代的潮流,积极开拓,适应顾客提出的新需求。

第二个特征就是创新型创业强调不断创新,并且在不断创新过程中去把握机会和利用机会。其与传统创业的最根本的区别在于创新,创新使得其为市场提供的产品或服务的附加值更高,具有更大的市场成长性。但是,创新是永无止境的,新的技术、新的管理模式、新的商业模式在市场上会不断诞生、不断升级换代(陈晓,2011)。所以,如果通过创新型创业来实现事业的不断壮大,就必须不断跨越已有的范式,转换思维模式,善于去把握和利用各个维度的变迁机会。

第三个特征是创新型创业不应该仅仅关注技术的创新,还要关注一些技术以外的因素,例如,商业模式的转变、新零售的出现等。以往的零售业主要是以店面经营为主,随着信息化的发展,零售业出现了线上模式,而现在,新零售则是一种新的组合,即线上线下相组合。这些形态的转变不仅仅依赖于技术,主要还是一种新的需求,而这些新的需求往往可能来自现有产品的相互结合。因此,对于创新型创业者来说,这就要求他们具备新的思维以及资源整合能力,这样才能够在蓝海市场中取得胜利。

(2)赚钱型创业者

此类型的创业者比较独特,他们没有明确的或者伟大的目标,创业仅仅是为了赚钱。也可以说,他们创业的唯一目标就是赚钱,只要是法律允许下的能赚钱的行业,他们都会去选择尝试,他们甚至不考虑自己能做什么和会做什么,可能今天做的是餐饮行业,明天又可能会转向与餐饮业毫不相干的游戏行业。但有一点需要说明的是,这类创业者所赚的钱也并不比那些勤勤恳恳努力工作的创业者少,甚至更多。由于随性的特点,他们中的大多数在创业过程中能够保持积极乐观的心态,发现在一个方向走不通,会很快整理自己的想法开启下一个方向的创新创业,他们通常都是乐观主义者。进入21世纪以来,科学技术的发展、创业环境的改善以及知识经济的到来为创业提供了良好的机会,创业活动作为社会经济发展的主要推动力,得到了国内外的广泛关注。在我国,随着经济体制改革快速推进,就业形势日益严峻,创业更具有特殊的重要性。自主创业已成为人们缓解就业压力、解决就业矛盾的重要途径。从长远来看,社会经济的发展离不开创业,越来越多的人走上创业的道路必然会对社会经济的可持续发展作出重要贡献。

3.1.3 企业商业模式

商业模式能回答企业如何赚钱的问题,帮助人们理解创新产品如何才能实现盈利以及描述顾客是谁,企业如何创造价值、传递价值和获取价值等问题。

3.1.3.1 商业模式九要素

关于企业商业模式的研究,国内外众多学者发表过不少成果。早期的学者认为,商业模式指的是产品、信息和服务流动的模式,它决定了公司与其业务伙伴之间交易的结构、规则和内容(Timmers,1998)。此后,有学者认为商业模式应该包括顾客创造价值,是指企业通过了解顾客需求,为顾客创造与交付价值以实现企业自身盈利的逻辑(Magretta,2002)。还有学者认为商业模式除了考虑顾客价值主张、交易结构、赢利方式等因素之外,企业的关键资源作为企业赢利逻辑的前提条件也需包含在商业模式里(张兴安,2012);之后,企业商业模式的九要素被提了出来并被众多学者所认可,这九大要素具体指的是价值主张、客户细分、渠道通路、客户关系、收入来源、核心资源及能力、关键业务、重要伙伴与成本结构(张玉利等,2016)。九要素的画布如图 3.1 所示。

图 3.1 商业模式的九要素画布

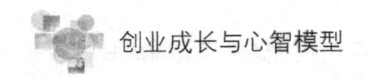

3.1.3.2 九要素分析示例

以下基于九要素以优衣库服饰品牌为例对商业模式做简要分析。

（1）价值主张

在价值主张上，优衣库从顾客需求出发，注重细节、坚持平价和耐穿的基本思想，考虑人们对于着装的时间、场合、人群等方面的细节要求，尽可能地全方位满足大众的需求。它并不追求一些知名服装品牌所采用的"一流设计、二流剪裁、三流材质"的套路，而是以"简洁、时尚、低价、优质"为主要原则，在满足年轻人的价值主张的同时，设计出有品位而价格低的服装，它对服装设计采用基础款设计的路线，将高质、平价理念融入基础款产品里，倡导低成本经营和无个性服装理念，在以人为本的核心概念上，主张服装本身并无个性，只有通过穿着的人的搭配才能体现个性。

（2）客户细分

在客户细分上，优衣库根据性别、年龄，分别分为男士服装和女士服装、儿童装、青少年装、中年装和老年装。由于儿童装主要是父母和大人们代为购买，因而需要了解父母们对孩子服饰的要求和喜好。而对于女士和男士两个用户群，尤其是女士客户群，据一些门店统计，该群体已成为优衣库客户中最为活跃的客户群体，所以需要投入更多的精力来维护该客户群体。

（3）分销渠道

在分销渠道上，优衣库主要采用直营店模式和互联网线上销售两种模式，其中直营店模式与超市购物模式类似，通过在门店内建立时尚展台，展示商品，并且提供顾客的导购和试穿服务，由于门店在服装的摆放、新品展示上会做一些精心准备，如货架摆放的高低、占地面积、新品区的设定等，使得消费者在现场能便捷地挑选服装和试穿服装，充分体验线下购物的优点和直观感受，从而愿意逛直营店，体验直营店购物的愉悦。

随着互联网和电子商务的发展，网上销售成为很多公司的重要销售渠道，优衣库也不例外，它在国内几大知名的网购平台均开辟了销售渠道，建立了合作关系，例如，在天猫购物平台建立优衣库官方网络旗舰店，在网上展示和销售产品，客户通过支付宝、微信等电子支付方式来付费。

（4）客户关系

优衣库客户关系的维护主要包括线上和线下客户关系的维护，例如，通过官网、微信小程序等发布新上市服装的价格、尺码、穿搭照片等信息，让顾客及时了解新品；开辟顾客论坛、企业微博账号、微信群等，进行顾客购物体验和商品看法分享，形成商家与客户的互动，客户与客户的互动；开通 Email 邮件、手机或微信推送功能，将促销活动、优惠打折等信息向客户进行推送，为加强客户黏性奠定基础；通过各类节假日进行产品宣传促销活动，经常发布一些新闻话题，并且邀请社会与公众名人进行广告代言，提高品牌的知名度，在消费者心中树立值得信赖的品牌形象。

（5）收入来源

优衣库的收入来源主要由服装销售所得收入和服饰配件销售收入两大块构成，上述收入一方面通过网上平台或线下门店对各类服装进行销售，获得收入，另一方面，通过服装相关的外围服饰，如围巾、手套、帽子等获得收入，此外，还与一些企业进行品牌联名的活动或授权，获得一定的收入。

（6）核心资源及能力

在核心资源及能力上，优衣库的自有品牌服装专业零售商（Specialty store retailer of Private label Apparel，SPA）模式较为突出，具有鲜明的特点，该模式强调的是围绕服装品牌进行生产、零售、客户等方面的对接与管理，以节约时间，提升管理效率和利润，具体体现在生产管理、店铺管理、库存管理和人才管理等四个方面。

① 生产管理。优衣库在生产管理上的主要特点是它的规模化生产和品质管理，其中规模化生产是指通过规模化来压缩服装成本，提升效率，例如：通过整合同样款式、同样布料的服装生产或服装加工，提高生产集中度和规模数量，形成规模经济，从而达到降低每件服装的单位成本的目的；在品质管理上，针对服装生产，建立规范的产品质量管理体系，围绕顾客关注，以产品质量为核心，实施产品全过程的监督与管理，例如，从服装原料的购进开始，对生产服装经历的打板、裁剪加工、染色、外包工程等一系列生产过程进行监督和评价，以保证产品质量。

② 店铺管理。对于线下的实体门店来说，店铺选址和店铺管理是非常重要的两个方面，其中店铺选址需要考虑所在位置的人流量、交通状况、附近配套等；店铺管理则主要包括店员管理和店铺经营等，例如，店铺里的布局、服装的陈列、新商品的展示、店铺的营业时间等都能对店铺的经营产生影响。

③ 库存管理。库存控制是库存管理的重要内容，影响到企业的绩效，企业的库存量保持多少是合适的，一直是众多企业所关注的问题，为了对服装的库存进行精准管理，采用的方法是从服装原料开始，对服装的生产和销售进行

实时的跟进与预测，并对生产和需求实施灵活匹配。

④ 人才管理。企业的发展离不开人才，为此公司面向自身和各个行业积极招募和培养人才，从零售业、服务业、咨询业等各领域吸收人才，并且建立了一整套极具吸引力和完善的薪酬考核体系，实施薪酬与绩效挂钩的考核模式，在积极引进人才的同时，注意用好人才和留住人才。

（7）关键业务

优衣库的关键业务主要体现在原料采购、产品设计与研发、产品生产、市场营销和库存控制等方面。

① 在原料采购上，采用的是与服装原料供应商进行直接联系、直接谈判、直接下单的方式，从而使得其原料供应一直能够维持在较低成本和保持稳定，与此同时，对于核心单品的原材料，单独组织人员进行深入的研究，从质地、手感和替换等多个方面进行研究。

② 在产品设计和研发上，有专人和专门的部门来负责全球时尚趋势的解读和新材料在服装应用上的跟进，研发设计部门的研究人员与新材料开发部门、市场营销部门、生产部门等相关部门的人员开展密切合作，在新品样衣的布料、颜色、版型、廓形等方面进行不断的论证、修改与确定。

③ 在产品生产上，优衣库采用的是全球化策略，它在全球多个城市建立了工厂，组织生产管理团队和服装工人进行生产。生产团队定期拜访合作伙伴工厂，及时和售后与市场部门进行沟通，把质量相关问题反馈给生产部门。

④ 在市场营销上，每到某些节假日或公众日或者服装新品上市，优衣库会开展针对性的促销活动来增强与客户的互动，上述活动信息通过传单、短信、互动媒体等渠道传递给客户，活动的内容通常是新品的宣传、服饰的打折、优惠券的赠送，或者社会名人的宣传等。

⑤ 在库存控制上，公司的库存控制部门会对销售和存货进行及时的汇总和分析，并且在公司的进销存计算机管理信息系统的支持下，对库存数量进行预测和报警，通过信息化手段来保证公司的库存数量维持在合理的水平。

（8）重要伙伴

优衣库作为一个服饰品牌，它的重要伙伴主要有面料供应方、供货方、电子商务合作伙伴、配送方、网络媒体等。

① 面料供应方。面料对服饰的重要性不言而喻，优衣库与全球重要的面料供应商均保持有良好的合作关系，这使得其能在最新面料的获取上具有一定优势，从而使其新品能有卖点。

② 供货方。由于优衣库的店铺已经遍布全球，这使得其获得了一定的规模经济优势，为其在购买原材料时节省成本。

③ 电子商务合作伙伴。电子商务目前已经渗透到人们的日常生活，优衣库和国内的主要网购平台达成合作，通过互联网进行商品销售。

④ 配送方。商品的物流配送是否及时是消费者比较关心的问题，为此，优衣库的配送合作企业选择了顺丰、EMS等口碑较好的物流配送企业，采用外包合作方式，将运营成本控制在较低水平。

⑤ 网络媒体。网络媒体作为宣传的重要渠道，一直是优衣库所关注的，微信群、粉丝群等都是其擅长的宣传手段。

（9）成本结构

优衣库的运营成本主要由设计研发费用、店面租金、网站维护、营销费用等构成。

① 设计研发费用。优衣库在全球设立研发中心，从全球聘请高端设计师对服装品位进行提升，设计师的聘请对优衣库来说，是一笔必要而巨大的投入。

② 店面租金。优衣库的直营店往往开在城市人流较大的商场或交通方便的地段，由于要给消费者提供自助式服装购物体验，因而直营店的面积需要达到一定程度，由此带来了不菲的店面租金成本。

③ 网站维护。优衣库建立了自己的电子商务平台，可以进行产品的进销存管理，通过部署企业级别的云计算解决方案来支撑商品的日常销售与统计管理，因此电子商务平台的运营维护成本也不容忽视。

④ 营销费用。优衣库不像其他商家将大量费用投入在广告和参加时装展上，它的营销费用主要花在门店展示上，为了体现时尚性，门店翻新较为频繁，翻新次数较多，而且每家门店可根据自己风格进行装修，因而费用花费不菲。

3.2 创业企业成长机制

3.2.1 创业环境分析

（1）创业环境的定义

环境作为一个外延宽泛的概念，在创业研究成果当中，一般都被看作能够影响创业过程的一切外部要素的集合体。创业环境是一系列因素的有机结合体（Gartner，1988），可以从五个方面来评价创业环境，即较大规模的城市区域，人口中高比例的近期移民，金融资源的可用性，雄厚的工业基础，工业专业化程度（蔡壮华等，2008）。该定义是在组织环境理论基础上提出来的，获得了学者们的广泛认同。此后，有学者认为创业环境是一种资源要素环境，并给出了一个以要素匹配原理为基础的创业环境研究的整体架构，指出创业环境从本质上属于制度环境范畴，是单个个体或是组织在开展创业活动时需要面对并且可以加以利用的多种要素的集合（蔡莉等，2007；李华晶，2008）。在系统理论基础上，将创业环境划分为内部环境、宏观环境、市场环境以及自然环境四个部分（谢延安等，2011）。创业环境不仅涵盖影响创业活动进行的一切政治、经济以及文化等要素，而且还包含了为创业活动的开展提供帮助与支持的可能（张玉利，2016）。

在创业环境的理论研究上，有学者进行了总结，将其归纳成平台论、因素论和系统论三种观点（陈琪等，2008）。其中，平台论认为创业环境是社会、研究机构、政府有关部门共同为创业者创建新事业提供的公共平台；因素论认为创业环境是对创业行为产生影响的多个要素的有机结合；系统论认为创业环境涵盖了多个创业要素，共同组成了一个复杂的系统，而围绕着创业者的政策、经济、文化等构成了创业者创建新企业的基础，该复杂系统所具有的多个层面构成了有机的整体。综合来看，由于环境的界定具有广阔的外延性，因此上述三种理论均有其合理性。

（2）创业环境分析

创业环境涉及的内容较多，通常来说，它主要是指与创业有关的政策法律环境、人文环境、融资环境、科技环境、市场环境和社会服务环境等。

① 政策法律环境。从政策法律环境来看，对创业可以从政策的科学性、公开性、执行的有效性、政府满意度、法律的普及程度与完善程度等方面来评价。科学性原则是政策制定的基础，缺乏科学性的政策没有任何意义。地方政府在制定促进创业型企业发展的政策时，是否遵循了科学性原则是评价政策环境的重要指标之一。政策的公开性主要指的是政府机构通过新闻、媒体、网络等媒体公布政策信息的情况。政策信息越公开，公民积极性越高，其政策合法性就越充分。政策执行的有效性主要指的是政策的落实情况，如果政府制定政策之后没有去执行或者选择性执行，那么政策的效力就会大打折扣，政策就成了一纸空文。政府满意度主要指的是市民对政府工作的满意程度，满意度越

高，政府出台的政策才会获得更多的拥护和支持，政府的工作效率越高；反之，满意度低，越会造成市民对政府工作的不信任，不利于政府工作的开展。法律的普及程度与完善程度主要指的是当地法律普及情况，法律普及情况越好，覆盖范围越大，民众和企业对法律有所敬畏，出现违法犯罪的概率就会越低。法律体系完善程度越高，创业型企业在创业过程中越容易通过法律手段维护自身的合法权益，有利于企业成长。

② 人文环境。与创业相关的人文环境主要涉及民众对新生事物的接受力、民众的创业意识、企业间的竞争合作意识、学习氛围和诚信环境。民众对新生事物的接受力主要指的是创业型企业生产的产品或者提供的服务是否有需求。民众对新生事物的接受力越强，越有利于创业型企业的发展，反之不利于企业的成长。民众的创业意识主要指的是民众对创业行为的认可程度。民众的创业意识越强，创业活动越容易被认可和支持，越有利于创业型企业发展。企业间的竞争合作意识主要指的是企业之间的竞争意识和合作意识。企业之间既需要竞争，又需要合作，两者缺一不可。企业间的竞争合作意识越强，企业发展得越快。产、学、研是创业过程中不可缺少的部分，学习是自主创业的必备技能。民众学习氛围越浓厚，越容易接受创业培训和创业教育，有利于创业型企业的成长。诚信是创业型企业生存和发展的基石，诚信环境水平越高，越有利于创业型企业的成长，反之会阻碍其发展。

③ 融资环境。融资环境主要是指融资渠道完善程度、资本市场的发育程度和政策性资金扶持力度。通常来说，融资渠道完善程度越高，创业型企业资金获得越有保障；资本市场越成熟，创业型企业获得个人资本金的机会越大，融资风险越低；政策性资金扶持力度主要指的是地方政府对创业型企业在资金上的扶持力度，指标越高，越有利于企业发展。

④ 科技环境。科技环境主要指的是公共技术平台的完善程度、获得科技信息技术的便捷性、科研机构提供的技术信息量、政府提供的科技支持情况。这些指标反映出地方政府对科技环境的重视程度和在科技方面的投入水平以及企业与企业之间的合作情况、企业与高等院校的合作情况、企业与科研机构的合作情况。企业的发展离不开外界资源，合作是共赢的前提，企业通过合作才能借助外界优势，做大做强自身。

⑤ 市场环境。市场环境涉及的内容主要有行业进入壁垒、行业垄断程度、消费者需求、消费者偏好和消费者购买力。其中，行业进入壁垒主要指的是新进入的创业型企业在与已有企业的竞争过程中所面临的不利挑战，行业进入壁

垄越高，越不利于创新型企业的发展。创业型企业需要享受到公平的发展机会，行业垄断程度越高，越不利于企业的发展。消费者需求主要指的是消费者对创业型企业产品或服务的需求量，需求量越大，越利于企业的发展。消费者偏好主要指的是消费者对创业型企业提供的商品的喜好程度，消费者偏好越强，说明消费者对产品越喜爱，越有利于企业的发展。消费者购买力越强，创业型企业就可以获取更多的价值。

⑥ 社会服务环境。社会服务环境主要指社会服务能力、咨询培训机构支持力度和科技中介机构支持水平。其中，社会服务能力主要指的是社会服务机构对创业型企业的支持力度。例如，专业志愿者队伍的志愿服务能力越强，对创业型企业的支持力度越大，反之越弱。咨询培训机构支持力度主要指的是法律、管理、财税及创业等方面的咨询情况以及管理培训等层面的支持力度。科技中介机构支持水平主要指的是中介服务对创业机构的支持力度。

3.2.2 创业资源整合

资源整合是指企业进行资源组织、调整和利用的整个过程。新创企业资源整合的全部过程主要是指新创企业在取得所需要的资源之后，将已经得到的资源相互捆绑，以形成新创企业能力的过程（蔡莉等，2008）。整合所需资源是新创企业生存和发展过程当中非常重要的策略性选择。当新创企业的增长趋势发生变化时，其往往需要对所需资源进行整合，尤其是对那些处于快速成长阶段的企业而言，资源整合策略的选择至关重要。尽管新创企业的最初资源多数是来自创业者自身禀赋，但他们如果不去积极争取和开拓环境中其他企业的资源，新创企业就没有办法生存以及成长。

新创企业在创业过程中会不断地耗用企业的创业资源，与此同时，也会形成新的资源，而这些新生成的资源可能会被投入企业内部的其他创业过程，也有可能被其他企业通过一定方式整合过去，甚至尽管创业失败未能生存下去，创业资源也不会跟着消失，而仍然构成创业资源整体的组成部分。因此，从长期来看，新创企业的创业过程实质上是"创业资源→企业自身资源的使用以及新资源的生成→企业全新的创业资源"的循环过程。资源整合阐述和分析了创业资源如何为企业创造价值的系统过程，为前述资源基础理论起到补充作用。因此，对新创企业而言，资源整合过程是该企业生存与成长非常关键的策略性选择，若新创企业处于快速成长阶段或在高度动态的环境下参与市场竞争，不同的策略性选择会对企业的生存具有重大影响。

从国内外学者的研究成果来看，资源整合过程会受到新创企业内部因素与外部因素的共同作用（尚泉泉，2011）。新创企业的创业者是一个非常重要的内部因素，其在整合企业内外有形资源以及无形资源的过程中，主要通过对于创业机会的识别以及开发等系列过程来进行，从而为企业建立持续的竞争优势（刘晓敏等，2006）。国外学者对家族企业进行研究，结果表明，与非家族企业相比，家族企业具有更加独特的资源优势，但是独特的资源并未为企业带来竞争优势进而提升企业价值的水准（Sirmon等，2003），因此需要对这些具有独特性的资源进行整合，经过识别到利用等整个过程的整合后，挖掘出该类资源所具有的潜在价值。上述学者的研究揭示了企业资源转化为价值的整个过程机理，为资源基础理论提供了重要补充。然而，由于他们仅将家族企业作为研究对象，而家族企业具有一定的特殊性，所拥有的资源也比较独特，与传统企业相比具有比较明显的区别，因此还需继续研究。

3.2.3 企业成长机制

3.2.3.1 成长理论模型

企业的成长通常是由外部市场环境要素与内部组织结构要素协同作用的结果，呈现出一个较为复杂的演化过程。创业企业的成长取决于外部条件和内部条件的作用，其中，外部环境给企业提供了足够的成长空间，内部条件则给企业带来了足够的成长动力。从内外部的倚重性上对企业成长进行理论研究的划分，可得到外生成长理论与内生成长理论。外生成长理论学派非常重视外部环境给企业成长带来的影响，认为企业成长的关键在于外部条件，尤其是外部的市场结构特征带来了企业成长。新古典经济学的企业成长理论、波特的企业竞争理论和新制度经济学的企业成长理论等都属于外生成长理论。企业的成长与创业活动的开展，通常由创业者在企业成立初期时的自身资源、禀赋情况来决定，可是企业如果仅仅依靠初始资源，根本不可能在市场中长久立足，生存与发展的构想也不复存在，因此资源的持续是企业赖以生存的根本。对于新创企业来说，创业资源始终贯穿于企业的生存与发展过程之中，是企业创业活动成功开展必不可少的关键性要素（林嵩，2007）。企业在成立初期，往往受到资源稀缺的约束。因此，如果要突破资源的束缚，企业就必须加强与外部的联系与合作，从而争取到有利于企业成长与发展的关键性资源。有学者指出，新企业的资源获取与开发活动会受到外部环境的影响，而外部环境条件表现出的特征往往较为复杂，需要通过一系列组合形式来呈现，因此新创企业在获取资源和进行资源开发时，需要先进行深入的分析和正确的认知，这样才能根据不同环境特征来因地制宜地选择合适的资源开发方式以获取企业所需的资源。企业的生存与发展需要一系列资源，外部的资源环境为企业资源开发提供条件，同时也对企业发展起着制约作用（柳青等，2010；周元成，2013）。外部环境与资源整合对企业的成长作用如图3.2所示。

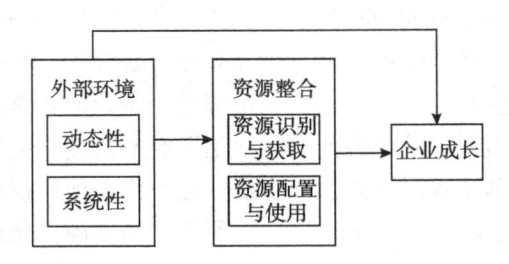

图3.2 外部环境与资源整合对企业成长的作用

从图3.2可知，企业成长受到外部环境和资源整合的双重作用。在外部环境的具体要素上，我国学者认为产权结构、行业结构、区域条件、政府管制、经济环境等作为外部环境要素，在一定层面上会对新创企业的资源获取与整合效率产生影响，由于外部环境中资源的数量对于新创企业而言是有限的，因此，创业企业所处环境和资源整合是创业企业生存的基础，影响着企业的成长（李柏洲等，2004；贺小刚等，2008）。

内生成长理论认为企业成长是内生性的，企业的内在因素决定了企业成长的程度和范围，是决定企业成长的主导因素。众多学者在企业内生成长理论方面取得了丰富的研究成果，例如，亚当·斯密（Adam Smith）、阿尔弗雷德·马歇尔（Alfred Marshall）、约瑟夫·熊彼特（Joseph A. Schumpeter）、埃迪特·彭罗斯（Edith Penrose）等都对企业内生成长发表过重要看法和成果。此外，彼得·圣吉（Peter M. Senge）的学习型组织理论也是在企业内生成长理论基础上发展起来的。企业内生成长理论强调企业内部的职能分工与资源汇聚、知识与技能的持续积累、核心竞争力的持续打造和低成本运营，尤其强调持续创新与市场营销，强调企业家是影响企业成长的决定因素。

3.2.3.2 创业企业成长机制

创业企业的成长离不开市场和运营，有效的市场营销和运营，实现持续增长，是影响创业企业成长的关键影响因素。彼得·德鲁克在其《管理实践》

一书中对营销的评价是"营销囊括了一切业务。从最终结果来看，一个企业要做的事情只有营销"，他认为"企业存在的目的是为客户创造价值"（陈春花等，2013）。因此可以认为，创业企业的成长绩效主要由产品市场绩效和运营管理绩效构成，如图3.3所示。

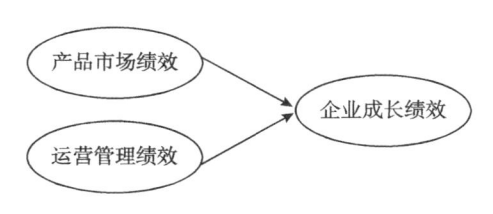

图 3.3　企业成长绩效关键影响因素

图 3.3 给出了影响企业成长绩效的两大直接关键因素，在此基础上结合以往学者的研究成果（郝臣，2009；吴俊杰等，2013），进一步探究影响产品市场绩效与运营管理绩效的更深层次因素。首先，为了进行量化分析，企业成长绩效或产品市场绩效、运营管理绩效这些内容需要能够进行观测和量化，而与上述内容最为相关的无疑是企业的财务经营指标，因此，可以通过对企业的一系列财务经营指标进行观测和取值来获得企业成长绩效或产品市场绩效、运营管理绩效。在参考以往研究和考虑创业企业实情的基础上（杨发文，2009；宁炳龙，2015），本书将企业成长绩效归纳为通过企业的资产增长率、净利率增长率和人均利润来体现；产品市场绩效归纳为企业的市场占有率、客户满意度和客户订单；运营管理绩效的展现则通过企业的订单执行率、供应能力和公司治理能力来实现。

从之前的企业成长理论部分可知，企业成长是外部条件和内部条件相互作用的结果，企业成长绩效可通过产品市场绩效和运营管理绩效的相关财务指标数据来体现。由于产品市场绩效往往取决于环境资源条件和公司治理机制，而运营管理绩效也受到环境资源条件和公司治理机制的影响，因此，环境资源条件和公司治理机制可作为企业成长机制中的重要组成。此外，创业者作为企业创立之初的必要条件，在企业成长过程中也与产品市场绩效和运营管理绩效密切相关，因此，将企业成长机制归纳为如图3.4所示的路径。

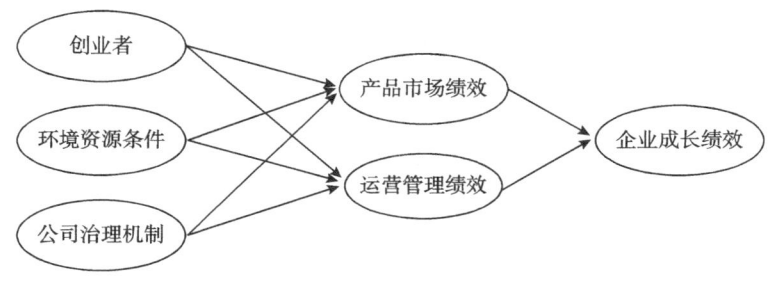

图 3.4　企业成长机制

在图3.4中，企业成长机制主要由创业者、环境资源条件、公司治理机制、产品市场绩效、运营管理绩效和企业成长绩效构成从左至右的路径。其中，创业者的测量与评价相对来说比较麻烦，因为要观测的是一种综合技能，不能单独就某种特质来衡量，如年龄、学历、性别、领导风格等。在经过深入调查与参考以往学者研究成果的基础上，本书认为创业家首先要有追求创新和识别机会的能力，能够在使命与愿景上把控企业和发展企业，因此，将创业者的个人评价和观测聚焦在追求创新、机会识别和使命愿景这三个测度指标上。

环境资源条件的测量与评价相对来说则比较简单，与企业成长相关的财务指标可作为参照，企业资金充足或紧缺均影响到企业成长。此外，有研究表明，企业的品牌价值和融资难度与企业成长均密切相关。因此，将环境资源条件的观测和评价聚焦于资金情况、企业品牌价值和融资难度三个测度指标上。

公司治理机制的内涵较为丰富，涉及战略管理、团队管理、信息化水平、人力资源、售后服务等多方面的内容。为了更加聚焦内容，本研究通过调查和筛选，遴选出战略管理、团队协作和人力资源作为公司治理机制的测度指标。早在1962年，美国战略管理大师钱德勒（Chandler）在其出版的著作《战略与结构：工业企业史的考证》里从战略视角对环境、战略和组织之间的相互关系进行了分析，指出企业经营战略需要适应外部市场环境的需求，而组织架构又必须适应企业战略，并且随着战略而改变。此后，波特指出产业结构是决定企业赢利能力的关键因素，企业可以通过选择一种或几种基本战略来获取市场竞争优势，改善企业的相对竞争地位，战略管理作为公司治理机制的重要组成，可以认为是影响产品市场绩效和运营管理绩效的首要因素。团队协作作为公司治理机制的一部分，表现为团队的信念和执行力，体现的是公司员工的一种追求卓越、勇于担当和奉献的团队精神。如果公司各部门团队都能鼎力支持和相互协作，则企业的工作氛围良好，将展现出欣欣向荣的状态。在公司治理机制上，人力资源管理作为企业管理的重要内容，亦占有重要地位。公司的发展离不开人才，无论是市场人才还是管理人才、技术人才，他们都是影响公司发展的重要因素。因此，将公司治理机制的评价和观测聚焦在战略管理、团队协作和人力资源管理这三个测度指标上。根据以上分析，可将企业成长绩效的传导机制与相应的评价和观测综合起来，如图3.5所示。

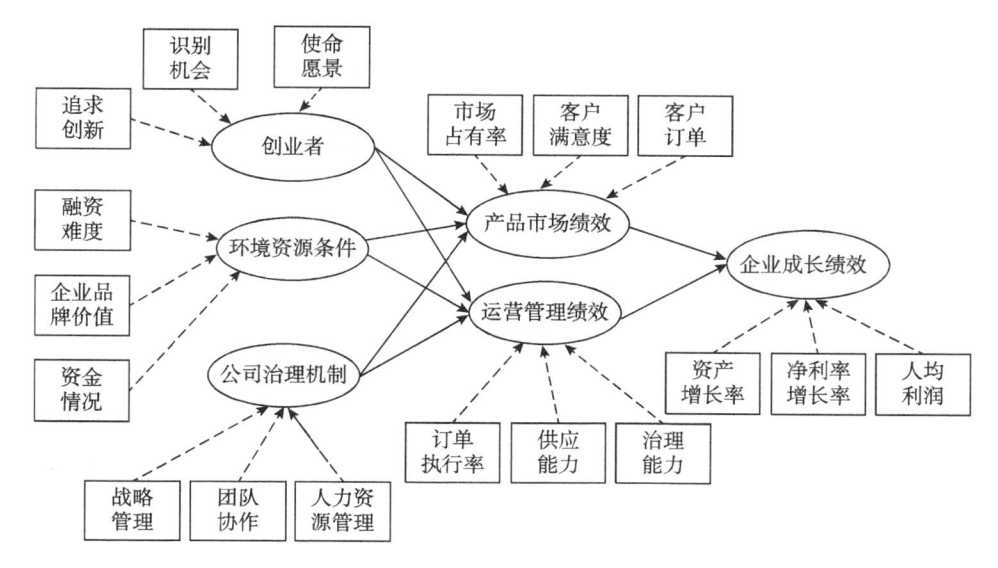

图 3.5 企业成长绩效传导机制

3.3 创业企业成长案例

3.3.1 企业背景概况

车保无忧项目是上海瓦肯科技有限公司于 2012 年发起的创业项目。该项目是上海市科委重点扶植的创业项目，曾在上海市科技创业苗圃孵化，其整个发展过程如下：2013 年 7 月，入住上海市科创中心闵行加速器；2013 年 9 月，车保无忧在 2013 嘉实多创业挑战赛中取得了入围全球总决赛 5 强的成绩，上海外语频道财道对车保无忧做了专题报道；2014 年 6 月，车保无忧 SaaS 正式上线；2015 年 5 月，车保无忧走出上海，向长三角地区拓展；2015 年 10 月，业务范围向全国开展；2016 年 3 月，《青年报》专版报道了车保无忧创业项目。

车保无忧在创建初期，目标是深度整合线下的相关资源，为车主提供安全、便捷、实惠的汽车保养服务，建设一个针对 B2C 的汽车保养的服务品牌。它的主要客户是中级车及以下车型的车主，满足车主们"获取放心的汽车保养服务"这一需求。这些车主所购的车是新车时，往往在 4S 店保养，但在过了保养期后就想寻找性价比更高的服务，然而由于自身对汽车及配件的专业知识不足，获取有效信息的渠道少，难以找到放心的服务提供商。车保无忧针对市场上的上述需求，以专业者的身份帮助车主选择合适的服务，并对服务质量负责，屏蔽车主直接面对线下商家不规范服务的风险。

3.3.2 市场服务介绍

车保无忧主要整合的是有一定软硬件服务基础的非4S汽车服务店。这些汽车服务店拥有不亚于4S店的汽车保养实施能力，但有时服务不够规范，加上营销能力不足，难以获得车主信任，业务量远远小于其服务能力。因此，车保无忧开发一套标准的保养服务规范，筛选合格的商家参与项目发展，管控整个汽车保养服务流程，同时建立考评机制，以保证可持续的服务质量。

（1）初期的O2O服务

在2012年车保无忧创立初期，公司提供的主要是专业的O2O（Online to Offline）汽车保养服务，目标是深度整合线下的相关资源，为车主提供安全、便捷、实惠的汽车保养服务，建设一个汽车保养服务品牌。车保无忧实现了从官网、微信公众号平台到手机App的多种线上下单渠道，无论车主何时何地想要给汽车做保养，都可以轻松下单。选定门店后客户可以到店里去，在店后线下门店满足自身需求。服务结束后，客户先向平台付费，平台再转付到店，中间会收取佣金。这样就为客户们节省了很多路上和现场排队的时间。在这个生活节奏较快的社会环境下，大部分车主还是希望有人能为他们提供一个方便保养且安全放心的服务维修平台。

车保无忧O2O项目初期，公司创始人基于B2C模式进行地面推广，发现平台线下标准化服务是难以控制的，这个模式不可持续。而且面对众多的竞争者，要使自身品牌获得更多认可，就必须花大量的资金做营销推广，抢占其他对手的市场份额，从而将对手挤出这一市场。但对于车保无忧这一资金薄弱的企业来说，这种模式不可持续，于是车保无忧开始寻找转型之路。

（2）转型B2B业务

2014年车保无忧产品成功转型后，从O2O模式调整到SaaS的B2B模式，致力于为汽车后市场提供汽车服务的精细化管理和数据化的运营服务，提出了软件即服务的方针。车保无忧赋予的汽车门店营销的理念是"我们是卖服务，不是卖软件"。由于汽车后市场从业人员知识水平有限，如果单纯向门店提供技术，就容易让门店使用者产生抵触心理，不愿意为新技术买单。因而车保无忧向汽修门店强调的是服务。该服务是通过应用软件来实现的,以帮助门店提升管理水平,及时了解财务结算状况,让客户易于接受服务。以下是车保无忧主要的功能模块。

① 微信模块。车保无忧不仅开发了专门的软件服务系统,还开发了微信模块,让汽修门店拥有自己的管理账户,以此大大地提升了汽修门店与其客户的沟通效率。在这一模块之下的微信客服、订单预约、电子优惠券等功能让门店更加紧密地与客户联系在一起,有效地进行客户关系管理。此外,微信订单查询、微信营业状况查询使企业能够清晰地了解自身的运营状况,并根据实际情况分析原因,做出措施调整。

② 会员卡功能。车保无忧将会员卡管理软件与业务系统整合在一起,会员卡套餐设计方式比传统会员卡更灵活,推出会员卡套餐,针对不同项目进行折扣。

③ 客户信息管理。项目参与门店使用车保无忧系统,每一次服务都及时地记录客户信息,掌握汽车的状况,并将数据上传到车保无忧的数据库,由车保无忧为汽修店统一进行数据管理。汽修店无须在数据保存上再花费精力,且可随时调用门店数据。

3.3.3 企业生态环境

当前,中国传统的汽车后市场产业存在的弊端较多。一是整个行业基础比较薄弱。由于中国汽车后服务行业起步较晚,客户在购买汽车后,除了4S店之外,一般门店的技术和资金底子较薄,服务项目类别不多、发展缓慢;二是服务能力和理念与现实情况严重脱节。当前的服务门店很多还处于手工记账阶段,很少有门店配有计算机信息化管理,管理理念落后、管理方式陈旧且服务效率低下;三是综合素质不高。主要体现在企业管理者的管理能力有限,汽车后服务业从业人员专业素质不高。但不可否认的是,中国的汽车后市场存在巨大发展空间。

目前,中国的汽车后市场产业的主要业务类型有二手车交易,汽车养护、美容、维修、改装,汽车配件、车辆保险等。随着我国汽车产业进入新一轮发展期,汽车保有量迅速增长,截至2015年年底总保有量已经达到1.7亿台,截至2020年年底估计将达到2亿台。可以预见,随着时间的推移,市场对汽车这一消费品的需求也会不断增加,汽车市场前景光明。

通过调查可知,每购车消费1元都会带来0.65元的汽车售后服务,这就意味着车主在购买汽车之后，将来还要支付很大一部分费用，如汽车保养、汽车维修、零配件更换、汽车美容、旧车报废等支出。在整个中国市场中，有数据表明，一手车销售利润在整体汽车相关利润中占比不到20%，而汽车后市场的利润则非常可观，占80%，因而越来越多的资金涌入了后车市场，尤其是2005年以来，汽车服务后市场与电商结合形成的O2O经营模式，被众多投资机构看好，大量资金涌入互联网与汽车后服务市场，这样一来，车主就能有更多选择服务商家的空间，也就能更好地享受优质的服务。就现在的形势来看，"互联网+"汽车后市场服务蕴藏着巨大商机，该市场拓展出来的发展模式包括"互联网+配件及用品企业""互联网+维修保养"等，车保无忧则专注于"互联网+维修保养"这块大蛋糕。

3.3.4 企业商业模式

目前涌现的"互联网+维修保养"商业模式大致可以分为电商自营型、导流平台型、上门服务型以及供应链服务型四类。其中，导流平台型"互联网+维修保养"商业模式是指通过线上服务的模式，为线上的车主提供汽车维修保养服务查询，为线下的汽车维修店面推荐客户，提供了一个中介平台，使消费者与维修厂家的联系更加紧密。这种模式的收入来源主要是平台广告收入以及客户介绍佣金等。该商业模式的优势是轻资产、复制快。但是介入门槛相对较低，因而竞争激烈，而且除洗车服务外，维修保养频次相对较低，导流具有一定的困难，加之没有清晰的盈利模式，只依赖投资人投资是很难让公司在激烈的市场竞争中脱颖而出的。供应链服务型"互联网+维修保养"商业模式，可以看成是一种通过为整个汽车产业链提供网上店铺建设、进销存管理、客户关系管理等服务来获取盈利的生存模式，如为上游的汽车配件用品厂商以及经销商提供进销存管理，为下游的汽车保养和维修门店提供配件采购平台以及搭建网上店铺等。该商业模式的优势是业务渗入汽车维修保养的整个电商供应链，模式轻量化，比电商自营型"互联网+维修保养"商业模式门槛要求要高。其缺点是导流链条过长（杨光明，2015），扩张复制与电商自营型"互联网+维修保养"商业模式相比，则模式扩张与复制见效时间较长，客户流量在短期内较难获得大的增长。

在创立的前期，车保无忧属于导流平台型"互联网+维修保养"商业模式，该模式的弊端也随着经营的持续暴露出来。车保无忧由于注册资本只有50万元人民币，在激烈的竞争中很难脱颖而出。此外，车保无忧也很难保证那些加盟汽车服务店提供的服务标准化，因此不得不调整其经营思路。车保无忧转型之后将原来的 B2C 营业模式转变为 B2B 营业模式，它通过向线下门店销售 SaaS 服务，将收取的软件租金和维护费作为其主营业务收入，也萌生了为线下汽车服务店做精准营销从而获得广告收益的经营模式。车保无忧目前专注于数据收集，希望能通过 SaaS 系统，收集尽可能多的线下门店数据，将这个行业的数据资源有效地整合起来，为未来的市场竞争以及公司发展做准备。

SaaS 模式是软件即服务的一种营运模式。它通过为服务企业搭建整体的软、硬件服务平台和网络服务来收取费用。企业无须配备专业人员进行网络搭建、服务器配置、硬件运维等方面的工作，它提供的是一种基于互联网的服务模式，用户根据自己的实际需要，按使用时长、使用流量等来购买服务使用费用，为用户避免了无谓的浪费，节约了设备购买资金的同时，省去了配备技术人员的开支，并且提供了离线操作和本地数据存储，最大限度地保证了用户的权限和系统的可靠性。车保无忧作为将 SaaS 模式运用到汽车后市场的先行者，向汽修门店推荐自身的软件，并且收取一定的服务费。因为汽修店从业人员知识水平普遍较低，对互联网技术接受程度较低，所以简单、实用、有效是车保无忧产品的主要特征。车保无忧研发出简单的操作系统，为汽车门店用户提供实用有效的功能服务，为用户的门店经营和管理提供了便利。

车保无忧在 2015 年时完成了天使轮融资，以 200 万元出让 10% 的股份，由江苏康众领投，同时车保无忧和其投资人康众开始形成合作关系。车保无忧和康众的 ERP 系统已经打通，方便平台内的 1000 多家客户，让他们通过车保无忧的系统去从配件商那里采购配件，从而也会接触更多的配件商，形成从配件到门店到服务的一个完整的闭环。车保无忧充当了中间媒介的作用，一边连接门店，另一边连接康众，汽车门店通过车保无忧系统向康众公司采购配件，而平台会提供一些数据方面的支持，帮助客户计算每月的采购量、配件量、各项支出等。通过系统匹配完成采购之后，还会有一个积分系统，这些积分可以支付客户服务费，客户对本系统具有很强的黏性。所以，从一定程度上可以说，车保无忧现阶段运营的是供应链服务型"互联网＋维修保养"商业模式。

3.3.5　企业成长机制

未来是大数据的时代。特别是对互联网公司来说，数据是很重要的一个环节，它能指引商家判断消费者的行为习惯，也能依据数据很好地为客户服务，它最终也将成为商家精准营销的一种手段。车保无忧创始人用敏锐的商业眼光已经洞察到，汽车后市场也必将迎来大数据时代。因此，他们先于竞争对手勇敢地踏出转型这一步。汽车后市场数据对单一的汽修店来说，利用的程度是非常有限的，只局限于了解汽修店本身的经营状况。而车保无忧现在致力于将全国范围内的汽车后市场的数据收集起来，通过系统性的分析得出有价值的统计结果，为整个市场提供专业服务，同时也可以针对不同的客户进行精准营销。车保无忧的目标是将车保无忧做大做强，就像阿里巴巴旗下的支付宝一样掌握着全国消费者的消费数据，通过有效利用体现这些数据的价值，达到建立标准化汽车后市场的目的。

3.4 本章小结

本章对创业企业的商业模式与成长机制进行介绍。首先介绍了与创业企业商业模式相关的创业企业战略、创业企业类型划分和企业商业模式；然后介绍了创业环境分析、创业资源整合和企业成长机制；最后，以实际的创业企业成长案例为例对创业市场服务、企业生态环境、企业商业模式与企业成长机制进行了分析。

第 4 章 创业企业的成长指标及仿真研究

4.1 创业企业的成长指标选取

由于创业企业存活时间短、成长不确定性等特征使得创业企业成长评价的难度增加，如何对创业企业进行客观、公正地评估已经成为创业研究的重要内容。本章以企业成长评价指标构建为例，从指标建立原则、指标选取方法、指标构建等方面展开创业企业成长指标评价体系的研究。创业企业成长指标评价体系的构建过程如图 4.1 所示。

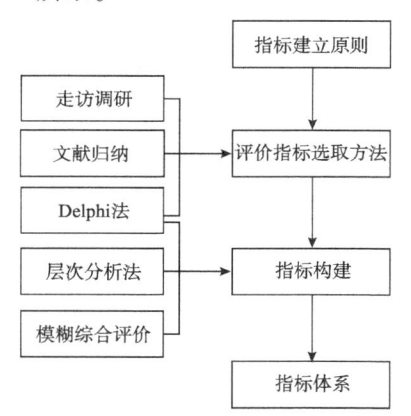

图 4.1 创业企业成长指标评价体系构建过程

4.1.1 指标建立原则

创业企业成长评价效果与评价指标体系直接相关，一套好的指标体系有助于准确、客观地对企业进行评价，在构建评价指标体系时，既不能过粗也不能过细，既要考虑严谨性又要考虑可操作性，尤其要避免随意性，因此在建立指

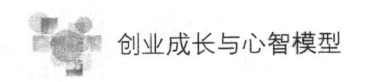

标体系时要全面考虑，慎之又慎，应遵循以下原则。

（1）系统性原则

系统性有时也被称为整体性，在评价指标构建上指的是在对某一事物或目标进行评价时，需要对影响该事物或该目标的因素进行全面整体的分析，要从多个方面建立衡量指标，尽量使选取的指标能够全面、准确、客观地代表事物或目标的真实情况，要从整体上考虑影响创业企业成长的各方面因素后选取和提炼指标，使之能构成一个整体的、有机的指标体系，从而能对企业成长状况进行全面的衡量。

（2）科学性原则

科学性指的是在指标建立过程中要以科学思想为指导，以事实为依据，使得选取的指标具有逻辑性和先进性，避免相互矛盾，使得所构建的评价指标体系满足科学性。与此同时，指标的选取要能体现出研究目标的独特性，要以理论为指导对评价目标的内在本质进行深入观察和挖掘。因此，在建立创业企业成长评价指标体系时，要对创业企业成长特点和特征进行详细分析，从而构建科学的评价指标体系。

（3）可操作性原则

可操作性是指在指标建立过程中选取的指标要明确、清晰、符合实际和便于采集，不能过于繁琐，要符合创业企业的特性，普遍存在于多数的创业企业中，尤其要考虑我国创业企业的特性，最好能够通过一些公开渠道取得数据指标。

（4）层次性原则

层次性是指在指标建立过程中要考虑层次，建立一级指标、二级指标等，层次分明。由于创业企业的发展是多层次、多因素综合影响的结果，因而指标的建立既要从整体纵向结构上考虑层次，也要从横向上考虑相互关系，通过层次递进关系来构建指标。

（5）通用代表性原则

通用代表性是指在指标建立过程中要考虑指标的通用性，找出最能准确代表这一方面的指标，通过纵向比较和横向比较来选取创业企业成长指标，如通过将个体不同时间段的数据指标做纵向对比，或者以不同个体之间的数据指标做横向对比，根据创业企业的成长特点来选择具有代表性的指标。

4.1.2 评价指标选取

创业企业成长评价指标选取的主要内容有评价指标选取方法和评价指标筛选，包括使用 Delphi 法（德尔菲法）、层次分析法（AHP，Analytic Hierarchy Process）来完成评价指标的选取。

4.1.2.1 评价指标选取方法

(1) 德尔菲法

德尔菲法是一种通过匿名征询获得一致反馈意见的调查方法，由美国兰德公司首创，其主要流程是对调查的问题匿名征求专家意见，然后整理、归纳与反馈，如果专家的意见不一致，则再次匿名征求各专家的意见，再整理，再反馈，直到获得的意见一致为止。它能直观方便地给出研究结果，不必建立繁琐的数学模型来开展研究，即使在统计数据较为缺乏和无类似案例参考的条件下，也能进行有效研究，具有匿名性、反馈性和统计性等特点。

① 匿名性。参与的专家彼此之间不知有哪些人参加调查，所有专家是在完全匿名的情况下交流思想的。它采取匿名调查的形式，有效地避免了专家会议调查法的缺点，如容易受到会议气氛的影响、权威专家面对面造成的压力影响等。在德尔菲调查方法下，专家们可不受外部干扰，无拘束地发表自己的意见，从而收集到的专家意见较为真实可靠。

② 反馈性。德尔菲法采用的是不记名调查，完全匿名调查。由于参与的专家彼此之间没有任何的信息交流，所以第一轮调查结果总会显示出专家意见的不一致性，很难得出统一的结论。因此，预测的策划者必须要对每一轮的调查结果及时地整理与更新，把最新的调查情况及时地反馈给参与专家，才能使专家了解最新的调查进展，便于他们在后续的调查中发表进一步的意见。

③ 统计性。德尔菲法的调查结论不是来自某一个或者某几个专家，而是在对专业领域内一批专家们的意见进行综合统计分析后所得出的结论。德菲尔法的调查结果具有统计学特征，往往通过概率的形式来表现，每位专家的意见都包含在统计分析之中，统计结果在反映专家意见集中程度的同时，也反映出离散程度。

德尔菲法的主要步骤如下。

① 确定调查内容。调查发起者要明确调查主题，设计调查问卷或调查提纲，收集整理有关调查主题的背景材料，做好调查前的准备工作。在所设计的问题表中，所提的问题只能有一种解释，用词要确切，不得有不明确或易产生

不同理解的情况。问题要集中和具有针对性，不要过于分散，以便使各个事件构成一个有机的整体。问题要有逻辑顺序，先整体，后局部，由浅入深地排列，或者按问题的分类排列。此外，还应注意的是问题的数量不要太多。

② 选聘专家。需要选择具有领域专业知识和丰富经验的人员作为专家，要考虑专家的代表性，既要根据研究内容所涉及的领域去选择有关的专家，还要考虑到专家来源的广泛性，这样可以代表不同的意见，互相启发，使调查结论尽量客观和向正确的方向统一。在专家人数方面，通常可以选择 10~15 人。如果是重大项目，专家人数可以超过此数，要考虑到有时有些专家会中途退出，尤其在重大项目的专家人数上，要适当多选一些专家以防不足。

③ 反复征询专家意见。通常需要 3 轮以上。

④ 统计结果。对各专家最后一次征询的意见进行统计处理，给出结果。

德尔菲法的优点和缺点主要如下。

优点：各专家能够在不受干扰的情况下，独立、充分地表明自己的意见；预测值是根据各位专家的意见综合而成的，能够发挥集体的智慧；应用面比较广，费用比较节省。

缺点：在综合预测值时，仅仅是根据各专家的主观判断，缺乏客观标准，而且显得强求一致；有的专家由于一些主客观原因，对表格的填写未经深入的调查和思考，从而影响到评价结果的准确性。

（2）层次分析法

层次分析法是一种定性和定量相结合的层次化分析方法。该方法最早是由美国运筹学家托马斯·塞蒂（T. L. Saaty）在 20 世纪 70 年代提出，旨在将复杂的决策问题分解到不同层次的因素，再对各层因素的重要性确定权重，进而进行决策。上述层次从上到下通常包括总目标层、各层的次目标、分目标等。层次分析法采用的是用数学思维对复杂问题进行分析。当决策者遇到复杂问题时，其采取的层次分析求解过程如下。首先对问题进行分析和分解，构建出层级递进关系的影响因素层级，具体如目标层因素、准则层因素和方案层因素等；然后，理顺所构建的因素层级关系，在此基础上，决策者进行各个相关影响因素的量化比较和分析，形成各种方案；最后，决策者在上述方案中进行最优化选择。层次分析法的基本步骤通常包括建立递阶层次结构、构造比较判断矩阵、计算单层权向量与进行一致性检验、计算层次总权向量及进行一致性检验。具体如下：

① 建立递阶层次结构。在对实际问题进行仔细调研和深入分析后，列举出相关的各因素，并对这些因素按照一定原则建立递阶层次结构。该层次结构

要求每一层次的因素必须隶属于上一层次或者是会受到上一层次因素的影响。该层次结构从顶层的目标层开始，到中间的一个或多个准则层/指标层，最后到方案层/对象层。由于各个因素都需要进行两两比较，因此，为了避免比较困难，每个层次支配的因素数量以不要超过 9 个为宜。

② 构造比较判断矩阵。层次递进结构带来的仅仅是定性的结果，如果想获得更为直观的定量结果，需要通过构造比较矩阵来实现。该矩阵是从层次结构模型的第 2 层开始，用两两成对比较的方法，对从属于上一层因素的同层各因素进行尺度为 1~9 的比较，比较结果填入矩阵对应的位置，从而完成比较判断矩阵的建立。

设某标准层中有一项标准 B，它的下边有相应的几个子标准，如 B_1，B_2，B_3，…，B_n，将这几个子标准对应 B 进行比较，打分要求如表 4.1 所示。

表 4.1 层次分析打分表

甲乙两两比较结果	甲得分	乙得分
甲与乙重要性相当	1	1
甲比乙稍重要	3	1/3
甲比乙明显重要	5	1/5
甲比乙非常重要	7	1/7
甲比乙极端重要	9	1/9
甲比乙的重要处以上相邻比较的中间值	2，4，6，8	1/2，1/4，1/6，1/8

根据以上要求进行打分的结果列为矩阵：

$$\boldsymbol{B} = \begin{pmatrix} a_{11} & a_{12} & \cdots & a_{1n} \\ a_{21} & a_{22} & \cdots & a_{2n} \\ \vdots & \vdots & \vdots & \vdots \\ a_{n1} & a_{n2} & \cdots & a_{nn} \end{pmatrix} \tag{4.1}$$

其中，a_{ij} 是 B_i 和 B_j 的比较结果，而 $a_{ij}=1/a_{ji}$，i，$j=1$，2，…，n。

③ 计算单层权向量及进行一致性检验。在获得成对比较阵之后，计算每一个成对比较阵的最大特征根和该矩阵所对应的特征向量，然后进行一致性检验。检验的标准是看一致性比率的取值是否满足一致性，该值是需要计算得到一致性指标、随机一致性指标后才能获得。如果通过一致性检验，则归一化后的特征向量就是权向量；如果没有通过一致性检验，那么就需要调整原来的对比矩阵。

计算判断矩阵每一行元素的几何平均值 $M_i = \sqrt[n]{\prod_{j=1}^{n} a_{ij}}$，$i=1,2,\cdots,n$，归一

化之后有 $A_i = \dfrac{M_i}{\sum_{i=1}^{n} M_i}, i = 1,2,\cdots,n$，则列向量 $\boldsymbol{A} = (A_1, A_2, \cdots, A_n)^T$ 即为判断矩阵的权重向量，即各评判指标 $B_1, B_2, B_3, \cdots, B_n$ 对应于 B 所得到的权重。

进行一致性检验是为了找出逻辑不一致性已经超过有效范围的判断矩阵，并对其加以修正或剔除。

先计算判断矩阵的最大特征值：

$$\lambda_{\max} = \frac{1}{n}(\boldsymbol{BA})^T \boldsymbol{A}^{-1} \quad (4.2)$$

再计算一致性检验指标：

$$CI = \frac{\lambda_{\max} - n}{n - 1} \quad (4.3)$$

显然 CI 的值越大，表明判断矩阵偏离完全一致性越多。如果 CI 值越趋近于 0，则判断矩阵越接近于完全一致性。

接着计算相对一致性比率 CR：

$$CR = \frac{CI}{RI} \quad (4.4)$$

式（4.4）中的 RI 为平均随机一致性判断指标，其值可从平均随机一致性指标表中查找获得，该表的一些取值如表 4.2 所示。

表 4.2　平均随机一致性判断指标 RI

阶数	1	2	3	4	5	6	7	8	9	10
RI	0	0	0.52	0.89	1.12	1.26	1.36	1.41	1.46	1.49

然后开始做一致性检验，具体就是根据式（4.4）来计算一致性比率 CR，通过该值来对矩阵的一致性进行检验判断，如果计算得到的一致性比率 CR 的取值越小，那么表明判断矩阵的一致性越好。通常来说，如果 $CR \leq 0.1$，则该判断矩阵的一致性较为满意；如果偏大，则需要对判断矩阵进行修正后重新计算 CR 值来进行检验，直到检验通过。

④ 计算层次总权向量及进行一致性检验。计算总的组合权向量，并根据公式做组合一致性检验。若检验通过，则可按照组合权向量表示的结果进行决策，否则需要重新考虑模型或重新构造那些一致性比率较大的成对比矩阵。

4.1.2.2　创业企业成长初始评价指标

在创业企业评级指标的选取上，采用的是企业走访调研与文献归纳相结合的方法，从中国知网、万方和 Web of Science 等国内外文献数据库里按照"企业成长""创业成长"+"指标"等关键词搜索得到文献，进行整理归纳获得初始评价指标，再通过德尔菲法得到的创业企业成长初始评价指标如表 4.3 所示。

表 4.3 创业企业成长初始评价指标

编号	指标	编号	指标	编号	指标	编号	指标
1	追求创新	8	品牌价值	15	企业管理团队	22	总资产周转率
2	应变能力	9	无形资产	16	团队协作	23	供应能力
3	机会识别	10	市场合作关系	17	战略管理	24	净利润增长率
4	使命愿景	11	企业文化	18	人力资源	25	知识创新
5	融资难度	12	核心技术	19	市场占有率	26	资产增长率
6	资金情况	13	研发投入度	20	客户满意度	27	人均利润
7	员工增长率	14	信息化水平	21	客户订单	28	社会影响

在表 4.2 基础上，采用德尔菲专家调查法进行指标打分，进一步筛选指标。为此，建立了一个由 12 位专家组成的小组，包括高校创业管理研究学者 3 人、创业公司高管 5 人、企业管理咨询师 2 人、行业分析师 2 人，对 28 个指标进行 1~5 分的打分，然后选取出大于等于 3 分的指标进行分类，如表 4.4 所示。

表 4.4 创业企业成长评价指标

类别＼内容	管理	市场	财务	环境
成长能力	战略管理 人力资源 企业管理团队 员工增长率 研发投入度 知识创新	市场占有率 客户满意度	人均利润 资产增长率	资金情况 核心技术 信息化水平
成长潜力	企业文化 团队协作	品牌价值 无形资产	净利润增长率 总资产周转率	融资难度 机会识别

从表 4.4 中可知，创业企业成长评价指标分为成长能力和成长潜力两个类别，上述指标里既有一些主观指标也有部分客观指标。以下是对一些指标的说明。

（1）成长能力类指标

战略管理：该指标表明的是企业较为长期的全局目标和发展方向，通过走访和收集调研问卷得到数据，评价等级为 0~5 分。

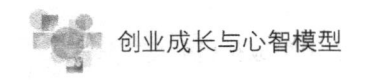

人力资源：该指标表明的是企业在人员招聘、培训、考核和薪酬等方面的能力，通过走访和收集调研问卷得到数据，评价等级为0~5分。

企业管理团队：该指标表明的是管理团队的经验、技术和管理综合能力，通过走访和收集调研问卷得到数据，评价等级为0~5分。

员工增长率＝本期新增员工数/上期员工总数，该指标表明的是企业在人员方面的发展情况。

研发投入度＝研发投入经费/产品销售收入。该指标表明的是企业在研发方面的投入力度。研发投入度越高，表明企业在研发方面的重视程度越高。

知识创新：该指标表明的是企业在创造和运用新知识为产品或服务作为支撑的能力，知识创新程度越高，表明企业的创新和竞争力越强。

市场占有率＝企业产品销售量/市场上同类产品同期销售总量。

客户满意度：该指标表明的是客户对企业产品的满意程度，通过电话、收集调研问卷或售后服务统计得到数据，评价等级为0~5分。

人均利润＝公司利润总额/公司员工总数。

资产增长率＝（本期总资产－上期总资产）/上期总资产，该指标显示了创业企业的资产规模的增长情况。资产增长率越大，表明在一段时期内企业资产经营规模扩张的速度越快。

资金情况：该指标表明的是企业的注册资金、总体资产规模等，通过走访和收集调研问卷得到数据，评价等级为0~5分。

核心技术：该指标表明的是企业的核心技术竞争力情况，通过走访和收集调研问卷得到数据，评价等级为0~5分。

信息化水平：该指标表明的是企业信息化投入情况、信息安全意识和员工信息化应用的能力，通过走访和收集调研问卷得到数据，评价等级为0~5分。

（2）成长潜力类指标

企业文化：该指标表明的是企业核心理念、管理制度和企业形象等，通过走访和收集调研问卷得到数据，评价等级为0~5分。

团队协作：该指标表明的是企业团队所显现出来的努力协同完成事物的能力，通过走访和收集调研问卷得到数据，评价等级为0~5分。

品牌价值：该指标表明的是企业品牌在某个时间点的等价额，通过走访和收集调研问卷得到数据，评价等级为0~5分。

无形资产：该指标表明的是企业的商标、专利、知识产权等的等价额，通过走访和收集调研问卷得到数据，评价等级为0~5分。

净利润增长率=(企业当期利润-基期利润)/基期利润。该指标表明的是企业本期盈利能力的提升,净利润增长率越高说明企业在该期的盈利能力越强。

总资产周转率=销售收入/总资产。

融资难度:该指标表明的是企业在资本市场的融资难易程度,通过走访和收集调研问卷得到数据,评价等级为0~5分。

机会识别:该指标表明的是企业对机会的辨识与把握能力,通过走访和收集调研问卷得到数据,评价等级为0~5分。

4.1.2.3 基于层次分析法的评价指标

在筛选出初始评价指标后,结合前面第3章中对企业成长机制的分析以及本章前面的指标选取原则,采用层次分析法(AHP)对上一节的指标进行分层处理,得到的创业企业成长评价层次模型如图4.2所示。

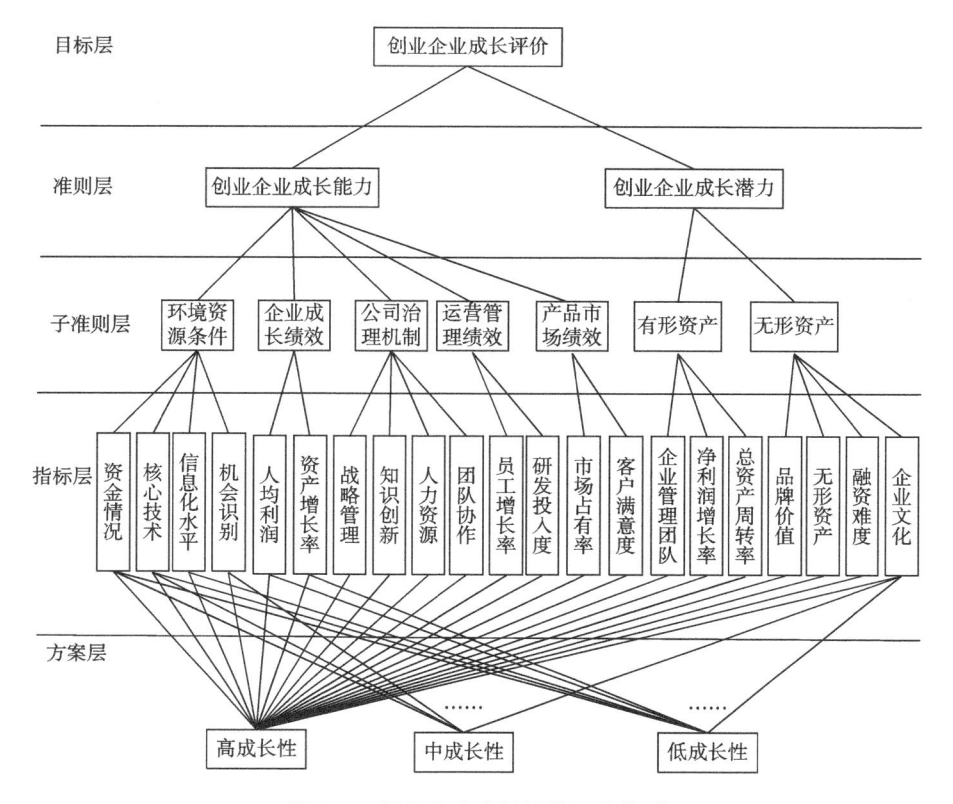

图4.2 创业企业成长评价层次模型

从图 4.2 可知，创业企业成长评价层次模型由目标层、准则层、子准则层、指标层和方案层构成，其中指标层包含资金情况、核心技术、信息化水平、机会识别等 21 个影响因素，具体对应的指标体系如表 4.5 所示。

表 4.5 创业企业成长评价指标体系

一级指标	二级指标	三级指标
创业企业成长指标体系		
创业企业成长能力（I_1）	环境资源条件（I_{11}）	资金情况（I_{111}） 核心技术（I_{112}） 信息化水平（I_{113}） 机会识别（I_{114}）
	企业成长绩效（I_{12}）	人均利润（I_{121}） 资产增长率（I_{122}）
	公司治理机制（I_{13}）	战略管理（I_{131}） 知识创新（I_{132}） 人力资源（I_{133}） 团队协作（I_{134}）
	运营管理绩效（I_{14}）	员工增长率（I_{141}） 研发投入度（I_{142}）
	产品市场绩效（I_{15}）	市场占有率（I_{151}） 客户满意度（I_{152}）
创业企业成长潜力（I_2）	有形资产（I_{21}）	企业管理团队（I_{211}） 净利润增长率（I_{212}） 总资产周转率（I_{213}）
	无形资产（I_{22}）	品牌价值（I_{221}） 无形资产（I_{222}） 融资难度（I_{223}） 企业文化（I_{224}）

4.2 创业企业的评价指标计算

指标筛选出来后，还需要完成指标体系的构建，尤其是各项指标的权重赋值。以下是采用模糊综合评价法来构建创业企业成长评价指标体系的方法。

4.2.1 模糊综合评价模型

模糊综合评价模型是一种基于模糊数学隶属度理论而建立起来的综合评价方法。这种方法利用模糊关系将一些定性化的问题进行量化，即将那些边界模糊并且难以定量的因素实施公式定量化。这种方法的好处就是结果进行定量化展示，清晰易懂，能够很好地解决那些模糊的、不易量化的定性问题。模糊综合评价模型的建立过程主要包括模糊综合评价矩阵的建立、单因素分析、综合评价向量构建和综合评价值计算等。

（1）模糊综合评判矩阵的建立

假定集合 $I = \{I_1, I_2, \cdots, I_n\}$ 为因素（指标）集，$F = \{F_1, F_2, \cdots, F_m\}$ 是因素评语集，其中 $F_j(j = 1, 2, \cdots, m)$ 为各因素（指标）的评价等级，每个因素的模糊评价均为因素评语集 S 里的模糊子集。假设因素 i 的单因素模糊评价为 $R_i = \{r_{i1}, r_{i2}, \cdots, r_{im}\}(i = 1, 2, \cdots, n)$，$r_{ij}$ 为第 i 个因素对第 j 个评语的隶属度。模糊向量 $R_1, R_2, \cdots, R_n$ 构成集合 I 到集合 S 的模糊关系，其模糊综合评判矩阵如下：

$$R = \begin{bmatrix} R_1 \\ R_2 \\ \vdots \\ R_n \end{bmatrix} = \begin{bmatrix} r_{11} & r_{12} & \cdots & r_{1m} \\ r_{21} & r_{22} & \cdots & r_{2m} \\ \vdots & \vdots & \ddots & \vdots \\ r_{n1} & r_{n2} & \cdots & r_{nm} \end{bmatrix} \tag{4.5}$$

（2）单因素分析

令模糊向量 $V_i = (V_{i1}, V_{i2}, \cdots, V_{in})$ 表示集合 I 上的子集 I_i，隶属度 $V_{ik}(k = 1, 2, \cdots, m)$ 表示各因素在单因素评价中的分值，w_{ik} 为各因素的权重，因此，对于给定的 V_i 和 R_i 的单因素评价向量 B_i 如下：

$$B_i = V_i \cdot R_i = (b_{i1}, b_{i2}, \cdots, b_{im}), (i = 1, 2, \cdots, k) \tag{4.6}$$

（3）综合评价向量构建

假定各子集的权向量为 $X = (X_1, X_2, \cdots, X_k)$，综合评价矩阵为 $R = (B_1, B_2, \cdots, B_k)$，因此，综合评价向量为：

$$B = X \cdot R = (b_1, b_2, \cdots, b_m) \tag{4.7}$$

（4）综合评价值的计算

为评语集的每个评价等级赋予分值，赋值后的评语集为 $C = (c_1, c_2, \cdots, c_m)$，则综合评价分值为：

$$S = B \cdot C^T \tag{4.8}$$

在获得因素的评价分值后，根据该分值查找对应的等级就可知被评价事物所在等级。

4.2.2 各级判断矩阵的构建

判断矩阵的确定指的是确定一级指标、二级指标和三级指标的判断矩阵。

(1) 一级指标的判断矩阵

一级指标的判断矩阵如表4.6所示。

表4.6 一级指标的判断矩阵表

一级指标	创业企业成长能力	创业企业成长潜力
创业企业成长能力	1	1/4
创业企业成长潜力	4	1

(2) 成长能力二级指标的判断矩阵

成长能力二级指标判断矩阵如表4.7所示。

表4.7 成长能力二级指标的判断矩阵表

二级指标	公司治理机制	运营管理绩效	产品市场绩效	环境资源条件	企业成长绩效
环境资源条件	6	3	3/2	1	3/4
企业成长绩效	8	4	2	4/3	1
公司治理机制	1	1/2	1/4	1/6	1/8
运营管理绩效	2	1	1/2	1/3	1/4
产品市场绩效	4	2	1	2/3	1/2

(3) 成长潜力二级指标的判断矩阵

成长潜力二级指标的判断矩阵如表4.8所示。

表4.8 成长潜力二级指标的判断矩阵表

二级指标	有形资产	无形资产
有形资产	1	1/3
无形资产	3	1

(4) 成长能力三级指标的判断矩阵

成长能力三级指标的判断矩阵如表4.9至表4.15所示。

第4章 创业企业的成长指标及仿真研究

表 4.9 环境资源条件指标的判断矩阵

环境资源条件指标	资金情况	信息化水平	核心技术	机会识别
资金情况	1	4	2	3
信息化水平	1/4	1	1/5	1/3
核心技术	1/2	5	1	2
机会识别	1/3	3	1/2	1

表 4.10 企业成长绩效指标的判断矩阵

企业成长绩效指标	人均利润	资产增长率
人均利润	1	1/5
资产增长率	5	1

表 4.11 公司治理机制指标的判断矩阵

公司治理机制指标	战略管理	团队协作	人力资源	知识创新
战略管理	1	3/2	5	3
团队协作	2/3	1	5	4
人力资源	1/5	1/5	1	1/3
知识创新	1/3	1/4	3	1

表 4.12 运营管理绩效指标的判断矩阵

运营管理绩效指标	员工增长率	研发投入度
员工增长率	1	1/4
研发投入度	4	1

表 4.13 产品市场绩效指标的判断矩阵

产品市场绩效指标	市场占有率	客户满意度
市场占有率	1	1/2
客户满意度	2	1

表 4.14 有形资产指标的判断矩阵

有形资产指标	净利润增长率	总资产周转率	企业管理团队
净利润增长率	1	2	1/3
总资产周转率	1/2	1	1/4
企业管理团队	3	4	1

表 4.15　无形资产指标的判断矩阵

无形资产指标	品牌价值	无形资产	融资难度	企业文化
品牌价值	1	4	2	2
无形资产	1/4	1	1/2	1/3
融资难度	1/2	2	1	1/4
企业文化	1/2	3	4	1

4.2.3　指标权重系数的计算

在前面所介绍的特征根法的求解基础上，采用 Matlab2012 软件计算各个判断矩阵中每个指标的权重结果，如表 4.16 至表 4.25 所示。

（1）一级指标的判断矩阵

表 4.16　一级指标的判断矩阵

一级指标	创业企业成长能力	创业企业成长潜力	权重
创业企业成长能力	1.0000	0.2500	0.2000
创业企业成长潜力	4.0000	1.0000	0.8000

（2）成长能力二级指标的判断矩阵

表 4.17　成长能力二级指标的判断矩阵

二级指标	环境资源条件	企业成长绩效	公司治理机制	运营管理绩效	产品市场绩效	权重
环境资源条件	1.0000	0.7500	6.0000	3.0000	1.5000	0.2857
企业成长绩效	1.3000	1.0000	8.0000	4.0000	2.0000	0.3810
公司治理机制	0.1667	0.1250	1.0000	0.5000	0.2500	0.0476
运营管理绩效	0.3333	0.2500	2.0000	1.0000	0.5000	0.0952
产品市场绩效	0.6667	0.5000	4.0000	2.0000	1.0000	0.1905

（3）成长潜力二级指标的判断矩阵

表 4.18　成长潜力二级指标的判断矩阵

二级指标	有形资产	无形资产	权重
有形资产	1.0000	0.5000	0.3333
无形资产	2.0000	1.0000	0.6667

(4) 成长能力三级指标的判断矩阵

表 4.19 环境资源条件指标的判断矩阵及权重

环境资源条件指标	资金情况	信息化水平	核心技术	机会识别	权重
资金情况	1.0000	4.0000	2.0000	3.0000	0.4505
信息化水平	0.2500	1.0000	0.2000	0.3333	0.0759
核心技术	0.5000	5.0000	1.0000	2.0000	0.3027
机会识别	0.3333	3.0000	0.5000	1.0000	0.1709

表 4.20 企业成长绩效指标的判断矩阵及权重

企业成长绩效指标	人均利润	资产增长率	权重
人均利润	1.0000	0.2000	0.1667
资产增长率	5.0000	1.0000	0.8333

表 4.21 公司治理机制指标的判断矩阵及权重

公司治理机制指标	战略管理	团队协作	人力资源	知识创新	权重
战略管理	1.0000	1.5000	5.0000	3.0000	0.4200
团队协作	0.6667	1.0000	5.0000	4.0000	0.3698
人力资源	0.2000	0.2000	1.0000	0.3333	0.0675
知识创新	0.3333	0.2500	3.0000	1.0000	0.1426

表 4.22 运营管理绩效指标的判断矩阵及权重

运营管理绩效指标	员工增长率	研发投入度	权重
员工增长率	1.0000	0.2500	0.2000
研发投入度	4.0000	1.0000	0.8000

表 4.23 产品市场绩效指标的判断矩阵及权重

产品市场绩效指标	市场占有率	客户满意度	权重
市场占有率	1.0000	0.5000	0.3333
客户满意度	2.0000	1.0000	0.6667

表 4.24　有形资产指标的判断矩阵及权重

有形资产指标	企业管理团队	净利润增长率	总资产增长率	权重
企业管理团队	1.0000	3.0000	4.0000	0.6232
净利润增长率	0.3333	1.0000	2.0000	0.2395
总资产增长率	0.2500	0.5000	1.0000	0.1373

表 4.25　无形资产指标的判断矩阵及权重

无形资产指标	品牌价值	无形资产	融资难度	企业文化	权重
品牌价值	1.0000	4.0000	2.0000	2.0000	0.4173
无形资产	0.2500	1.0000	0.5000	0.3333	0.0927
融资难度	0.5000	2.0000	1.0000	0.2500	0.1563
企业文化	0.5000	3.0000	4.0000	1.0000	0.3337

接下来进行一致性检验，采用公式（4.3—4.4）对上述矩阵进行检验，检验结果如表 4.26 所示，由结果可知，各项指标的一致性比率 CR 均小于 0.1，即全部通过了一致性检验。

表 4.26　各个判断矩阵和各层次一致性检验

指标	I_{11}	I_{12}	I_{13}	I_{14}	I_{15}	I_{21}	I_{22}
λ_{max}	4.1029	2.0000	4.1125	2.0000	2.0000	3.0184	4.1980
CI	0.0343	0.0000	0.0375	0.0000	0.0000	0.0092	0.0660
RI	0.89	0.0000	0.89	0.0000	0.0000	0.52	0.89
CR	0.0385	一致性通过	0.0421	一致性通过	一致性通过	0.0176	0.0742

4.2.4　模糊综合评价分析

① 确定评估的指标集为 $A = \{I_{11}, I_{12}, I_{13}, I_{14}, I_{15}, I_{21}, I_{22}\}$，分别表示环境资源条件、企业成长绩效、公司治理机制、运营管理绩效、产品市场绩效、有形资产和无形资产六个方面。确定评估指标子集为 $B_i = \{B_{ij}\}(i = 1,2,3,4, j = 1,2,3,4,5)$。

② 确定评语等级及其对应标准，确定评语集为 $V = \{V_1, V_2, V_3, V_4, V_5\} = \{$很强，强，行业平均水平，弱，很弱$\}$，所对应的评价向量为 $C = \{5, 4, 3, 2, 1\}$。

③ 确定不同层次指标的权重向量。由前面表中计算结果可知，各评估指

第 4 章 创业企业的成长指标及仿真研究

标的权重向量为：

一级指标：$W_A = \{0.2000, 0.8000\}$；

二级指标：$W_{B1} = \{0.4505, 0.0759, 0.3027, 0.1709\}$

$W_{B2} = \{0.1667, 0.8333\}$

$W_{B3} = \{0.4200, 0.3698, 0.0675, 0.1426\}$

$W_{B4} = \{0.2000, 0.8000\}$

$W_{B5} = \{0.3333, 0.6667\}$

$W_{B6} = \{0.2395, 0.1373, 0.6232\}$

$W_{B7} = \{0.4173, 0.0927, 0.1563, 0.3337\}$

④ 对单因素建立模糊综合评判矩阵，见公式（4.5）。邀请 10 位专家对创业企业成长指标体系建设进行评估，由每个专家单独对指标层的每个指标进行等级打分，然后综合专家对该指标的打分次数，得出该指标属于某个评语等级的隶属度，从而建立单因素模糊综合评判矩阵，具体如下：

$$R_A = \begin{bmatrix} 0.0 & 0.3 & 0.4 & 0.2 & 0.1 \\ 0.2 & 0.2 & 0.2 & 0.3 & 0.1 \end{bmatrix}$$

$$R_{B1} = \begin{bmatrix} 0 & 0.4 & 0.3 & 0.2 & 0.1 \\ 0 & 0.2 & 0.6 & 0.2 & 0 \\ 0 & 0 & 0.4 & 0.6 & 0 \\ 0.1 & 0.4 & 0.2 & 0.2 & 0.1 \end{bmatrix}$$

$$R_{B2} = \begin{bmatrix} 0 & 0.2 & 0.6 & 0.2 & 0 \\ 0 & 0 & 0.8 & 0.2 & 0 \end{bmatrix}$$

$$R_{B3} = \begin{bmatrix} 0 & 0.2 & 0.2 & 0.6 & 0 \\ 0.3 & 0.4 & 0.3 & 0 & 0 \\ 0.6 & 0.3 & 0.1 & 0 & 0 \\ 0 & 0.2 & 0.4 & 0.2 & 0.2 \end{bmatrix}$$

$$R_{B4} = \begin{bmatrix} 0 & 0.4 & 0.5 & 0.1 & 0 \\ 0 & 0.2 & 0.6 & 0.2 & 0 \end{bmatrix}$$

$$R_{B5} = \begin{bmatrix} 0.4 & 0.5 & 0.1 & 0 & 0 \\ 0 & 0.2 & 0.6 & 0.2 & 0 \end{bmatrix}$$

$$R_{B6} = \begin{bmatrix} 0 & 0.4 & 0.5 & 0.1 & 0 \\ 0.1 & 0.2 & 0.5 & 0.2 & 0 \\ 0 & 0.2 & 0.5 & 0.2 & 0.1 \end{bmatrix}$$

$$R_{B7} = \begin{bmatrix} 0.1 & 0.4 & 0.3 & 0.1 & 0.1 \\ 0.2 & 0.2 & 0.4 & 0.2 & 0 \\ 0 & 0.3 & 0.5 & 0.2 & 0 \\ 0.2 & 0.4 & 0.3 & 0.1 & 0 \end{bmatrix}$$

⑤ 进行单因素评价，见公式 (4.6)。

$B_1 = W_{B1} * R_{B1} = (0.0171, 0.2637, 0.3360, 0.3211, 0.0621)$

$B_2 = W_{B2} * R_{B2} = (0.0000, 0.0333, 0.7667, 0.2000, 0.0000)$

$B_3 = W_{B3} * R_{B3} = (0.1514, 0.2807, 0.2587, 0.2805, 0.0285)$

$B_4 = W_{B4} * R_{B4} = (0.0000, 0.2400, 0.5800, 0.1800, 0.0000)$

$B_5 = W_{B5} * R_{B5} = (0.1333, 0.3000, 0.4333, 0.1333, 0.0000)$

$B_6 = W_{B6} * R_{B6} = (0.0137, 0.2479, 0.5000, 0.1761, 0.0623)$

$B_7 = W_{B7} * R_{B7} = (0.1270, 0.3658, 0.3405, 0.1249, 0.0417)$

得到 $B = \begin{bmatrix} B_1 \\ B_2 \\ B_3 \\ B_4 \\ B_5 \\ B_6 \\ B_7 \end{bmatrix} = \begin{bmatrix} 0.0171 & 0.2637 & 0.3360 & 0.3211 & 0.0621 \\ 0.0000 & 0.0333 & 0.7667 & 0.2000 & 0.0000 \\ 0.1514 & 0.2807 & 0.2587 & 0.2805 & 0.0285 \\ 0.0000 & 0.2400 & 0.5800 & 0.1800 & 0.0000 \\ 0.1333 & 0.3000 & 0.4333 & 0.1333 & 0.0000 \\ 0.0137 & 0.2479 & 0.5000 & 0.1761 & 0.0623 \\ 0.1270 & 0.3658 & 0.3405 & 0.1249 & 0.0417 \end{bmatrix}$

⑥ 进行指标的综合评价，见公式 (4.7)：$A = W_A \cdot R_A = (0.1600, 0.2200, 0.2400, 0.2800, 0.1000)$。

⑦ 进行创业企业成长能力一级影响因素的模糊综合评价得分，见公式 (4.8)，计算得：

$$D_1 = B_1 \cdot C^T = 2.8526$$
$$D_2 = B_2 \cdot C^T = 2.8333$$
$$D_3 = B_3 \cdot C^T = 3.2454$$
$$D_4 = B_4 \cdot C^T = 3.0600$$
$$D_5 = B_5 \cdot C^T = 3.4330$$
$$D_6 = B_6 \cdot C^T = 2.9746$$
$$D_7 = B_7 \cdot C^T = 3.4112$$

最终，创业企业成长模糊综合评价得分为：

$$D = A \cdot C^T = 3.0600$$

第4章 创业企业的成长指标及仿真研究

4.3 基于生态群落的指标仿真

4.3.1 跨境电商的生态群落分析

近年来网络电子商务的发展,尤其是阿里巴巴公司所取得的巨大成功,为电子商务行业的创业树立了榜样,大量创业者投身到电子商务创业队伍中,其中跨境电子商务创业随着我国自贸区的建立以及进出口贸易的活跃成为众多创业者的选择。然而,跨境电商的成长面临着复杂多变的环境和风险,供应链作为跨境电商企业运营观测的重要指标,对于企业成长的判断非常重要,通过供应链指标的仿真分析可以很好地反映出企业的业务增长特征。因而,对跨境电商供应链指标进行仿真研究,对于分析跨境电商创业企业的成长具有重要的实践意义。

跨境电子商务是指分属不同海关边境的交易双方,通过跨境电子商务平台达成交易、进行支付和结算,并通过跨境物流将交易的商品送达买方,完成跨境交易的一种国际贸易活动。上述活动涉及境内外分销商、零售商、物流商及各类合作伙伴的社会化协同服务,受到多主体的制约及其协同演化影响(高瑞泽,2012)。由于跨境电商的供应链由上游生产厂家和服务提供商等一系列合作伙伴组成,需要面临国际贸易环境和全球各地区需求的复杂变化,使其往往采用按需采供的采购模式。这要求其供应链组织必须具备灵活多样性和强软性结构(Lorenzo等,2016;Ricarda等,2016)。20世纪90年代末,随着市场的动态变化和个性化需求的日益复杂,美国斯坦福大学提出了敏捷供应链(Agile Supply Chain,ASC)管理的新模式(Christopher等,2000)。在该模式下,传统的供应链结构从串型结构转为以客户个性化需求为中心的并行结构,通过运用信息技术来构建全新的动态供需网络和协同运作的反应式机制(许乃如等,2014;王国文,2014),能够在不确定性环境下快速地响应动态需求并有效地降低整个供应链的总成本,敏捷供应链管理模式从而被众企业所采纳。然而,敏捷供应链方法仅仅解决了传统供应链的结构与运行机制的重构问题,对于跨境电商软性供应链的灵活多样性及各合作伙伴之间的协同演化影响却难以深入描述和分析。

自然界生物群落内部各种群之间及其与外部环境之间复杂的有机联系,使得整个群落在演化过程中总是能面对生态环境的不断变化，趋向于物质与能量交换效率最优的"顶级群落"方向发展。基于上述观察与研究形成的广义生态群落（Generalized Ecological Community）理论为探索上述问题提供了新的思路（Carroll 等，2015；孙尊涛，2011）。因而，我们以广义生态群落理论为基础，对跨境电商的软性供应链进行分析，并针对上述供应链的特征提出新的建模与仿真分析方法。在对跨境电商进行充分调研和文献阅读的基础上，跨境电商的基本运营模式归纳为如图 4.3 所示的模式，其终端用户分为境内个人（C）和境内企业（B）两大类，由此构成了 B2B、B2C（C2B）、C2C 三大类基本的交易模式（张夏恒，2017）。

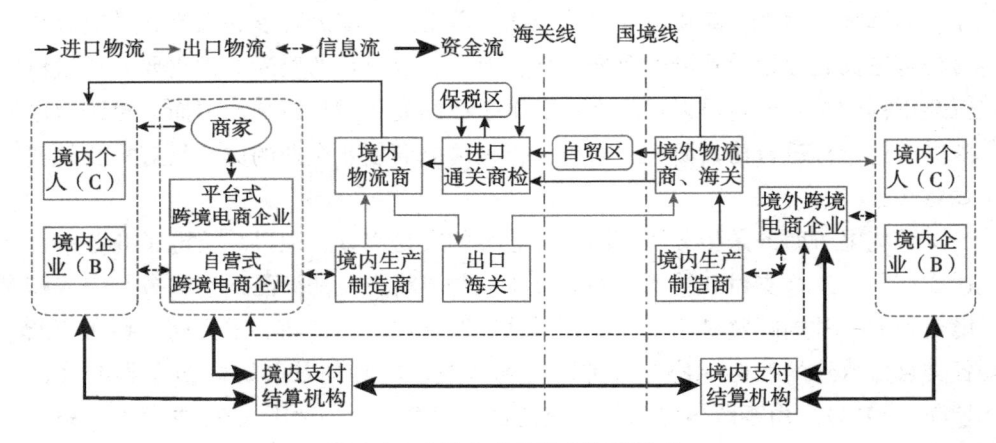

图 4.3　跨境电商的基本运营模式

跨境电商企业分为平台式跨境电商企业和自营式跨境电商企业两大类（杨晓霞，2018），前者只是为各类商家提供平台中介服务，收取服务费；后者则直接面向终端用户进行交易，通过经销或代销获得利润。跨境电商的业务涉及跨越国境线和海关的进出口活动。例如，在进口流程中，境内个人或企业通过境内、境外跨境电商企业对接的信息流通道下达订单，在完成跨境支付以后，境外电商企业通知境外生产制造商将货物由境外物流商经过对方出口海关放行以后运送到境内的国际物流港口，在通过进口通关商检以后，再由境内物流商运输、配送至以上个人或企业买方。从系统的观点来看，跨境电商企业与其全程供应链的上下游合作伙伴、同行竞争者及其所面对的消费者组成了一个有机运行体系。根据广义生态群落理论（Dai，2010），以上各主体之间的关系可以建立如下的基于多 Agent 的生态群落模型（Zhou 等，2016）：

若 G 为一个广义生态群落，包含 n 个生物有机体或社会机体个体，上述个体按照不同的业务功能可以划分为 m 个种群子集（$m \geqslant 2$），则广义生态群落 G 可表示为：

$G = \{Agent_1, Agent_2, Agent_3, \cdots, Agent_n\}$，且：

① $\forall Agent_i(i = 1, 2, 3, \cdots, n), Agent_i \in C_j(j = 2, 3, 4, \cdots, m), C_j$ 为 G 的种群子集；

② Agent 之间具有完整的广义生态链关系。

在跨境电商生态群落中，主要的种群有七大类。消费者种群，可分为境内个人消费者、境内企业消费者、境外个人消费者、境外企业消费者四类子群；电商企业，可分为境内平台式跨境电商企业、境内自营式跨境电商企业、境外平台式跨境电商企业、境外自营式跨境电商企业四类子群；供应商，可分为境内供应商、境外供应商两类子群；物流商，包括境内物流商、境外物流商、跨境物流商三类子群；经济功能区，包括设立在境内关内的保税区和设立在境外关外的自贸区两类子群，提供仓储、加工、商贸服务等各类进出口服务；支付结算机构，包括境内支付结算机构、境外支付结算机构两类子群；政府监管机构，包括海关、商检等通关监管机构。以上群落的生态链结构是由其业务模式及相关参与主体决定的。例如，在平台式 B2C 出口电商业务中，涉及的关键种群为境内供应商、境内平台式跨境电商企业、跨境物流商、政府监管机构、境外个人消费者、境外支付结算机构。上述种群是该生态链中不可缺少的，除政府监管机构种群以外，其余每类种群均由若干个可能存在着竞争关系的个体 Agent 组成。该生态链的可持续发展必须满足以下两项基本条件：符合政府监管机构的监管要求；每个参与个体 Agent 均具有不低于其所期望的正向收益。我们根据各参与个体 Agent 之间的业务关系，建立生态链结构及运行机制模型，就可以对跨境电商供应链的整个生态群落运行、发展过程进行仿真分析，从而把握其动态变化规律与特征。

4.3.2 跨境电商软性供应链指标

在跨境电商生态群落中，其供应链的结构与运行机制与国内电商呈现出一定的差异性。对于国内电商而言，由于商品的制造及消费均在国内，价格透明度较高，消费者对物流时限的预期要求也较高，电商企业通常需要大量采购同类商品才能保证较高的毛利，并且需要为及时发货提供可靠的保障。跨境电商企业作为平台方，与供应商的合作方式通常是采用按需采购模式，即跨境电商平台主要基于客户的实际购买订单所产生的需求来向供应商采购商品，或者对具有明显需求趋势的商品进行少量的预先采购，只保留较少的库存量。由于跨境电商针对的是国际贸易，其在商品价格的敏感度上相对国内环境要更低，因此电商平台无须在单一品类上形成大量库存积压，而且消费者对国际物流时效的心理预期也较低，他们允许平台有相对较长的时间来完成商品的采购和物流递送，这使得跨境电商平台更趋向于成为资源整合的角色，可以根据前端消费市场的需求变化来快速调整商品结构，实现资金的快速周转。在上述国际贸易环境下，跨境电商一般采用按需采供的软性供应链模式（余祖德，2011），其供应链结构不再是传统的串行结构，而是以电商为中心的 E-HUB 平台结构（方元春，2011）。该结构将各类供应商合作伙伴全部接入到统一的集成平台，电商根据自身每个订单的特点来动态选择最合适的供应链合作伙伴，组成具有灵活多变特征的软性供应链，以实现供需资源的快速整合和最佳匹配。由于以上供应链的合作伙伴选择及其结构与具体的订单情况有关，采用传统的串行结构供应链仿真建模方法很难对其进行分析。因此，从广义生态群落的新视角出发，对影响上述软性供应链的关键要素进行仿真，可以更好地把握各类要素对供应链的影响。

从跨境电商生态群落的整体来看，对其软性供应链产生影响的关键种群是消费者用户、电商平台和供应商种群。从软性供应链的运行机制来看，用户规模及其对商品的购买率是上述供应链的驱动要素，而以上要素又受到电商平台的上架商品品类数量、价格以及广告促销、运营效率等因素的影响，并且与供应商在电商平台上发布的商品信息及其更新状况密切相关。总的来看，跨境电商平台作为供需资源的整合者，其对供应商的选择和软性供应链的组织是由上述各类因素决定的，具有灵活多样性。因此，对以上因素所反映出的生态关系进行仿真，就可以更好地掌握跨境电商软性供应链的关键影响要素与特征，从而针对性地制定运营策略。以往相关文献分析和实证研究表明（袁莹，2017；何慧等，2018），可以对大型跨境电商平台主要影响因素的可观测指标进行归纳，如图 4.4 所示。

图 4.4 中，商品品类数量、商品品类在架时长、单位时间内新增用户数量、用户留存时长和商品购买转化率 5 项指标（图 4.4 中的灰色背景框指标）作为影响供应链的主成分因子指标（袁莹，2017），较好地反映了跨境电商平台的业务动态变化状况，对其软性供应链生态群落的运行具有决定性影响。为了采用多 *Agent* 生态群落模型对上述指标进行计算，我们在研究中设置了 12 个

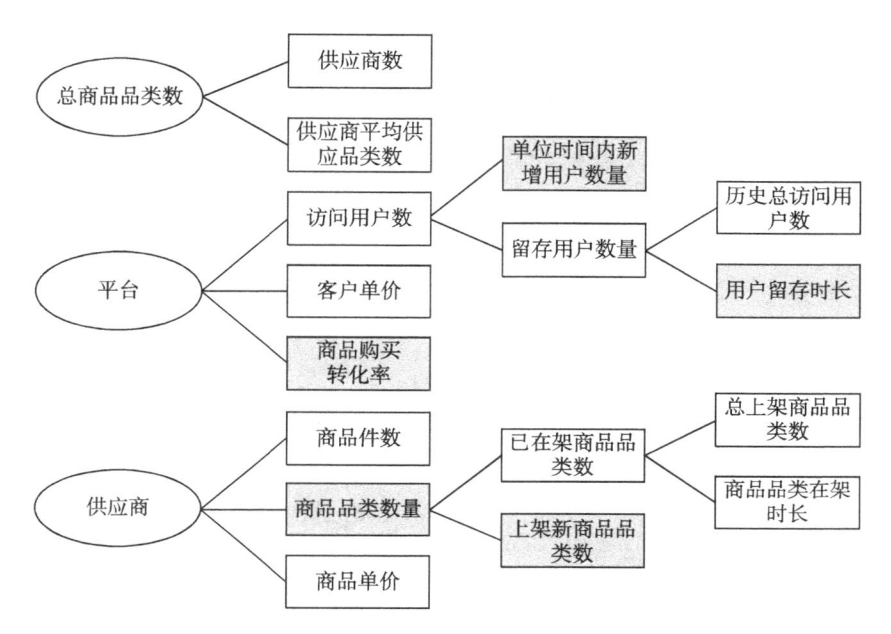

第4章 创业企业的成长指标及仿真研究

图4.4 对跨境电商软性供应链生态群落影响的可观测指标

参数变量，即单位时间内新增用户数量（*UserAdd_t*）、用户流失的平均时间（*LostUser_pt*）、所有用户数量集合（*AllUsers_Set*）、所有流失用户集合（*LostUsers_Set*）、单位时间内新增商品品类数（*Goods_t*）、商品品类流失平均时间（*Goods_pt*）、商品品类数量集合（*Goods_Set*）、商品品类购买转化率（*Buy_Rate*）、流失商品品类集合（*Goods_Lost*）、供应商集合（*Sellers*）、单个供应商管理的商品品类数量（*SellerGoods_n*）；时间周期（*T*）。以上参数被应用于用户主体、商品主体和供应商主体的模型计算。

（1）用户主体

假设平台的每个单位时间内的新增用户数约为 *UserAdd_t*，则总的用户数如下：

$$AllUsers\_Set(T) = UserAdd\_t \times T \tag{4.9}$$

其中：*T* 为时间，总用户数为 *AllUsers_Set*，*UserAdd_t* 为单位时间内新增用户数。

随着时间的变化，总的用户数会有流失现象，如果每个新加入的用户经过 *LostUser_pt* 的单位时间后流失，那么 *T*（*T* >= *LostUser_pt*）时间里的流失用户等于 0 至 *T* − *LostUser_pt* 单位时间内的总和。因此，用户流失的计算公式如下：

95

$if\ (T < LostUser\_pt)\ then$

$LostUsers\_Set\ (T) = 0$

else

$LostUsers\_Set\ (T) = \sum_{0}^{T-LostUser\_pt}(UserAdd\_t)$

其中：T 为时间，$LostUsers\_Set$ 为流失用户，$UserAdd\_t$ 是新增用户数，$LostUser\_pt$ 为平均流失时间。在模型的运行中，会出现如下两种情况：

一种情况，如果模型运行时间小于用户的流失时间，不会有用户流失，计算公式为：

$$if\ (T < LostUser\_pt)\ then\ AllUsers\_Set\ (T) = UserAdd\_t \times T \quad (4.10)$$

另一种情况，如果模型运行时间大于用户的流失时间，则公式如下：

$if\ (T >= LostUser\_pt)\ then$

$$AllUsers\_Set\ (T) = UserAdd\_t * T - LostUsers\_Set\ (T) \quad (4.11)$$

总用户数的计算公式为：

$$AllUsers\_Set(T) = UserAdd\_t * T - \sum_{1}^{T-LostUser\_pt}(UserAdd\_t) \quad (4.12)$$

其中：T 为时间，$AllUsers\_Set$ 是所有用户集合，$UserAdd\_t$ 是单位时间内新增用户数量，$LostUser\_pt$ 为用户流失的平均时间。

（2）商品主体

由于平台的上架受到平台的商品发布能力、供应商的维护能力、库存成本和用户发展的制约，因而如果单位时间新增的商品品类数量为 $Goods\_t$，则总的商品品类数量如下：

$$Goods(T) = Goods\_t \times T \quad (4.13)$$

其中：T 为时间，$Goods$ 是总商品品类，$Goods\_t$ 为单位时间内新增商品品类。

在上架后的一定时间内，某品类商品的销量如果低于供应商预期，供应商会对其进行调整，如果仍然未能达到预期，后续将逐步下架此商品。例如，经过 $Goods\_pt$ 单位时间，该品类商品依然没达到销售预期，则会被下架，因而商品品类的下架表达式如下：

$$Goods\_Lost(T) = \sum_{0}^{T-Goods\_pt}(Goods\_t) \quad (4.14)$$

其中：T 为时间，$Goods\_Lost$ 是下架的品类，$Goods\_t$ 为单位时间内新增商品品类，$Goods\_pt$ 为平均流失时间。

如果模型运行时间大于下架时间，则计算表达式如下：

$$if(T >= Goods\_pt)\ then\ Goods\ (T) = Goods\_t \times T - Goods\_Lost\ (T) \quad (4.15)$$

商品总数的计算公式如下：

$$Goods(T) = Goods\_t \times T + AllUsers\_Set(T) \times Buy\_rate \times (T - Goods\_pt) - \sum_0^{T-Goods\_pt}(Goods\_t + AllUsers\_Set(T) \times Buy\_rate? \times (T - Goods\_pt)) \quad (4.16)$$

其中：T 为时间，$Goods$ 是总商品品类，$Goods\_t$ 为单位时间内新增商品品类，$Goods\_pt$ 为平均流失时间，Buy_rate 是购买转化率，$AllUsers\_Set(T)$ 为平台的用户总数。

（3）供应商主体

假设每个供应商维护的商品品类数量为 $seller\_n$，则：

$$Seller(t) = Goods(t) / Seller\_n \quad (4.17)$$

在运行初期，商品的上架时间小于供应商的下架时间或者用户与购买转化率的乘积大于商品品类总数，则计算公式如下：

$$\text{if}(T < Goods\_pt) \text{ or } (Goods(T) < User(T)) \times Buy\_rate \text{ then}$$

$$Seller(t) = (Goods\_t \times T) / Seller\_n \quad (4.17)$$

其中：T 为时间，$Goods\_t$ 为单位时间内新增商品品类，$SellerGoods\_n$ 为单个供应商的维护商品品类数量。

在进入稳定期后，商品的上架时间大于等于供应商的商品品类未成交的下架时间或者用户与购买转化率的乘积小于商品品类总数，则计算公式如下：

$$\text{if}(T >= Goods\_pt) \text{ and } (Goods(T) >= User(T)) \times Buy\_rate \text{ then}$$

$$Seller(t) = (Goods\_t \times T + AllUsers\_Set(T) \times Buy\_rate \times (T - Goods\_pt) - \sum_0^{T-Goods\_pt}(Goods\_n + Users\_Set(T) \times Buy\_rate \times (T - Goods\_pt))) / Seller\text{-}Goods\_n \quad (4.19)$$

其中：T 为时间，$Goods$ 是总商品品类，$Goods\_t$ 为单位时间内新增商品品类，$Goods\_pt$ 为平均流失时间，$AllUsers\_Set(T)$ 为所有用户集合，Buy_rate 为商品购买转化率，$UserAdd\_t$ 为单位时间内新增用户数量，$SellerGoods\_n$ 为单个供应商能维护的商品品类数量。

通过对以上参数变量的数据采集及计算，便能获得商品品类数量、商品品类在架时长、单位时间内新增用户数量、用户留存时长和商品购买转化率等指标数据作为仿真分析，参数变量间关系如图4.5所示。

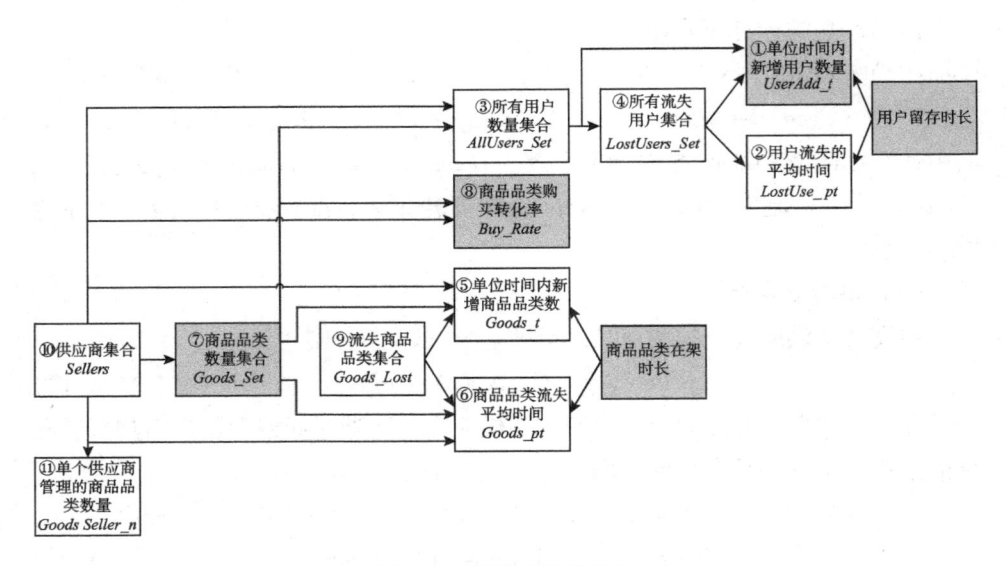

图 4.5　参数变量间关系

图 4.5 显示了影响供应链的主成分因子指标的 5 项指标（图 4.5 中的灰色背景框指标）以及参数变量间的关系。从图中可知，5 项指标中的商品品类数量与所有用户集合、商品购买转化率、单位时间内新增商品品类数和商品品类流失平均时间相关；商品品类在架时长与单位时间内新增商品品类数和商品品类流失平均时间相关；用户留存时长与单位时间内新增用户数量和用户流失的平均时间相关；单位时间内新增用户数量和商品品类购买转化率则由直接采集和计算得到。上述 5 项指标数据将作为仿真分析的数据源导入到仿真软件里被执行，通过观测这些指标的变化来判断它们对跨境电商软性供应链的影响。

4.3.3　基于 Netlogo 的建模仿真

在目前已有的仿真工具软件中，NetLogo 已被广泛应用于对各类自然和社会现象进行仿真，非常适合于模拟随时间变化的复杂系统演化特征（宁金焕等，2014；张仁懿等，2018）。因此，本书的研究采用 Netlog6.1.0 版本软件来构建多 Agent 生态群落模型，对影响跨境电商供应链生态群落的关键要素进行仿真分析。该软件内置了很多基本的仿真模型库（如图 4.6 所示），为生态群落的仿真带来了便利。例如，其中的"狼吃羊"生态系统模型就是以自然界狼与羊的食物链关系为基础，描述了两类种群之间的数量变化动态特征及相关影响因素。

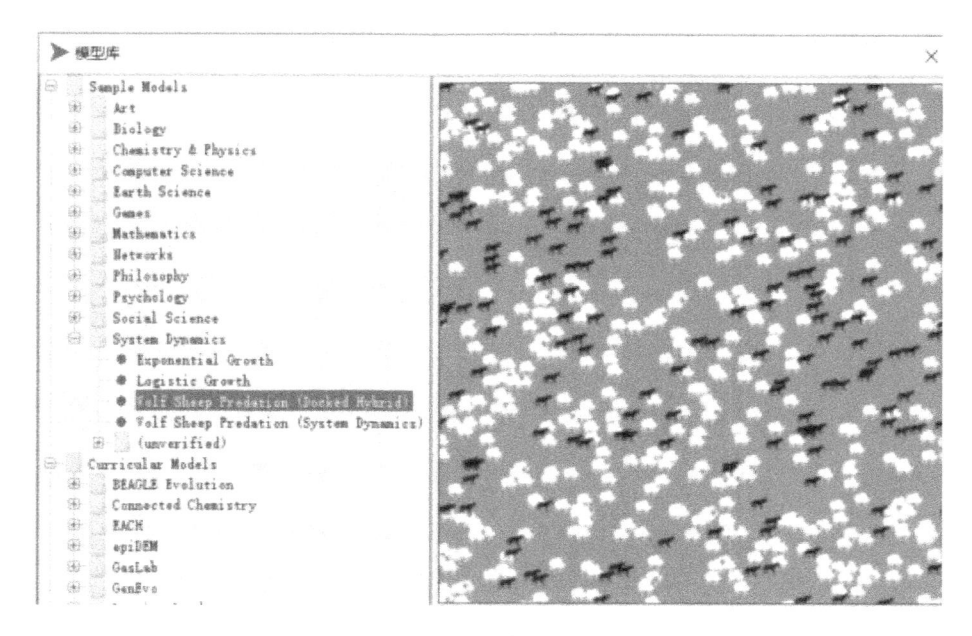

图 4.6　Netlog 中的仿真模型库

4.3.3.1　仿真观测

在跨境电商平台中也存在着类似的生态学关系。如果供应商数量增加和新发布的商品品类数量增加，就会使平台拥有更多的"食物"品种，将导致活跃用户数量增加。但是，用户在购买了其所需的商品之后，对同类商品的需求就会下降。当某类商品在一定时间内的销售量达不到基本要求时，或者供应商所提供的商品不适合用户对"食物"的需求时，都将被下架处理。以上因素，将会使得能够维持在平台的原有商品品类数量减少。

跨境电商平台的运营机制及其呈现的特征具有复杂性，难以采用一般的数理模型来很好地描述分析。文章以"狼吃羊"生态系统模型作为建模设计范例，根据跨境电商平台的上述生态学机制设计了动态仿真模型，通过实际采集到的平台业务数据设置了相关参数。在此基础上，设定 300 天的窗口期，对商品品类数量、商品品类在架时长、新增用户数量、用户留存时长、商品购买转化率 5 项主成分因子指标进行仿真分析，观测其对跨境电商供应链的影响。仿真软件里界面示例如图 4.7 所示。

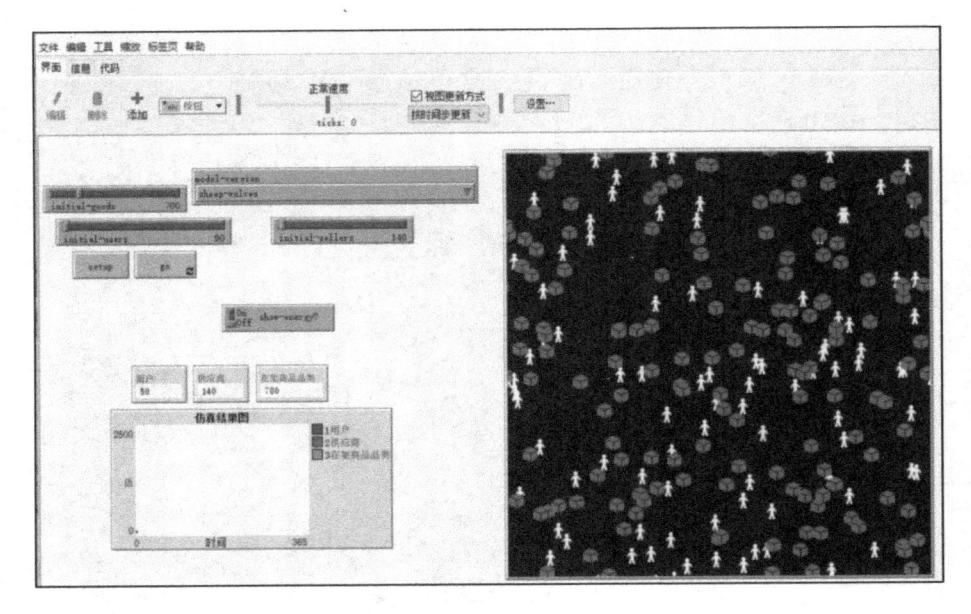

图 4.7 仿真软件界面示例

（1）商品品类数量影响

图 4.8 为初始参数不变的情况下，即未采取任何调控措施时，跨境电商平台的活跃用户数量（Users）、平台里维持的供应商数量（Sellers）、在架商品品类数量（Goods）随时间变化的情形。如果将单位时间内新发布的商品品类数量由 500 种增加到 1000 种，则仿真结果如图 4.9 所示。

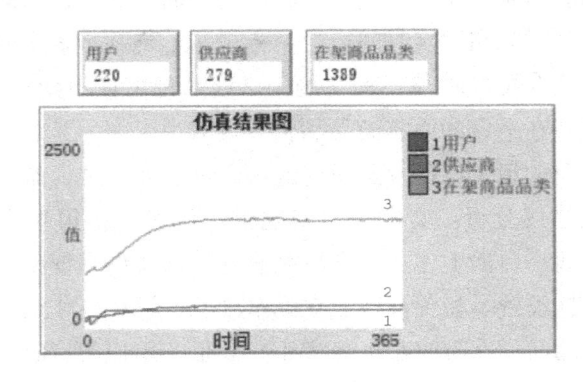

图 4.8 初始参数不变结果

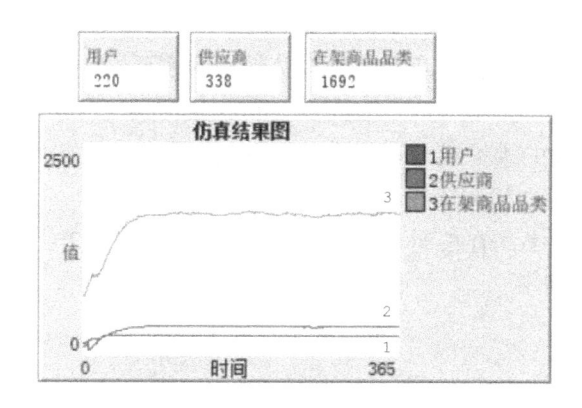

第 4 章　创业企业的成长指标及仿真研究

图 4.9　新发布商品品类数量增加结果

如果将在单位时间内新发布的商品品类数量由 500 种增加到 1000 种，则要求提供以上不同商品品类的供应商数量也有相应增加，并使得在架商品品类的总数量也有所增长。但是，平台上供应商数量以及在架商品品类的总数量是受到市场需求和消费者购买的生态学关系影响的，商品当销售量达不到基本要求时则将被作下架处理。因此，平台上述供应商数量和在架商品品类的总数量与新发布商品的品类数量并非成线性比例增长。通过图 4.8 和图 4.9 对比可见，供应商从 279 个变成了 338 个，在架商品品类的数量则从原有的 13.89 万种上升到 16.92 万种。此外，仿真结果还显示，通过以上增加新发布商品品类数量的措施，能使得平台上的供应商数量、用户留存时间和商品品类总数量更快地到达峰值。

形成上述现象的原因在于，当单位时间内发布的新商品品类数量增加以后，在前期会使得平台上的商品品类变多，用户有更多的购买选择和更多可浏览的场景，访问平台会更为频繁，从而导致平台上单位时间内的活跃用户数量和用户留存时间上升。但是，在后期当用户的购买需求满足以后，某些商品的品类将会因滞销而下降。此外，由于营销模式和策略并未发生变化，因而商品品类的购买转化率不会有太大改变。由此可见，如果将单位时间内新发布的商品品类数量增加，则在每个单位时间的前期，平台的商品品类数量、活跃用户数量和供应商数量将均会增加；但达到一定峰值以后，在每个单位时间的后期，随着下架的商品品类增加，以上数据指标将逐步下降。经过总体测算，如果将每个单位时间内新发布的商品品类数量增加 100%，在多个连续单位时间内所产生的长期效应将使得维持在平台上的供应商数量获得 21.14% 的增长，在架商品品类数量获得 21.81% 的增长，但对商品品类的购买转化率影响不大。采取上述措施对跨境电商平台供应链带来的主要影响有：一是需要有较多的供应商加入平台，并不断为平台提供新的商品品类；二是供应商在平台的铺货成本和商品品类的维护成本均将有较大幅度的增长。

（2）商品品类在架时长影响

如果将商品品类的在架时长由 10 个单位时间增加到 20 个单位时间，则仿真结果如图 4.10 所示。

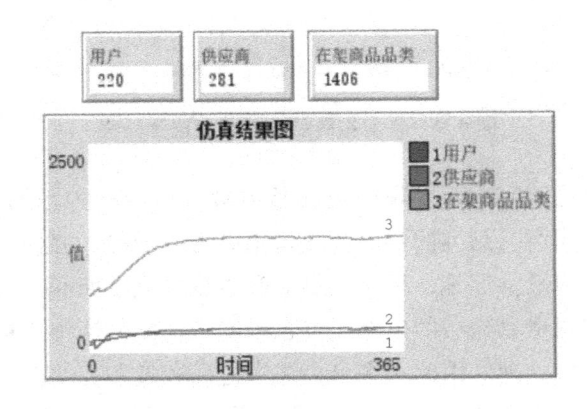

图 4.10　商品品类在架时长增加结果

通过图 4.8 和图 4.10 对比可见，将商品品类的在架时长增加以后，能够维持在平台的供应商数量、在架商品品类数量以及活跃用户数量几乎均没有变化。图中显示，供应商数量仅仅从 279 个变成了 281 个，商品品类数量也只是从 13.89 万种增长到了 14.06 万种。

形成上述现象的原因在于，增加商品品类的在架时长所产生的效果相当于变相地暂时提升了能够维持在平台的商品品类总数量和相关供应商的数量，增加了用户浏览、购买上述商品的时间机会。但是，商品品类的购买转化率不会发生太大变化，当到达新的时长点时，以上变相提升的商品品类仍然会被下架，供应商的数量也随之减少，虽然有少量用户可能在更多的时间机会里浏览、购买上述商品，但绝大多数用户将很少再关注这些商品。从总体上看，增加商品品类的在架时长对平台的影响很有限。采取上述措施对跨境电商平台供应链带来的主要影响是将使得供应商在平台的铺货成本和商品品类的维护成本增加。

第 4 章 创业企业的成长指标及仿真研究

(3) 新增用户数量影响

如果将单位时间内新增用户的数量从 10 万人提升到 20 万人，则仿真结果如图 4.11 所示。

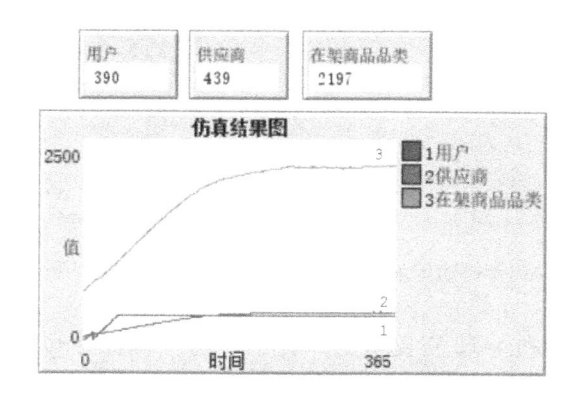

图 4.11 新增用户数量增加结果

通过图 4.8 和图 4.11 对比可见，将单位时间内新增用户的数量提升以后，平台上的供应商数量、在架商品品类数量以及活跃用户数量将均会显著增加。图中显示，供应商数量将从 279 个增加到 439 个，在架商品品类数量将从 13.89 万种增加到 21.97 万种，活跃用户数量将从 220 万人增长到 390 万人。

形成上述现象的原因在于，新用户的增加带来了单位时间内活跃用户数的提升，即使在购买转化率不变的情况下，用户的浏览、购买行为仍会持续增长，商品品类的流失将减少，从而使得能够维持在平台上的在架商品品类数量和相应的供应商数量均得以提升。经过总体测算，如果将每个单位时间内的新增用户数量提升 100%，平台上的供应商数量就会获得 57.34% 的增长率，在架商品品类数量就会获得 58.17% 的增长率，活跃用户数量就会增加 77.27%。但是，上述措施需要有持续性的促销手段和大量广告费用的投入。采取上述措施对跨境电商平台供应链带来的主要影响是其效率和收益将获得显著提升，然而电商平台和供应商投入的广告费用和促销成本也将大幅增加，且由此产生的边际效益具有递减趋势，需要在投入和收益之间寻求最佳折中点。

(4) 用户留存时长影响

如果将用户留存时长由 5 个单位时间提升到 10 个单位时间，则仿真结果如图 4.12 所示。

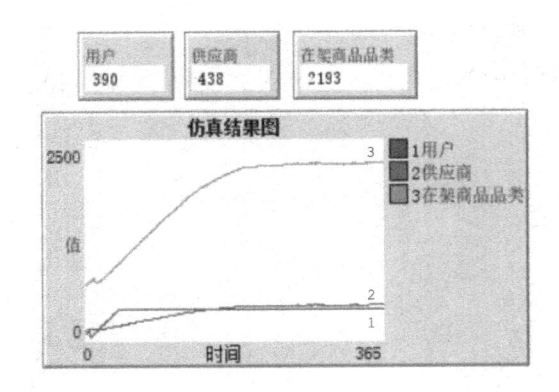

图 4.12　用户留存时间增加结果

通过图 4.8 和图 4.12 对比可见，将用户留存时长提升以后，能够维持在平台的供应商数量、在架商品品类数量以及活跃用户数量将均会显著提升。图中显示，供应商数量将从图 4.8 的 279 个增加到 438 个，商品品类数量将从 13.89 万种增加到 21.93 万种，活跃用户数量将从 220 万人增长到 390 万人。

形成上述现象的原因在于，用户留存时长的提升效果在一定程度上等效于单位时间内新增活跃用户数量的增加，当购买转化率不变时，在架商品品类数量及相应的供应商数量必须有大幅提升才能产生以上效果。从总体上看，用户留存时长的提升对跨境电商平台供应链带来的影响，与提升单位时间内新增活跃用户的数量是基本相同的，只是平台和供应商对已有用户的维护成本会低于新增用户，但需要更好地发掘其需求潜力。

（5）购买转化率影响

如果将单位时间内的购买转化率从目前的 2.04% 提升一倍至 4.08%，则仿真结果如图 4.13 所示。

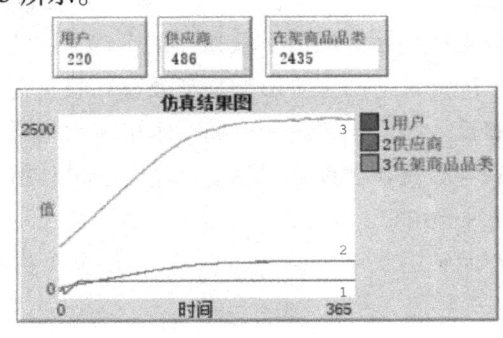

图 4.13　商品购买转化率变更结果

通过图 4.8 和图 4.13 对比可见，当购买转化率提升之后，能够维持在平台的在架商品品类数量及相应的供应商数量均会显著增加。图中显示，供应商数量从 279 个增加到了 486 个，商品品类数量从 13.89 万种增加到了 24.35 万种。

形成上述现象的原因在于，购买转化率的提升会导致更多的商品被购买，从而使得商品品类的流失减少，由此促进了供应商在平台投放更多的商品品类，并使得能够维持在平台的供应商数量显著增加。因此，购买转化率的提升对跨境电商平台供应链带来的影响，将使得更多的供应商加入平台，平台和供应商的效率和获益也将得到显著提升。

4.3.3.2 仿真结果分析

从仿真实验结果来看，如果要提升能够维持在平台的供应商规模，增加跨境电商平台和供应商的收益，可以通过提升单位时间内的新增用户数量、提升购买转化率或提升单位时间内新发布的商品品类数量三种主要措施来实现。

(1) 提升新增用户数量

仿真结果表明，通过提升单位时间内的新增用户数量可以让活跃用户的数量保持在较高水平，并促进商品的购买，减少商品品类的流失，使得能够维持在平台上的在架商品品类数量及相应的供应商规模均获得大幅提升，平台和供应商均能获得很好的收益，提升用户的留存时长所产生的效果也与此基本相同。但是，上述措施需要投入大量的广告费用，并增加用户的维护成本。

(2) 提升购买转化率

仿真结果表明，提升购买转化率也使得能够维持在平台上的在架商品品类数量及相应的供应商规模获得大幅提升，大大增加了平台和供应商的收益。但是，购买转化率的提升是一个长期的过程，需要深入发掘用户的需求和采取多种营销措施，从用户体验、价格、服务等多个方面进行努力才能实现。

(3) 提升商品品类数量

仿真结果表明，提升单位时间内新发布的商品品类数量，也可使得能够维持在平台上的在架商品品类数量及相应的供应商规模获得提升。但是，这要求有更多的供应商加入平台并不断发布新的商品品类。此外，在购买转化率保持不变时，可购买品类将趋于稳定。因此，上述措施只适合在平台发展初期采用。

4.3.4 供应链关键影响指标分析

跨境电商的供应链组织是以国际市场变化为导向、针对具体订单的特点与要求而形成的按需供应模式（沈洁等，2018），其供应链具有灵活多样的软性结构特征，传统的供应链建模仿真方法难以对其复杂的变化特征进行有效的描述和分析。为此，首先分析了跨境电商的基本运营模式及其供应链关系，然后基于广义生态群落理论的新视角，采用多 Agent 生态群落建模方法和 NetLogo 工具对影响跨境电商供应链生态群落的关键要素做了仿真分析。从仿真结果上来看，主要的结论如下。

① 在跨境电商平台发展的初期阶段，主要通过提升单位时间内新发布的商品品类数量和增加广告投放促进新增用户数量，来实现平台及供应商规律地快速发展，而延长商品在架时间的措施对于上述作用是有限的。

② 当跨境电商平台经历了快速增长期以后，主要的措施应该围绕着提升购买转化率和用户留存时长来考虑。由于购买转化率、用户留存时长与对用户需求的深入发掘以及供应商提供的商品质量、展示丰富度等密切相关，因而供应商除了通过选择"高留存、多用户"的平台来扩大自己的规模之外，更加重要的是要考虑如何与平台一起获得效益和双赢。例如，为平台提供高品质的商品或价廉物美的商品，增强用户体验，从而达到提升购买转化率和用户留存时间的目的。在跨境电商按需采供的软性供应链模式下，以上措施会对加入平台的供应商数量及其维护成本、营销成本产生相应的传导效应。

本节基于广义生态群落理论对跨境电商软性供应链的特征及其主要影响因素做了仿真分析，主要意义主要体现在以下两个方面：一是弥补了传统供应链建模仿真方法的不足，为从复杂关联和动态演进的生态学关系研究跨境电商及其供应链提供了新的理论与方法；二是通过仿真分析，从跨境电商平台的可观测指标角度把握了对其生态群落影响的主要因素，为跨境电商平台及其供应商的发展提供了有效的措施与对策。在今后的研究中，可对跨境电商供应链生态群落的系统性内在机理作进一步深入探索，构建更为完善的动态过程机理模型，并结合政策环境、国际贸易变化进行大数据分析，从内在机理建模与宏观大数据分析相结合的角度展开更深入的系统性研究。

4.4 本章小结

本章对创业企业成长指标及仿真进行研究，首先介绍了创业企业成长指标的选取，包括指标设置原则和评价指标选取；接着介绍创业企业的评价指标计算，主要涉及模糊综合评价模型、各级判断矩阵构建、指标权重系数计算和模糊综合评价分析算等；然后介绍了基于生态群落的指标仿真研究，以众多创业者所选择的跨境电商的供应链指标为例，采用 Netlogo 软件对商品品类数量、商品品类在架时长、新增用户数量、用户留存时长、购买转化率等指标进行仿真研究，在企业成长的观测和分析上进行了新的研究手段的探索，为今后的同类研究提供参考。

第 5 章　创业企业的成长约束及瓶颈分析

5.1　约束理论及瓶颈的产生

5.1.1　约束理论核心思想

约束理论（Theory of Constraints，TOC），又称瓶颈理论，最早是由当代企业管理大师艾利·高德拉特（Eliyahu M. Goldratt）提出的，他在 1984 年所著的 *The Goal* 一书中阐述了约束理论的思想和内容。该书作为最早阐述约束理论的文献，描述了当年很多公司在运营时遭遇到的瓶颈问题。在约束理论看来，每个系统都存在一个或多个约束，想要提升系统的产出，就需要破除约束。

约束理论的核心思想归纳起来就是：系统的产出取决于系统所在的约束要素，这与"木桶原理"的道理类似，木桶所能装水的容量取决于木桶的最短木板。约束理论认为，系统整体的最优化产出是由约束环节的最优化产出决定的，假设系统是由一系列相互扣连的环组成的，此时系统的稳固性是由所有部件环中最弱的一环来决定的，因此想要提升系统的稳固性，就必须从组成的部件环中最弱的环下手，对其进行改善或替换，才会提升整个系统的稳固性。换而言之，如果企业目标的实现由约束环来决定，那么就必须巩固和加强该约束，才会保证实现企业原定的目标。创业企业也不例外，在其成长过程中难免会遇到战略、资源、团队、运营等方面的各种瓶颈。

5.1.2　企业瓶颈起因分析

新创企业在成立后，在成长过程中不会一帆风顺，往往会遇到很多障碍，例如，管理能力的不足、机会难以识别、资金的约束等，需要对上述障碍进行规避和有效应对，企业才能获得更好的发展。尤其是在经历初创阶段后迈入成长期，此时的创业企业虽然有了一些生存的基础，但在其成长过程中仍然会面临一系列的瓶颈。这些瓶颈的产生原因较多，但主要来自以下几个方面。

（1）管理能力的不足

企业管理水平的高低往往是由企业领导层的管理能力决定的，领导层如果具有良好的管理知识、专业的技术和敏锐的判断力，就有助于企业做出科学合理的决策。对创业企业而言，当企业发展到一定程度，管理者一方面要面对目前企业的日常运营管理，另一方面还要考虑企业扩张。如果管理者能力不能在原有基础上提升，在当前日新月异的发展形势下，仅仅靠被动防守，不去进行扩张，是很难立足的。优秀的管理者往往善于适应环境，因时、因地、因人而异地调整管理方式，通过采用恰当的管理方法和手段，充分调动团队成员的潜力，激发他们的积极性，提升团队工作效率。反之，如果管理者管理能力不足，会导致企业员工凝聚力下降、积极性缺乏、工作效率低下等一系列阻碍企业发展的负面影响，企业在激烈的市场竞争中处于不利的境况，最终难逃被淘汰出局的结果。

（2）机会难以识别

创业企业相比成熟的大企业而言的一个明显优势就是"船小好掉头"，一旦发现商机就能迅速采取行动捕获该商机，从而使企业获得发展。但是创业企业发展到一定规模时，面临的选择多种多样，反而淹没了一些商业机会，导致机会难以被发现和识别。此时就要求创业企业在领导者个人素质提升的同时，还要建立起完善的进言奖励机制，鼓励企业所有员工大胆进言和优化企业管理决策过程。

（3）资金的约束

创业企业的成长较为快速，这要求企业具有相应的资产与其匹配，如果不能得到新的资金，企业的成长就会受到严重的制约。所以，资金要素是影响创业企业快速发展的重要因素之一。创业企业具有高风险、高投资、高成长、高回报的特点，但是这些特点不符合银行放贷许可的条件，因此通过银行去获得融资的方式基本不太可行，这无疑增大了创业企业融资的难度。创业企业的资金主要是依靠自我积累和股本扩张的方式来筹措，企业自身融资能力的强弱和在金融机构的资信水平对企业成长的影响非常大，因此，创业企业一定要注意维护自身的信誉。

（4）持续创新的不足

创业企业在成立之后，创业者关注的核心问题是企业的生存，初期创新的热情和推动力会随着投入资源的缩减而减弱，也会随着竞争对手的模仿和消费者的逐步熟悉而减弱。此时，如何让创业企业保持持续创新动能，维持市场优势，是创业企业管理层必须面对的障碍。只有建立持续创新的机制，创新企业才有更好的活力和获得更好的发展。

5.2 创业企业成长瓶颈分析

5.2.1 企业战略瓶颈分析

战略管理指的是一个企业各种战略规划工作的综合，对企业的发展起着指引作用。创业企业由于在资金实力、市场和品牌信誉方面与大型企业相比存在一定的差距，导致其发展面临各种瓶颈，其中的企业战略瓶颈就是众多创业企业常常遇到的瓶颈之一。有关企业战略的内涵，早在20世纪60年代，美国哈佛大学的肯尼斯·安德鲁斯（Kenneth R. Andrews）就从企业的内外部因素角度对企业战略的构成进行了四要素的划分，即市场机会、公司竞争力、个人价值观与动机、社会责任，其中，市场机会和社会责任是外部环境因素，公司竞争力、个人价值观和动机是企业内部因素。他指出，公司可以通过更好地配置企业资源，形成竞争优势，从而获得更好的发展。

此后，哈佛商学院教授迈克尔·波特（Michael E. Porter）从市场竞争视角对战略管理的思想进行了总结，创造性地提出了五力竞争模型和成本领先战略、差异化战略、专一聚焦战略等市场竞争战略，因而他也被商业管理界公认为"竞争战略之父"。战略管理理论发展至今，已经较为完备，企业采用成熟的战略管理语言和工具制定出正式的战略规划报告和业务计划并非难事，然而创业企业在激烈的竞争环境和巨大的生存压力下，"重生存、轻战略""重战术、轻战略"的现象较为普遍，它们在发展过程中面临的主要瓶颈如下。①设定的企业战略目标含糊、假大空。创业企业在制定企业战略目标时，未考虑企业实情，脱离实际情况，设定的战略目标不明确，过于虚飘。②选择的战略模式不合理。创业企业缺乏对企业管理战略模式系统的、全面的认知，考虑不周，导致所选战略与实际发展不匹配。③战略实施过程不坚决，缺乏执行力。创业企业在战略制定后,存在未能坚持统一领导、组织不当和执行力松懈等现象。有些企业管理者虽然已经给出了企业发展的目标和规划,做出了明确的管理意图的决定,然而该决定具体到各部门则出现大打折扣现象,导致战略实施不坚决,最终影响企业的发展,这也是常见的战略瓶颈。总的来看,上述瓶颈的产生,从机制形成视角来分析,如图 5.1 所示。

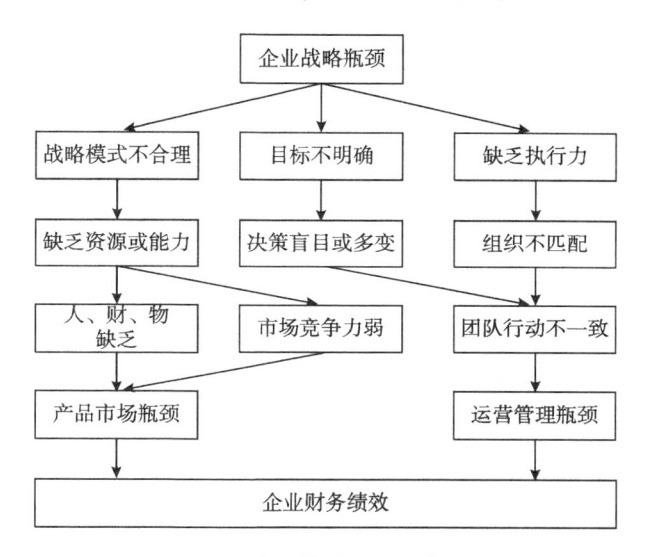

图 5.1 企业战略瓶颈形成机制

从图 5.1 可知,企业战略瓶颈的形成主要来自战略模式不合理、目标不明确和缺乏执行力,而上述三者的形成往往又是由企业缺乏资源或能力、决策盲目或多变和组织不匹配三方面导致。具体来说,企业缺乏资源或能力容易直接导致人、财、物的缺乏和市场竞争力弱,而决策盲目或多变和组织不匹配则往往引起团队行动不一致,进而造成产品市场瓶颈和运营管理瓶颈,最后都通过企业财务绩效来体现。创业企业因战略管理瓶颈而导致发展受阻,甚至面临淘汰的例子数不胜数,其中,共享单车里 OFO 小黄车创业由盛而衰的例子就很有代表性。

OFO 小黄车以"解决最后一公里的路程"为宣传口号,用户的需求是非常广大的,并且用户也拥有消费的欲望,但是他们最终却并没有成为 OFO 的"顾客",或者只是作为 OFO 的匆匆过客,之后就很快转入到竞争对手的阵营,其中一个极为重要的原因就是,遭遇到竞争对手差异化战略碾压。目前,市面上共享单车的领导者哈啰单车,当时作为 OFO 小黄车的主要竞争对手,在其推向市场时,就采用了免押金模式的差异化营销战略,与支付宝合作,无须用户缴纳押金，只需通过支付宝的扫一扫就能方便用车。该模式一经推出，就对 OFO 小黄车原有的收取 99～299 元不等的押金模式形成了碾压之势。

OFO 小黄车在面世之初，通过收取押金形式来提供产品服务，最初确实为其迅速积聚了大量的资金。用户通过网络下载 App 交付押金，便可使用单车。当竞争对手未出现时，这无疑是成功的；然而，当竞争对手推出更方便、更简洁的单车使用方式时，押金模式则成为败笔。而且，在退还押金上，OFO 小黄车还被屡屡曝出兑现难、诚信等一系列问题，例如：承诺 7 日内能收到的押金几个月后仍未到账，客服电话无人接听，退款程序繁琐，费时费力等，很多用户自认倒霉，放弃押金。如此一来，OFO 小黄车的企业形象和信誉在用户心中就大大降低，市场竞争力也就一落千丈。

5.2.2 运营管理瓶颈分析

运营管理指的是企业在其产品生产和服务创造过程中的各项管理工作，包括企业经营过程中的计划、组织、领导和控制。创业企业从创立之初，到之后的日常经营，每时每刻均与运营管理密切相关，而且会不可避免地遭遇到运营瓶颈。运营瓶颈也被称为运营流动瓶颈，对创业企业而言，运营瓶颈是创业企业发展过程中的拦路虎。由于创业企业在融资能力、市场占有率、盈利能力、生产规模和抵抗风险等方面所呈现出的弱势，使得其在发展过程中如果遭遇运营瓶颈就必须谨慎应对，如果应对不当，轻则企业发展受阻，重则企业走向衰退甚至灭亡。因此，创业企业只有成功克服运营瓶颈才会获得发展。从约束理论视角来看，企业的运营可看成由一串流动的要素组成，运营管理的成效是通过要素流动的快慢来体现的。企业运营管理的目的就是要最大限度地保证要素的快速流动，实现产出最大化。要素流动式企业运营管理如图 5.2 所示。

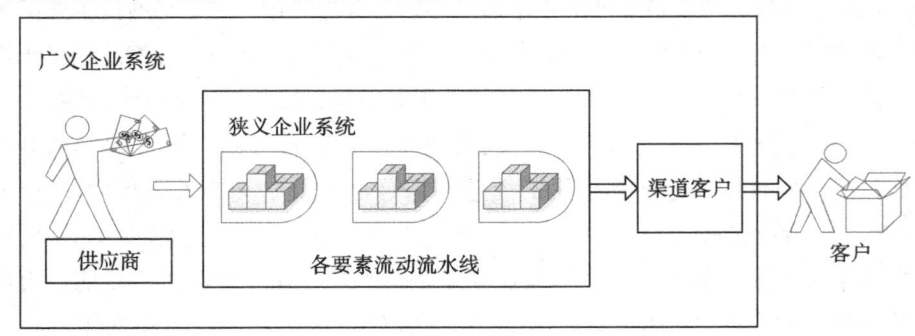

图 5.2　要素流动式企业运营管理

在约束理论的要素流动式企业运营管理模式下，单向流水线式要素流动是最为常见的一种业务运营方式。在这种运营方式下，企业从供应商处采购原材料，因而原材料作为初始端的输入进入系统，然后经过一个或多个制造加工环节形成成品，在完成包装后进入仓库，在获得渠道客户的销售订单后，通过物流发送给客户。目前，我国大多数传统制造企业的企业运营都符合上述运营方式。如果把该运营系统看成一根流水管道，那么运营瓶颈的直接体现就是该流水管道的管径最细处。在该瓶颈处，输入端要素积压，输出端只有最细管径要素流出，在此之后的管径均处于不饱和状态，很显然，因为有运营瓶颈存在，因而，通过该管径的企业运营最后是无法获得最大化产出的。

在流水线式的生产运营方式之外，还有一种运营方式是项目式运营。在该方式下的企业运营，可看成是多个项目并行运行，如项目咨询行业、工程行业等行业内的企业，它们以项目来进行业务结算，企业运营由一个或多个项目构成，系统的有效输出由每个项目完工的有效输出总和构成。因此，除了流动瓶颈外，项目瓶颈是企业运营瓶颈的另一类表现方式。项目在实施过程中受阻，导致订单交付延期，造成项目成员赶工、成本加剧、项目质量下降、潜在隐患增加、客户不满意等一系列连锁反应，最终影响运营管理绩效。例如，企业战略咨询项目、新产品研发投入项目、IT投资项目等，均涉及跨部门甚至跨公司的团队合作，这些项目的输出不是以立刻就能看得到的量化产品形式存在，而是以效率提升或未来增长的形式呈现。因此，在以上分析基础上，将创业企业运营瓶颈的表现途径归纳为图5.3所示（戴永辉，2019）。

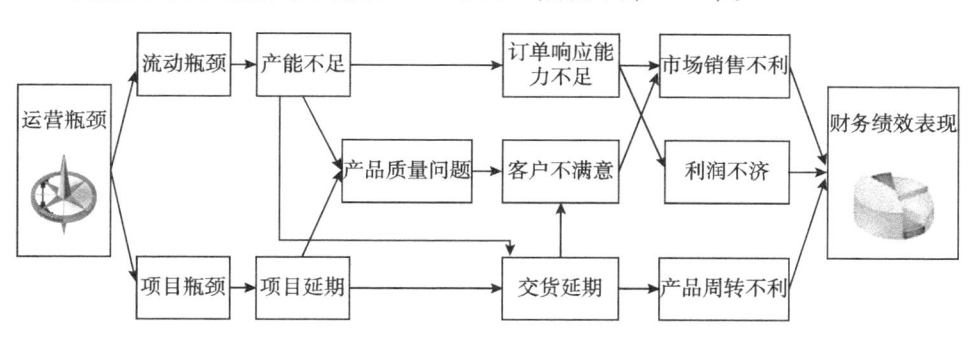

图 5.3 运营瓶颈表现途径

从图5.3可知，运营瓶颈可看成由流动瓶颈和项目瓶颈所构成，其中流动瓶颈的表现途径可归结为产能不足、产品质量问题、订单响应能力不足、客户不满意、市场销售不利和利润不济，项目瓶颈的表现途径可归结为项目延期、交货延期、产品周转不利,而运营瓶颈最终通过市场销售不利、利润不济和产品生产效率低三方面综合而成的财务绩效表现来体现。

在分析创业企业运营管理瓶颈时,该如何来衡量企业系统的绩效产出较为关键,只有对企业的绩效产出衡量指标进行了统一的制定,才能在一致性的前提下进行对比与分析。为此,结合企业调研与约束理论思想,约定投资回报率(Return on Investment,ROI)作为绩效产出的衡量指标。由于 ROI 是由企业净利润与资金占用来决定的,其中,企业净利润又是由有效产出和企业运营费用来决定的,而有效产出则可通过销售收入和毛利率来反映,因此,创业企业的最终运营指标 ROI 可以看成由销售、利润和库存周转三大要素决定的,与上述要素相关的指标如下:

有效产出 = 产品销售价格 - 产品变动成本

净利润 = 有效产出 - 运营费用

投资回报率 = 净利润/投资和库存

系统效率 = 有效产出/运营费用

系统周转 = 有效产出/库存

5.2.3　企业团队瓶颈分析

企业团队瓶颈指的是企业中由于人员的问题而导致企业在发展过程中受阻的现象。优秀的团队是创业企业成长和发展的基础,很多创业企业最后失败,与遭遇到企业团队瓶颈不无关系。该瓶颈形成的原因主要有团队人员素质低、技术人员储备不足、管理层的胜任力不够和团队执行力不坚决等。由于创业团队领导者对团队的认识往往比较模糊或不甚了解,他们甚至会觉得团队建设就是把有本事的员工聚到一起来做事,如此一来,最后的结果也就可想而知。实际上,要建立一个高效的团队并非易事,涉及管理团队规模、团队沟通和团队文化等多个方面。

在管理团队规模方面,"邓巴数",即 150 定律,经常被学者们所提及。该定律是由英国牛津大学的人类学家罗宾·邓巴(Robin Dunbar)最早在 20 世纪 90 年代提出。他指出,决定人类认知能力的大脑皮层是有限制的,它只能使每人大约与 148 人维持稳定人际关系,四舍五入就是 150 人。数字 150 具体来说是指人们经常交往的朋友数量。换言之,每个人对于维系他的群体关系规模的人数上限为 150。如果超过该数字,只能依托规章制度、法律以及执行标准等来进行维持。在创业企业运行初期,团队成员之间的沟通往往很顺畅,

第 5 章 创业企业的成长约束及瓶颈分析

大家的观念一致，行动上也一致。然而，随着团队人员的增加，当企业的规模从十来人增加到几十人甚至几百人的时候，原本流畅的沟通开始受到影响，由于组织内部层级的出现，公司最高层的指令传达到最基层时，可能出现一些偏差，并且偏差的概率往往较大，造成团队人员增长并没有给公司业绩带来线性增长，反而产生障碍。此时，由于 150 定律的存在，创业初期的人与人之间顺畅的沟通交流方式已不适用，因此需要打破 150 定律，采用团队行为规范，建立行为体系和企业文化才能确保办事的效率和企业获得成长。创业企业团队瓶颈的表现途径，归纳起来如图 5.4 所示。

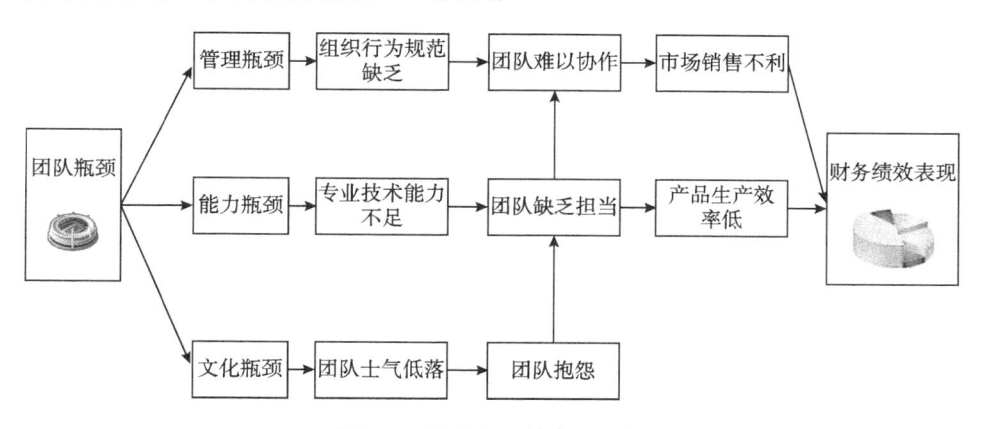

图 5.4　团队瓶颈的表现途径

从图 5.4 可知，团队瓶颈可看成是由管理瓶颈、能力瓶颈和文化瓶颈所构成，其中，管理瓶颈的表现途径可归结为组织行为规范缺乏、团队难以协作、市场销售不利；能力瓶颈的表现途径可归结为专业技术能力不足、团队缺乏担当、产品生产效率低；文化瓶颈的表现途径则可归纳为团队士气低落和团队抱怨。在上述表现途径当中，团队抱怨引发团队缺乏担当，导致团队难以协作和产品生产效率低，而团队瓶颈最终通过市场销售不利和产品生产效率低两方面综合而成的财务绩效表现来体现。

创业企业在成立之后，要考虑的一个基本问题就是如何建立团队和进行团队管理。在创业初期，有可能独自创业，也有可能合伙创业，不管采用上述两种方式中的哪一种，通常企业在后续经营时，往往会拿出一些股份进行激励或吸引优秀人才加入。例如，华为公司就是一个较为典型的案例，公司采用的就是一种高效的人才吸引和股权激励机制。华为之所以能取得目前这样的成就，与其特有的员工持股计划不无关系。在创业初期，华为采用的是内部融资、员工持股的方案，员工的薪酬来自工资、奖金和股票分红，上述三部分在薪酬里的占比基本相当。其中，员工进入公司一年以后才有资格购买股票，公司根据员工的职位、绩效、任职资格状况等因素进行配额，如果购买者资金不够，公司会帮助员工去银行贷款。到现在，华为的股权激励方案经历了一些修改，例如，采用5年为一期的激励方式，通过设置5年的激励期来鞭策和激发员工做出贡献：员工在第一年，会获得股权配额，但是没有分红；第二年开始才会有分红，然而每年的分红只有1/3；一直要持续到第5年，员工才能拿到所持股份的全部分红，而当第5年的期限结束之后，他的股权会重新归零，从头开始。采用这种定期归零的股权方式，为的是解决公司发展到一定规模之后，当年的一些创始元老们不再进取，甘愿坐享其成这一问题。这种激励方式的益处在于，它能够极大地激发员工工作的积极性，但同时也带来了一些问题，如如何平衡持股员工与非持股员工的利益矛盾、持股较少的领袖怎样牢牢掌握公司等。因此，是否采用这种激励员工的模式需要企业慎重考虑，要根据自己企业的实情来抉择。

能力瓶颈，指的是创业企业团队拥有的能力与公司业务所需求的专业技术能力之间存在的差距。由于管理团队的能力有限，无法应对企业发展所需要的市场开拓、产品开发、品牌建设、成本控制、物流与库存管理等方面的专业能力需求，就会表现出对问题进行逃避，忽视瓶颈的存在，挑选自己能做的工作，表现出"自己已经尽力"，但是对系统整体而言，在财务绩效上没有贡献。

文化瓶颈，指的是团队缺乏企业文化，团队成员内心缺乏意愿与担当，缺乏为绩效卓越而努力的精神，影响公司整体绩效。团队文化是组织里团队成员对战略愿景、价值观、原则等默认的一种共同认同，团队文化的具体体现是组织的行为方式，如员工在日常的沟通、协作和项目执行等，而不是管理层会议或纸面上的口号，具体表现为组织氛围与激励状态。良好的组织文化的形成需要长年累月的组织沉淀，需要领导者以身作则，长期坚持才能达成，并非一蹴而就。高效文化对企业的贡献是巨大的，在正确的战略与优秀的组织能力前提下，高效文化可以产生优秀的企业绩效。创业企业在初创时往往具备一种积极向上的团队精神，但是随着企业的发展，会不知不觉地产生文化瓶颈，创业企业需要去努力克服才能获得好的发展。

团队文化作为团队内部成员行为做事的标准，在企业的规章制度不够规范时，它会作为弥补，起到非常关键的作用。企业团队文化塑造与企业管理者息息相关，企业管理者是什么样的行为作风，团队文化就会有什么样的行为作风。华为的狼性文化就与其创始人任正非出身于军人密切相关。狼性文化深刻塑造了华为人的坚韧拼搏、敢打硬仗、永不言败的奋斗精神，这种精神激励员工在新的领域勇往直前、披荆斩棘、无往不利。丹尼森（Denison）在其提出的组织文化模型里指出适应性、使命、参与性与一致性这四大文化特征对组织的运营产生重大影响。例如，上述特征会对团队士气、合作意愿与主动担当产生影响。在这四大维度特征基础上，丹尼森又分出更细的考察维度，即适应性维度上的组织学习、顾客至上、创造变革等三个考察维度；使命上的愿景、目标、战略导向与意图等三个考察维度；参与性上的授权、团队导向与能力发展等三个考察维度；一致性上的核心价值观、配合、协调与整合等三个考察维度。基于上述十二个考察维度，可以较为准确地对组织的文化类型、团队工作状态和团队瓶颈进行评估判断。

5.2.4 企业资源瓶颈分析

创业企业在成长过程中，面临的资源瓶颈极为常见，如市场投入资源、团队资源或直接的财务资源瓶颈等。简而言之，企业缺乏持续投入的能力，如果不能很好地进行克服，轻则影响企业发展，重则使企业走向衰退或灭亡。团队资源瓶颈从某种意义上来说，可以看成财务瓶颈，该瓶颈不仅制约企业的成长，而且会直接危及企业的生存。创业企业资源瓶颈的表现途径，归纳起来如图 5.5 所示。

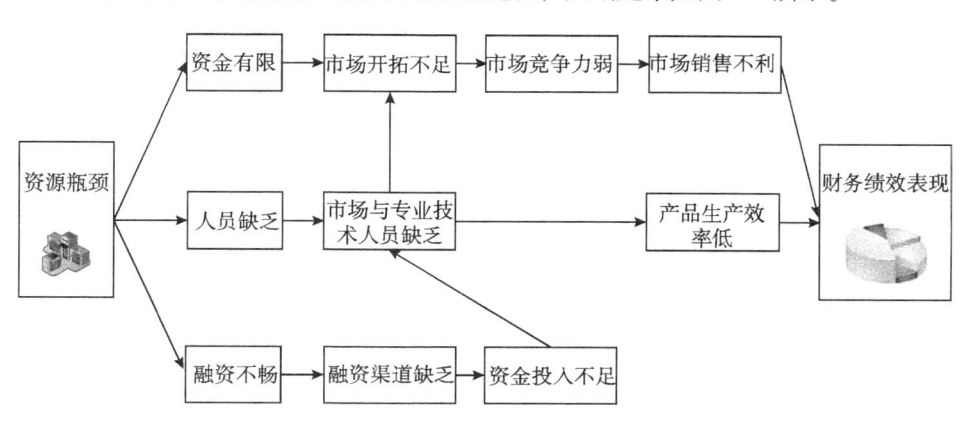

图 5.5 资源瓶颈表现途径

从图 5.5 可知，资源瓶颈可看成由资金有限、人员缺乏和融资不畅所构成的，其中资金有限的表现途径可归结为市场开拓不足、市场竞争力弱、市场销售不利；人员缺乏的表现途径可归结为市场与专业技术人员缺乏、产品生产效率低；融资不畅的表现途径则可归纳为融资渠道缺乏和资金投入不足。在上述表现途径当中，资金投入不足可导致市场与专业技术人员缺乏和市场开拓不足，而资源瓶颈最终通过市场销售不利和产品生产效率低两方面综合而成的财务绩效表现来体现。

企业在成功创立，投入初始资金进行运营后，如果处在大量资金投入的状态，其市场销售不利和产品盈利差的局面如果没有得到有效应对，则会因为初期资本金有限，资金处于持续流出，缺乏流入补充的状态，企业将很快面临运营资金不足的问题，无法及时支付原材料供应商的货款，无法支付人员工资与办公场所租金费用，更无法谈及团队建设与运营管理。资源瓶颈将直接导致企业发展受阻，容易造成企业运营的恶性循环，危及企业生存。中国创业资本市场自从2008年创业板开启以来得到大幅发展，进入了创业投资行业的黄金时代。在"大众创业、万众创新"的号召下，众多私募股权投资机构（PE）和创投机构（VC）以实际行动支持创新创业这一战略新兴产业，扶持新业态，培育新动能，创新创业已成为推动中国经济结构转型升级的新引擎。尽管创新创业项目不断涌现，但是在投资人眼里，"不缺钱、好项目缺"成为他们最常说的口头禅，好项目难找是他们近年来的切身感受。对于创业者来说，面临资源瓶颈急需融资帮助的时候，如果自身项目缺乏成长性或造血能力不足，往往也难以得到资本市场的青睐，融资困难。大多数投资人善于做的事情是锦上添花，少有雪中送炭。这也提醒创业者需要用心去做事，成为创业的真正实干家，不要还在谋划创业时，就已经开始依赖市场上的创业资本，将大量的心思花在讲故事拉风险投资上。冲着风险投资去创业的创业者结局往往不乐观。这类创业者习惯于做表面文章，在广告渠道上疯狂投入，用多轮融资来逃避或掩盖公司持续造血能力缺乏或亏损的事实，最终如果融资跟不上资金投入的速度，公司终将难逃溃败或关门的结局。在这方面，拉手网就是一个典型的例子。

拉手网成立于2009年，创始人对公司的定位是一家团购网站。2010年6月，公司刚成立不久便获得来自泰山天使基金、金沙江投资和国外天使投资人的三笔A轮投资，累计融资金额达到500万美元。2010年12月，拉手网获得B轮风险投资，融资金额为5000万美元，估值超过数亿美元。此后，2011年4月，拉手网再次获得C轮风险投资，融资金额为1.11亿美元。短短的不到一年时间，拉手网相继获得资本市场的A轮、B轮、C轮投资，共计1.66亿美元，公司估值高达11亿美元，在当时创造了互联网史上最短时间内获得估值最高的神话。拉手网当时已经成为团购行业的翘楚，不得不说创始人的融资吸金能力极强，融资之后开始疯狂扩张，在全国近 200 个城市开设分部，不断将大量资金放在广告投入上，将融到的大量的钱花在聘请明星代言以及电视、电台、互联网、地铁、公交车站牌与车身等广告媒体上，由于缺乏足够的管理经验和缺少真正懂行的运营管理人才，随着团购进入门槛的放低，大量竞争对手涌入，尤其是美团的崛起，抢夺了拉手网大量的市场份额，而拉手网在 2011 年 IPO 受挫之后，一蹶不振，而团购行业则进入了资本寒冬，拉手网没能继续获得融资。2014 年，随着拉手网被宏图三胞集团收购，创始人吴波离开，红极一时的团购网站巨头拉手网黯然退场。因此，创业企业如果不善经营，不能妥善处理资源瓶颈，将陷入发展困境；而经营有道的创业企业，能根据自身业务模式特点，扬长避短，不断提升自身造血功能，吸引外部融资来应对资源瓶颈，最终跨过瓶颈，迎来大好的发展前景。

5.3 创业企业成长瓶颈应对

5.3.1 企业战略瓶颈应对

从前面的分析中可知，创业企业战略瓶颈的形成主要来自战略模式不合理、目标不明确和缺乏执行力。因此，可以从以下几方面进行突破。

（1）根据自身实情，制定明确、合理的战略目标

对于创业企业而言，创业过程存在的变数太多，存在的诱惑也很多。因此，一定要能够清醒地认识自己，有自知之明，在企业战略目标的制定上，切勿好高骛远，而是要根据自身实情，制定合理的战略目标。目标制定的合理，才能够激发员工动力，发挥目标的引导作用。反之，如果目标制定的不合理，如所设定的目标过高，大大超出员工能力范围，则会使员工丧失积极性，起到负面的作用；而所设定的目标太低，能轻易达到，一方面无法发挥出员工的潜力，另一方面使得企业需要经常变更目标，未能发挥出战略目标作为企业发展的指示灯作用，则同样不利于企业发展。战略目标多变容易引起团队混乱，缺乏明确一致的方向。因此，创业企业只有在明确认识到自身的不足，充分了解创业发展面临的困境的基础上制定出合理的战略目标，才是取胜之道。

（2）充分调研，机警抉择企业战略模式

如果企业战略制定错误，将直接断送创业企业成长的前景。许多创业失败

案例，包括一些大企业的大败局，都可以直接归咎于战略错误。创业者信心满满地制定出自以为成功的战略，绘制出企业的目标市场、业务模式、价值定位、发展路径的宏伟蓝图，然而现实却给以无情的打击，结果与当初美好的想象偏差过大，导致企业遭遇危机，市场开拓受阻或运营堪忧，如此一来，企业成长举步维艰。因此，在战略模式的选择上，一定要充分调研，对企业自身、所在行业、竞争对手、潜在客户等进行充分的调研和论证，对机会与威胁进行充分的分析，既需要创业者果断、勇敢，还需要创业者具备谨慎而善于反思的精神。

（3）上下一心，坚决贯彻战略意图

创业企业在巨大的生存压力下，更加注重的是行动，往往忽视战略思考。实际上，战略对于创业企业而言非常重要。战略规划通常反映了企业自身面临的机会和威胁，是企业根据自身实力和优缺点来制定的，阐述了企业的任务、目标、政策与方针。战略的执行需要公司整体从纵向和横向各层级各部门相互协调一致，如果存在各战略要素不匹配，战略或成为一纸空文，或造成执行混乱，引发团队部门之间的纷争。因此，战略一旦制定，就要坚定地贯彻实施，这样才能发挥出其应有的效能。

5.3.2 运营管理瓶颈应对

从前面的分析可知，创业企业运营管理瓶颈的形成主要来自要素的流动和项目瓶颈，因此，可以从以下几方面进行突破。

（1）流动瓶颈的应对方法

流动瓶颈直接表现为系统整体产能不足，即运营系统的整体流量不足，其本质是产能瓶颈，而产能不足最直观的成因是创业企业的资源限制。由于多数的创业企业初期底子较薄，企业的人员与设备、财务资源相对有限，导致系统整体产能受限，当外部需求增长时，内部供应就会出现难以匹配的状况。所以，流动瓶颈的存在是创业企业的自然属性，而不是一项令人头疼的"问题"。管理者需要在整体资源限制的现实条件下去面对和解决它。具体来说，就是针对产能不足、产品质量问题、订单响应能力不足、客户不满意等问题，想方设法地去募集资源，拓宽流动瓶颈关口，加快因素流动，提升整体输出成效。例如，订单需求不足是市场瓶颈的直接表现，极大地困扰了众多的创业企业，因而，一些创业企业采取的应对方法就是老板亲自抓市场，作为公司资源最广的人，以自己的各种人脉、资源关系来开拓市场。

此外，基于4P，产品（Product）、价格（Price）、渠道（Place）和推广

（Promotion）和 4C 理论，客户（Consumer）、成本（Cost）、便利（Convenience）和沟通（Communication）应对流动瓶颈也是创业企业必须掌握的策略。在 4P 和 4C 营销理论看来，市场需求的扩充，订单需求的增加，往往是由产品要素、营销要素与渠道要素等三大要素来决定的，针对不同行业企业、不同市场的瓶颈状态所投入的解决力量会因情况而变，不是千篇一律，而是有所侧重。首先是产品要素，它涵盖产品、价格、消费者和顾客成本接受度等多项要素，意味着企业的产品或服务的价值内涵，它所应对的是市场与潜在市场需求；营销要素涵盖推广和消费者沟通等要素，即企业的品牌管理与沟通行为，造成目标市场顾客和消费者对企业、产品与服务的认知印象；渠道要素涵盖渠道和消费者购买的方便性，即销售开展的有效性，也就是是否可让订单容易发生、快速发生。一旦创业企业遭遇到系统流动速度瓶颈，如何去克服它进而实现系统整体产能输出的改善，这是所有创业企业都关心的问题。本书在此给出约束理论中的持续改善流程五步法 POOGI（Process of On-Going Improvement）来进行应对。该方法是约束理论在处理运营改善中使用的核心方法，包含如下步骤。

第一步，约束界定。通过对企业整个运转系统进行调研和分析，对影响产出的问题进行剥析，直至查明真相，揭示根源问题，对约束要素完成界定。

第二步，潜力挖掘。对企业潜力进行整体评估，基于已有的人、财、物等资源与潜力进行充分挖掘，最大限度地减少约束要素对产出的影响。

第三步，服从制约。从整体角度进行统一调配，调整或暂停其他非制约环节要素的运作，全力支持与配合解决制约要素瓶颈，提升制约要素的产出。

第四步，加大投入。如果在前三步完成之后，系统产出仍不能满足需求，则需要加大资源投入，如在人员、设备等方面的投资，以便减少制约环节的约束，提升最终的产出能力。

第五步，返回到第一步，重新界定。当制约环节的产出能力获得改善之后，影响系统成效的制约要素发生了转移，此时需要回到第一步，对新的制约要素进行重新界定，然后再依次执行第二步到第五步这五个步骤，不断迭代，从而实现系统产出能力的持续改善。

（2）项目瓶颈的应对方法

针对项目瓶颈表现出的项目延期、交货延期、产品周转不利等情况，可以采取两方面的方法来应对：一方面是借用项目管理工具来提升项目管理效率，另一方面是加强员工培训来提升员工素质。作为管理学的一个重要分支学科，项目管理在现代社会生活中越来越重要，它指的是在项目活动中运用专门的知识、技能、工具和方法，使项目能够在有限的资源条件下，达到预定目的的过程。为了对项目进行高效的管理，一系列技术和工具被应用到项目管理中来，其中最具代表性的项目管理技术和工具有关键链项目管理（CCPM）、关键路径方法（CPM）、计划评审技术（PERT）和甘特图（Gantt Chart）。

关键链项目管理，指的是将项目进行分段式管理，关注每个分段的计划与按时完工情况、导致资源冲突与工期浪费的情况以及项目超预算的问题等。关键链项目管理采用的是接力式管理方式，每个任务以接力棒的形式传递到下一道任务。对创业企业而言，应用关键链项目管理方法能有效应对项目瓶颈，提升企业内部运营的流动速度。例如，在对新产品投入、重要工程投资等企业重大战略项目推进时，传统的做法是预留缓冲时间，这样导致时间耗费。如果应用关键链项目管理方式来对待项目计划，对其进行调整，不在具体任务上设置缓冲时间，而是在项目整体安全性上预留缓冲时间，就能保证项目快速地推进，赢得市场。

甘特图（Gantt Chart）是以亨利·甘特先生命名的，是由他发明的一个用条形图来表示项目进度的图示工具。它将工作任务进行作业时间排序，将工作活动与时间联系起来，以简单、醒目的方式呈现。它已经成为项目进程管理的重要工具。微软公司基于开发的 Project Management 管理软件，能方便地绘制出甘特图，已经在项目管理中得以广泛使用。一个较为经典的甘特图如图 5.6 所示。

项目阶段	第1个月				第2个月				第3个月			
	W1	W2	W3	W4	W5	W6	W7	W8	W9	W10	W11	W12
P0 合同签署												
P1 设备交付												
双方沟通												
设备确认												
设备运输												
部署文档确认												
P2 安装调试												
设备进场												
安装调试												
P3 验收交接												
测试												
交付文档												
培训												
验收												
P4 项目完工												

图 5.6　甘特图示例

5.3.3 企业团队瓶颈应对

从前面的分析中可知，创业团队瓶颈的形成主要来自组织行为规范缺乏、团队难以协作和团队文化缺乏，因此，可以从以下几方面进行突破。

（1）团队建设要有标准

无规矩不成方圆，团队建设也是一样。团队的建设发展必须依赖于明确、科学合理的标准，但中国大多数企业，尤其是成长型企业往往是最没有标准的，最后导致的结果就是：要么没团队，要么即使有团队，也是仅凭一人之力硬撑着，永远做不大。对任何企业来说，仅仅把员工聚集起来是不够的，一个好的团队是有很多标准的。怎样去组建团队，要招哪些人，这些人能做什么等，都是有严格衡量标准的。这就像盖楼房，房子将来的稳固程度取决于构架的设计是否合理。

塑造团队文化要身先士卒，必须带头。当一项工作来临时，你的态度是什么样子的，你的团队所有眼睛都看着你。对于团队内出现的不良现象，一定在第一时间给予制止，比如团队内部有人提交工作不及时，做得不到位等，可利用座谈会将此现象扼杀在摇篮当中。团队中要允许听到多种声音，如果团队中只剩下老板的声音，那么这个团队也就完了。因此，要打造一个优秀团队，领导人起着重要作用。领导人除了要有意志力，还要有"肚里能撑船"的胸怀，鼓励团队成员提出批评意见，并认真对待，有则改之，无则加勉。

（2）发扬团结协作精神

把企业想象成一盘棋，每个人就是棋子，棋子之间的配合就是部门之间的配合。只靠一个人或某个部门的付出和努力是无法获得成功的，需要全局一盘棋，企业各部门一起努力，共同协作和紧密配合，才能一步一步前进，实现公司的目标。如果部门、同事之间相互推诿，互不配合、缺乏合作，实行单兵作战，那么很难发挥出团队优势，无法达到一加一大于二的团队效应。因此，要想克服团队瓶颈，就必须发扬主人翁精神，摒弃本位主义，多一些理解与尊重，齐心协力，劲往一处使，为企业的发展出力。

对于团队成员来讲，都希望自己业绩好、人缘好、领导重视、下属爱戴，但假如每个人都奔着这样的目标干工作，团队就会分崩离析了。因此，团队中需要有人愿意做绿叶。

（3）建立无间隙的沟通方式

沟通是团队建设的重要内容，是为了让大家增进了解。良好的沟通充满了快乐，沟通需要建立在平等和互相尊重的基础上，如果缺乏尊重，那么双方的沟通必然不畅。创业企业尤其要注意沟通，可以采取召开会议、团队活动、电话、微信、电子邮件等形式进行沟通，如果条件允许，最好是开展面对面的沟通，这样不仅能了解文字意思，还能够感受到对方的肢体语言包含的内容，可以进一步增进团队成员间的交流与认知，是最有效的一种沟通方式。

5.3.4 企业资源瓶颈应对

从前面的分析可知，创业企业资源瓶颈的形成主要来自资金有限、人员缺乏和融资不畅，因此，可以从以下几方面进行突破。

（1）积极整合外部资源，多方面着手破除瓶颈

创业企业的成长需要充分利用外部资源，如社会关系网络的拓展、融资渠道、开设分支机构等，在企业处于人力、物力、财力资源跟不上发展速度时，借助他人或第三方的力量使自己获得发展尤为重要。拥有的社会关系网络更深和更广的企业对商机的把握会更加敏感，也会比那些社会网络浅的企业更容易抓住机会。此外，企业的发展离不开人，如何吸引人才、发挥人才效应、留住人才对于企业的发展非常重要，企业只有建立了完备、良好的人力资源管理体制，员工才会安心，才会愿意与企业共同发展。

（2）保持敏锐的眼光，多触角寻找机会

为了识别机会和捕获机会，创业企业高层领导一定要密切关注行业环境和市场环境的变化，保持对新技术、新理念和新产品的学习热情，多触角和多方面地去寻找机会，如采用以下的一些应对方式。

① 充分利用以往经验去发现机会。有调查表明，70%左右的机会来自复制或修改以前的想法或创意，而不是全新创业机会的发现。因此，以往的经验在一些特定产业里有助于发现机会。例如，滴滴打车、爱彼迎（Airbnb）等就是借助共享经济在其他行业的成功经验发展起来的。

② 依托自己的专业知识和认知去寻找机会。创业企业的管理者或者员工拥有领域内专业知识更多时，往往会对该领域内的机会比其他人更具警觉性与敏感性，更能摆脱"当局者迷，旁观者清"的窘境。有研究表明，与创业机会识别相关的能力主要有洞察和远见能力、行业或领域知识经验与储备能力、信息获取与分析能力、环境变化与技术趋势预测能力、社会关系拓展与维护能力等。

5.4 本章小结

本章从约束理论视角对创业企业成长约束及瓶颈进行了研究。首先对约束理论和企业瓶颈的产生进行介绍；然后对创业企业成长瓶颈进行分析，包括企业战略瓶颈分析、运营管理瓶颈分析、企业团队瓶颈分析和企业资源瓶颈分析；最后对创业企业成长瓶颈应对做了阐述，包括企业战略瓶颈应对、运营管理瓶颈应对、企业团队瓶颈应对和企业资源瓶颈应对等。

第6章 基于系统动力学的创业成长研究

6.1 系统动力学的原理与方法

6.1.1 系统动力学的基本原理

系统动力学（System Dynamics，SD），最初是由美国麻省理工学院的福瑞斯特（J. W. Forrester）教授在1956年提出来的，是为了分析企业的生产管理和库存管理中出现的问题的一种系统仿真方法，最开始被标为"工业动态学"，是分析和研究信息反馈系统的一门学科，属于认识系统问题并且解决系统问题的交叉型综合学科。

系统分析学是建立在运筹学的基础上，为了适应现代社会系统的管理需求发展起来的，它是对事物整体的本质进行思考，把结构、功能以及历史的方法融合为一个整体，进而提高整体人类组织的"智力"。这也是一些综合性学科所共有的特征，如混沌理论（Chaos Theory）与复杂性学科（Science of Complexity）。从哲学的角度来说，系统动力学并不是仅仅依据抽象的假设就做出某一现象或问题的答案，而是以现实存在为前提，不是追求完美解，而是从整体的角度出发寻求改善整体系统行为的机会和途径。从技巧的角度来说，系统动力学不是仅仅依据数学模型的推演与推算获得最终的结果，而是根据实际的系统观测信息建立动态的仿真模型，再通过计算机的运行得出对未来行动的预测与描述。总的来说，系统动力学也就是一种研究社会系统动态行为的计算机仿真的方法。具体来看，它主要包括三方面的内容。①系统动力学以控制论为基础，将不同的生命系统，如人口、经济、社会、环境、生物等都作为信息反馈系统来进行研究，其中最主要的研究对象为社会经济系统和生态系统。并且，系统动力学认为无论是什么系统都具有自己的反馈机制，这和控制论的观点一致。②系统动力学立足于整体视角，把不同系统作为研究对象，并将其划分为若干个子系统，同时在这些子系统之间建立起因果关系网络，用整体的观点来代替传统零散的元素观。③系统动力学的基本研究方法是在因果关系以及结构方程的基础上，运用计算仿真的方法建立模型，检验模型的效用并做出分析，最终为企业战略与决策的制定提供客观合理的依据。系统动力学对于问题的理解，主要是基于系统动态行为以及内在机制之间联系而获得的，通过数学模型的建立与仿真模拟的过程，挖掘出因果关系变化的结构。系统动力学里的结构，是指一组紧密相连的构成决策或行动的网络，例如，指导学生每天活动与决策的一系列相关的准则、规定或者学校政策，它决定了组织行为的特征。

6.1.2　系统动力学的分析方法

构成系统动力学结构的元件主要包括流（Flow）、积量（Level）、率量（Rate）、辅助变量（Auxiliary）四项。其中在"流"中主要分为订单流、人员流、资金流、设备流、物料流以及信息流六种，是组织运作包含的基本结构。这些"流"在企业组织的运行过程中是必不可少的元素。在企业的初始准备阶段，资金流与设备流会在人员流的带领下开始运作，紧接着物料流也会很快加入企业运作，并在设备的参与下形成企业的产品，这也就到达了企业的生产阶段。当一直存在的信息流开始向市场和消费者流动时，就进入了企业的销售阶段。最后，订单流进入企业，产品便有了去处，然而这并非终点，企业将继续通过信息流来与客户进行沟通，进而不断改善自己的产品及服务。

积量其实是代表某一时段中环境变量的状态。现实世界中，事物可能会随着时间的推移而不断变化，这个变化可能是增加也可能是减少。积量既可能是有形的，如库存水平、人员数等，也可能是无形的，如生产压力、负荷水平等，但不论是什么样的形式，积量总是作为模式中资讯的来源。积量的衡量，常用率量来表示。率量是指某一积量在单位时间内的变化速率，是一种净增加率的增加或减少，可以通过它将资讯处理转换成行动。而系统动力学的建模过程，就是通过观察系统内的这六种流之间的交互作用过程，并且认真探讨各种流的积量变化以及影响这些积量的各种率量的行为。

系统动力学自 1956 提出以来，随着自身不断在技术、管理以及工具上的更新，已经扩展到众多的领域。我国引进系统动力学的时间相对较迟，是在 20 世纪 80 年代才引入的，但是系统动力学在我国的发展很快，从国家的宏观经济到中观的区域规划，再到微观的事业单位管理，系统动力学的适用范围非常广。面对复杂又相互联系的社会环境以及频繁发生的各种经济、环境以及资源问题，系统动力学在上述研究中均发挥了重要作用。

6.2 创业成长的系统动力学视角

6.2.1 创业企业的界定与特征

与普通企业相比，创业企业往往具有更深的内涵及创意性。创业企业这个词语来自英文"Venture Enterprise"，而这个词语在英文中是指具有一定风险含义的企业，因而很多人将创业企业看成是风险型企业的一种。对于任一家企业而言，其生存与发展的过程都是具有一定风险的，尤其是对于追求创造与创新价值的创业企业更是如此。

创业企业的界定可以从多个方面来分析。从企业的生命周期角度进行界定，企业的生命周期通常包括初创、成长、成熟和衰退等阶段。创业企业可看成是初创时期的企业，在这一阶段的企业大多属于尚未有太大发展，但是在将来又一定是充满发展前景，能够得到迅速发展与扩张的企业。在这一发展阶段的企业虽然发展不是那么稳定，但它是高风险与高收益并存的结合体，这也是很多企业家们所看中的地方。从企业的行业角度来进行界定，由于创业企业具有创新前景，因而选择一些较为前沿且发展良好的行业进行创业的居多。近年来，科技型企业所创造的价值越来越高，因此将新创立的科技型企业看成是创业企业。从企业规模或者是创办的时间来进行界定，创业企业一般来说出现的时间都不是很长，我们甚至可以将时间做一个具体的限定，限定以内的都看成是创业企业。同时由于创业企业具有的发展不成熟的性质，一般发展规模都不是很大，在创业初期的企业皆以在市场中站稳脚跟为主，不会急于发展或扩大企业的规模。从创业者及企业整体是否具有创业精神的角度进行界定，从这个角度出发的界定，可以将那些极具创业精神以及敢于挑战与冒险的创业管理人员所在的企业看作是创业企业。这样的企业往往能够注意到潜在的市场需求，并且抓住市场机会。根据以上的分析，创业企业的几大特征也就十分明显了。首先，创业企业规模不大，且因为不具规模优势，通常其生产与机构都比较单一，无法与成熟的大型企业进行直接竞争，但是其所在行业是发展前景较好的行业，能比一般企业更快地对市场做出反应。其次，创业企业的人员数虽然无法跟大企业相比，但是现有的人员皆具有经验或资源，人力资本是他们初期创业的竞争优势所在。最后，创业企业具有高风险与高收益性，一旦抓住了新的市场需求并且做出了正确的反应措施，将会为创业企业带来巨大的收益以及迅速的扩张与发展；但如果失败，投资资本将无法收回，后续的发展也会无力支持，这也是创业企业最显著的特征之一。

6.2.2 创业企业成长影响因素

（1）市场因素

从系统动力学视角来看，创业企业的影响因素主要有市场因素、环境因素和创业者因素。市场因素里包括整个市场所具有的时机状况、市场的整体容量状况等。首先创业机会是能够将资源有效地整合在一起，进而去满足消费者的需求，最后实现价值创造的过程。《全球创业观察（GEM）2018/2019 中国报告》以中国和 G20 经济体创业活动的质量、环境和特征为主线，结合中国十年间创业质量的变化，对中国和 G20 经济体的创业活动进行了分析。与参加创业观察的其他国家相比，中国的创业机会始终处于优势地位。报告里指出中国创业环境的综合评价得分为 5.0 分，在 G20 经济体中排名第 6，处于靠前位置。

（2）环境因素

环境因素包括自身的科技创新水平以及外界的政策、教育水平等因素。在此以全球创业观察（GEM）创业环境评价模型进行说明。该模型主要有三个方面：解释一个国家比另一个国家经济增长更快的原因是什么；假设的条件是所有的国家经济都处在相对稳定的政治、经济以及社会历史条件下；该模型研究的机制是推动国家或者地区经济的两套模式（郭晓丹，2009）。这一模型的简要形式如图 6.1 所示。

在这个模型里，上半部分是推动国家经济增长的第一种机制，反映的是一些较为成熟的企业在一般环境条件下的地位与作用。而在虚线框里的是第二种机制，是创业活动所处的环境条件推动国家经济增长，在这个模型中表达的是创业的外部环境，包括政治、经济、社会等，这些都会影响我们的创业机会以及创业能力（包括技能和动机等），最终影响国家的经济发展。其中，影响创业活动的创业环境因素主要包括如下。

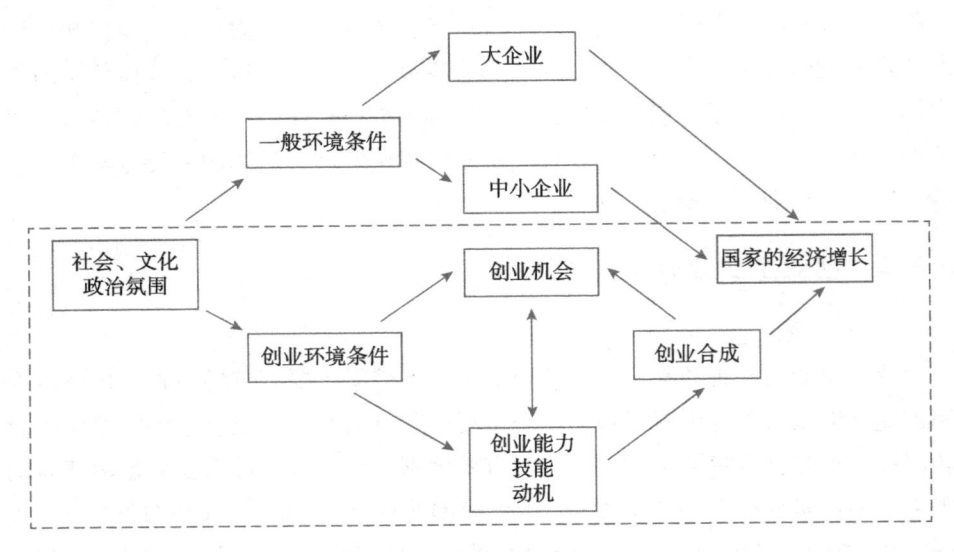

图 6.1　简要 GEM 概念模型

① 金融支持。创业活动在充足的资金支持下将会在更大空间发挥其经济性。

② 政府政策。如国家一直在鼓励创业以及近几年的大学生创新创业活动举办得越发火热，都展示出国家政策对创业活动影响的力度。

③ 教育与培训。它能够从更广泛的层面提高人们的创业热情。

④ 其他因素。如文化与社会规范、进入壁垒、有形基础设施等。

（3）创业者因素

创业者一般作为创业企业的领导者，他们的人生观、价值观以及愿景，甚至是他们的能力都会对企业活动产生一定的影响。因为大多数的领导者都在做着决策性工作，尤其是创业企业的活动初期，他们的决策往往会决定整个公司的战略方向甚至是产品的市场定位，而这些决策的制定不仅包含了决策者对公司的了解和要求，同时融入了他们本身的经验和远见卓识等个人品质的积累。

创业者所需具备的技能不仅仅停留在当前阶段，他们更应该具有足够的学习能力，能够随着社会与企业的发展而不断完善自己的能力。同时，他们的价值观也应该是与时俱进的。能够看到企业长远利益，并能够精准预测未来市场发展方向的领导者很重要。此外，虽然说学历不是最重要的创业因素，但是受教育程度越高的人，往往具备越多的职业技能，这在企业的发展进程中对于解决各种问题也是很有帮助的。因此，努力提高整个社会的受教育水平对于创业活动也是极其有必要的。

第6章 基于系统动力学的创业成长研究

（4）创业活动的发展

从创业所需的环境上来说，我国的创业环境正在逐步改善。如在金融支持方面，首次公开募股的融资情况在逐步提高。受过良好教育的高素质、多技能的创业者也是取得创业成功的重要因素。我国的教育与培训水准在不断提升。我国的大学教育近几年在不断进行改革，开展了大学生技能培训、创新创业教育等一系列教育改革。此外，政府和社会鼓励创业，鼓励培育创业精神，希望人们通过自己的努力来获得成功，这些都有利于创业活动的开展。

从创业类型来看，我国的创业类型主要有机会型和生存型两类。从近年创业企业的发展情况来看，机会型创业企业的发展要优于生存型创业，这就意味着我国的创业企业开始从稳定阶段慢慢转向持续发展阶段。生存型企业在2001年被提出，这样的企业大多显示出一种被迫创业的被动性，追求的目标仅仅是在竞争激烈的市场中生存下去。而机会型企业追求得更多的是商业机会。两者对比，机会型企业不仅会解决自己的就业问题，同时也会解决更多人的就业问题，所追求的新市场的技术含量也会更高一些，带来的经济效益自然也更高。从近几年企业发展状况能够看出，中国现在的创业活动呈现活跃的状态。当前，我国的经济、政治各方面都为创业发展提供了良好的环境。但是各区域之间经济水平的差距，导致了一定的发展不均衡状态，有些地区创业活跃度高，有些地区则不是特别活跃。这种不均衡的状态随着经济的不均衡发展差距也在拉大，这些状况已经引起了政府的关注，希望通过政策的不断调整加以改善，使得中国的创业市场更加具有活力。

6.2.3 创业活动及其动力机制

创业是一种过程化的活动，其整个过程不仅仅是产生创业动机和建立企业就结束了，面对企业后续可能会发生的一些不确定的情况，创业者需要继续关注。因此，企业的发展与持续经营也属于创业的过程。具体来说，创业活动过程可以分解为六个时期、三个阶段，如图6.2所示。

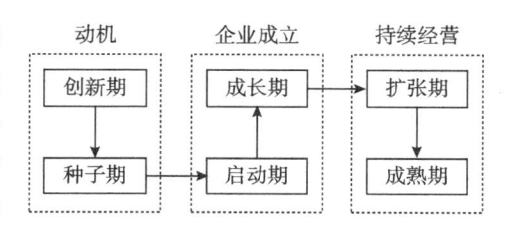

图6.2 创业过程

在创新期，创业活动主要是存在于创业者脑海中的新奇的想法，这时，创业者还在市场中寻找信息以及更多的发展方向，至于创业企业何时成立以及如何成立，他们很可能无法回答。而这一阶段结束的标志就是创业方向以及目标市场的确定。种子期的创业活动依然停留在企业组织结构尚未完成的阶段，创业者们可能已经将创业机会敲定，于是开始寻找伙伴以及吸收资金，同时构建自己的商业模式。我们将这两个时期合在一起称为创业企业的"动机"阶段，皆是企业正式成立以前所做的准备工作。

启动期是企业成立的正式阶段。在这个时期，创业机会已经明确，企业的组织结构也开始初步形成，并且企业也开始研发自己的初级阶段产品并投入市场，正因为所要投资的地方还有很多，所以企业整体还是处于一个资源匮乏的状态，这个阶段的创业者决策一旦存在失误，可能就会造成前功尽弃的结果。成长期的企业相对来说已经摆脱了生存的问题，开始考虑创业企业的盈利问题。此时的产品销售相对稳定，所以无论是财务资源还是渠道资源都已经相对丰富，于是创业者们开始更多地注重企业制度的规范化和商业模式的进一步调整。这两个时期被统称为"企业成立"阶段，这个阶段企业正式成立并在行业中进行生存活动。

扩张期的创业企业已经有了企业确定的发展目标和企业战略，开始不断地扩大生产线进而开拓新市场，同时因为各方面发展得较为成熟，风险也开始降低，于是试图开发相关产品以及相关项目。成熟期的创业企业的核心产品已经占有了较大的市场份额，盈利额也在不断地增长，组织结构也已经完善，在不断开拓发展渠道的同时，也想要通过发行股票的方式上市，因为上市所带来的资金一方面可以为新市场的开拓做出贡献，另一方面也可以为风险投资的随时退出做出支持。这两个时期我们称为"持续经营"阶段，这个阶段的发展风险相对较小，主要是为创业企业未来的发展做准备。

在了解创业活动的几个阶段以后，对于创业活动与创业机会和创业能力之间是如何联系的，创业活动的动力机制是怎样的，在以往学者研究的基础上，将创业活动的动力机制归纳为如图 6.3 所示的形式。

从图中可知，创业机会的增加将会引起创业活动的增加。

① 创业机会的增加将会带来更多社会创业需求的增加。

② 当创业需求增加以后，会让更多的创业者看到时机，也就增强了他们的创业动机，同时引领更多的人去充实自己的创业技能以为将来的创业活动做好充足的准备。

③ 随着创业技能得到提升并且创业需求的不断增加，社会上将会出现很多创业成功的例子，而成功者的形象和案例的增多，会进一步增强人们对创业的向往，创业动机进一步提升。

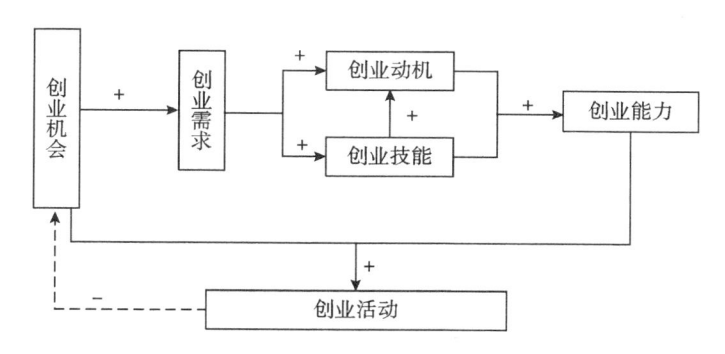

图 6.3　创业活动的动力机制

④ 在人们创业动机充足以及创业技能又比较丰富时，创业能力也就得到了同步提高。

⑤ 创业能力的增强和创业机会的增加，最终会导致创业活动增加，实际创业活动逐渐产生。

⑥ 但创业活动又不会一味地无限增加，在创业活动达到一定的市场容量以后，也就类似于市场饱和状态时，创业活动的难度开始增加，可能会出现创业开始走向负盈利的情况，也就意味着创业机会开始相对减少，那么也就形成了由创业活动到创业机会的负相关。

综上所述，创业活动的动力机制是一个由创业机会到创业活动的正反馈机制和由创业活动到创业机会的负反馈机制共同组成的"系统耦合"。

6.2.4　系统动力学的视角分析

从研究方向来看，系统动力学的研究范围非常广，包括社会学、经济学、生物学等一系列学科。而创业活动属于经济管理的领域，这也正是系统动力学所研究的领域之一。因此，系统动力学非常适合研究创业。由于创业活动的范围及其构成因素较为复杂，创业活动的数据往往不是很全面，因此很难用一般的数学方法进行研究。虽然系统动力学也需要一些数据作为支持，但是相对于其他方法而言，它对数据精准度的要求要低很多，这正是系统动力学的长处。此外，创业活动的产生和发展是由很多不同的因素以及多条因果反馈线路而构成的复杂网络系统，各种因果关系线相互交织在一起，研究过程中不能单独将某条构成线路单独抽出来进行研究，系统动力学是一种动态的研究方法，可以将这些因素作为过程变量输入整个系统，通过对输入变量功能的传递效应研究输出结果。系统动力学可以研究非线性变量之间的关系，从这个角度来看，系统动力学非常适合研究创业行为。

系统动力学作为一种研究反馈系统的定量工具，在研究创业活动中复杂因果关系方面，弥补了传统研究方法中的不足。它从动态的角度，充分考虑各种因素之间的相互作用后建立模型，运用数学的方法在现有数据之下进行推算和分析，然后运用计算机技术进行模拟仿真，并且可以控制和调整输入变量，进而阐明整个创业活动的运行机理。总体来看，系统动力学通过创业过程的结构和运行关系，提炼出输入变量和产出变量，绘制因果关系图以及系统动力学图，最终建立模型并仿真模拟。这样，不仅思路清晰且具有实用性。综合以上所述，系统动力学作为研究创业企业的工具是十分合理且可行的。

6.3 创业活动系统动力模型构建

6.3.1 模型构建的目标与原则

构建创业活动系统动力模型的目的是促进创业企业将来的发展，通过寻找构成创业活动各要素之间的关系，用系统动力学模型的方法分析系统内外部环境对创业活动的影响，最终找出主要或者重点影响因素，并根据每种因素可能会产生的影响提出对创业企业的发展建议。建模目的主要如下。

① 全面了解创业企业现状以及面临的问题，同时对各要素之间的关系进行分解与探究，并探讨各因素与创业活动之间的内在联系。

② 通过建模预测企业的发展趋势，并根据问题提出解决方案，同时进行模拟仿真，这样就能够为创业企业找到最好的发展方向或是提供最好的解决问题的措施。

在建模的过程中应该要遵循如下几大原则。

（1）真实性

整个建模过程包括收集资料的步骤都应该遵守真实性原则，保证资料客观真实，保持运行过程的严谨性也是最基本的要求。只有在这样的前提下，运行结果才具有实际的可参考性，能够在实际中应用。

（2）关键性

研究的内容是复杂且多样的，在有限的精力下应该有侧重地选择研究重点，建模过程中有很多繁琐的因素需要进行考虑，但是研究的重点应该在于预测的最终结果。

（3）灵活性

任何一种系统都应该是灵活且能够根据环境变化而随时变化的，能够将过去的数据与现在连接在一起进而推算出将来的结果也是动态性的一种体现。

（4）多样性

用系统动力学的方法构建如此复杂的创业活动模型，是需要多种不同学科的理论进行支持的。

（5）可靠性

这里所说的可靠性与真实性体现在不同的步骤，可靠性原则主要是在建立模型之后，要对模型进行检验，以达到最好的结果。

6.3.2　创业活动因果关系模型

在前面的内容中，不仅进行了创业活动的动力机制图形建造，同时也做好了建模的准备，在Vensim界面建模的过程如下：

① 在Vensim界面构建一个模型或者打开一个现有的模型。这里所说的模型其实就是以因果关系图为主的一个框架，在构建模型之前收集各种因素的相关资料，这个图形的框架应该已经形成在脑海中，这里只需要在软件中进行绘制即可。

② 检查模型结构，如使用结构分析工具里的树形图来检查。

③ 建立仿真模型，通过调节模型的参数取值，观察模型对参数变化而发生的变动。

④ 检查模型，使用数据分析工具，如图形和图表等检查模型的行为特征。

⑤ 完善、精简模型，控制模拟实验，根据结果完善、精简模型。

⑥ 自定义显示方式，使用模型合成模式下的输出结果以及分析工具的输出，自定义图形和图表。

⑦ 结果展示，展现模型和它的行为表现，并根据结果对创业企业给出相关建议。

在此，我们将使用Vensim软件绘制整个过程的因果关系图。因果关系图是系统动力学的基础部分，它将各因素之间的关联串在一起。整个流程用箭头表示反馈，分为正反馈和负反馈，正反馈的简单解释就是对一种活动的加强，即反馈路线中箭头指向的变量将随箭头源发的变量进行增减，如果是增加则不断地增加，如果是减少则不断地减少。而负反馈过程中是与此相反的关系，在这个过程中还隐藏着一个目标的元素，负反馈一般是一种自动寻找目标的过程，因为只要目标没达到，系统就会不断地响应。因果关系图的绘制有几大原则。首先，图中每个链条必须代表的是变量之间存在的因果关系，而不是相关关系。其次，每个因果链都要判断并标注其极性。最后，变量应当是名词或者名词短语，而不能是动词。我们所做的因果关系图如图6.4所示。

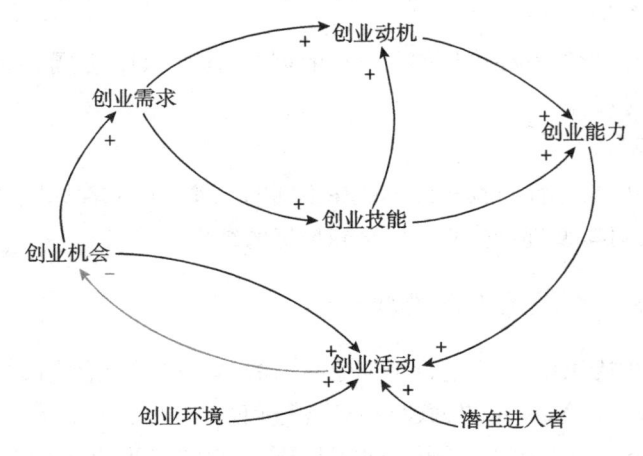

图 6.4　创业活动因果关系

这里将列出以"创业机会"为 Loops 的因果关系链：
Loop Number 1 of length 1
　　创业机会
　　　　创业活动
Loop Number 2 of length 4
　　创业机会
　　　　创业需求
　　　　创业技能
　　　　创业能力
　　　　创业活动
Loop Number 3 of length 4
　　创业机会
　　　　创业需求
　　　　创业动机
　　　　创业能力
　　　　创业活动

Loop Number 4 of length 5
　　创业机会
　　　　创业需求
　　　　创业技能
　　　　创业动机
　　　　创业能力
　　　　创业活动

因果关系图是系统动力学最基本的部分，但是其所具有的缺陷就是静态性，为此，就需加入系统动力学的存量流量图来进行补充。存量是一种状态变量的积累，流量是指一种速率量，存量的大小一般也是取决于一定流量的大小。例如，在银行存款活动中，可将某一段时期内银行账户的存款数目看成是存量，而流量则是指在这段时期内的存款数目减去取款数目。流图表示的实例是具有动态特点的，例如，创业活动系统动力学流图如图 6.5 所示。

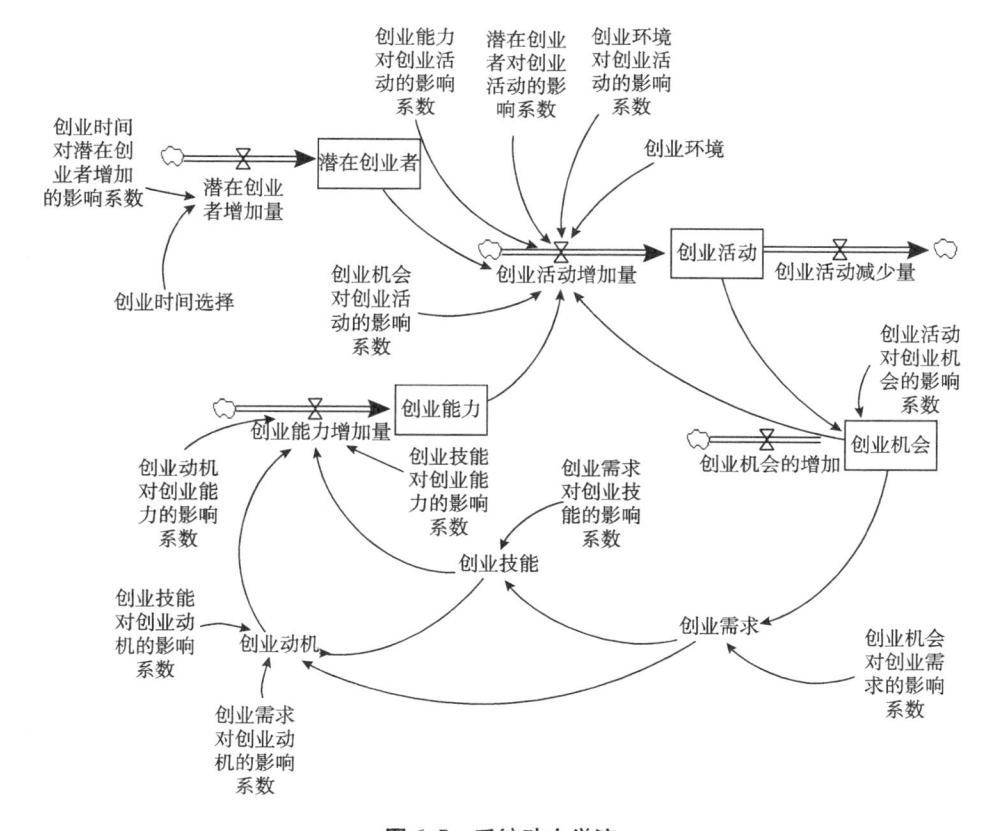

图 6.5　系统动力学流

通过流图能够最直观地看出各系统要素之间的关系，是整体框架的展现，但是还需要一些定量化的数据，也就是构建系统动力学的方程式进行支撑，方程式的特点就是能够用现有的数据通过变量方程的关系推算出将来的数据资料，因此方程式对于整体的研究来说也是必不可少的，而 Vensim 软件中有能够进行方程式输入的编辑框，如图 6.6 所示：

图 6.6　方程输入窗口

在数据编辑窗口中输入以下公式：

① 创业活动增加量 = 创业机会 × 创业机会对创业活动的影响系数 + 创业环境 × 创业环境对创业活动的影响系数 + 创业能力 × 创业能力对创业活动的影响系数 + 潜在创业者 × 潜在创业者对创业活动的影响系数

② 创业能力增加量 = 创业动机 × 创业动机对创业能力的影响系数 + 创业技能 × 创业技能对创业能力的影响系数

③ 创业动机 = 创业技能 × 创业技能对创业动机的影响系数 + 创业需求 × 创业需求对创业动机的影响系数

④ 创业技能 = 创业需求 × 创业需求对创业技能的影响系数

⑤ 潜在创业者增加量 = 创业时间选择 × 创业时间对潜在创业者增加的影响系数

⑥ 创业能力 = 初始创业能力 + 创业能力增加量

⑦ 创业机会 = 初始创业机会 + 创业机会的增加 + 创业活动 × 创业活动对创业机会的影响系数

⑧ 创业需求 = 创业机会 × 创业机会对创业需求的影响系数

6.4　创业活动的系统动力学分析

6.4.1　创业活动模型参数估计

模型建立完成以后，需要对参数进行确定。这里的参数主要是一些常量、初值以及表函数等。这些资料并不一定都能够收集到，因此需要进行合理的估计。以下是较为常用的参数估计方法。

（1）运用实际可收集到的资料

利用信息技术以及平台进行搜索，获取真实的有关创业数据的资料，或者查阅图书馆资料。在这个过程中，如果存在信息缺漏的情况，就可以根据往年数据进行推算，进而估计出最有可能的数据。这也是让数据最具有真实合理性的方法。

（2）运用计算机软件，如 Vensim 或 SPSS 等工具对变量关系进行统计和回归分析

SPSS 是利用以往的历史资料进而推算出系统动力学方程中的参数，而 Vensim 可以直接用 WITHLOOKUP 函数通过图形表示函数。

（3）直接估计的方法

根据生活常识进行数据的大致估计，然后一遍遍地运算，当模型不再有显著变化时，这一数据便可以直接作为模型参数使用，这里主要是用来估计几个主要的模型系数。

创业模型系统具有信息不全的特点，因此想要对所有因素进行完全量化是不太可能的，通常是对影响系统的主要变量进行估计。

6.4.2 创业活动模型检验分析

任何一个构建好的模型为了确保其真实性与可用性都必须经过检验。检验结果并不一定要与现实完全一致，只要结果控制在有效的范围内就可以认为该模型具有真实性，并且可以投入到对将来的预测中。检验的主要方法如下：

（1）直接检验

这种方法是通过主动地将参数、方程以及各因素之间的关系等数据从头开始进行对校，仔细审查有无遗漏或者参数输入错误的地方，为了避免同一个人检查的不稳定性，可以让不同的人去多次进行检查。

（2）软件检验

直接在 Vensim 软件里进行模型检测来检查参数方程的正确性以及系统参数的合理性。

（3）历史检验。这种方法顾名思义就是与过去的数据相连接，将过去某一时间段（但与现在之间留有时间差）的数据输入模型，用输入的模型计算公式来预测出中间时间差的数据，再将预测数据与实际数据进行对比，计算两组数据之间的差距大小，只要差距合理此模型即可使用。但是这种方法需要我

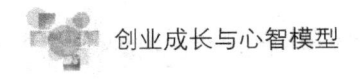

们去获取以往的真实数据，中间可能会存在一定的误差。

（4）灵敏度分析

这种方法是一种利用数学公式进行检验的形式，这里所用公式为：

$$E = \Delta A / \Delta F$$

其中 E 表示敏感度，ΔA 指的是效益指标在某一时间段内的变化指数，而 ΔF 表示的则是不确定因素在某一时间段内的变化指数。这里提到的 F，一般选定影响程度最大的因素，也可以多选几个因素进行分析，最后进行比较，就能够比较出哪一个因素对指标的影响更大。当 E 大于 0 的时候说明指标与不确定因素的变化方向一致，E 小于 0 时指标与不确定因素呈反方向变化，而 $|E|$ 越大，说明敏感系数越高。敏感系数越高说明的是模型对该因素的反应越大，一个模型较强壮，即较好的状态，应该是对于参数和变量反应不大的，也就是说 $|E|$ 越小说明模型越好。

6.5 本章小结

本章基于系统动力学对创业企业成长进行了研究。首先概述了系统动力学的原理和方法；之后，从系统动力学视角对创业企业的界定与特征、创业企业成长影响因素、创业活动及其动力机制进行了分析；接着，进行了创业活动系统动力模型的构建，采用 Vensim 建立了因果关系图和流图；最后，讲解了对创业活动模型进行参数估计和检验分析的方法。

第7章 心智模型分析与创业者心智画像

7.1 心智模型分析与测量方法

7.1.1 心智模型分析

（1）心智模型的形成过程

人类的心智模型从记忆上看可分为长期心智模式和短期心智模式。前者是在人们在生活、学习中不断累积并形成的长期的、稳定的心智模型，后者则是遇到突发情况或者特定刺激下的短期的、突发的心智模型。无论是长期心智模型，还是短期心智模型，它们的形成都经历了对外界事物信息进行初始感知，到大脑信息处理，再到形成大脑的记忆这一过程。

在感知事物阶段，外界事物信息通过眼睛的视觉、鼻子的嗅觉、耳朵的听觉或身体的触觉等方式进入大脑，大脑在受到来自外部事物的信息刺激之后，会在大脑皮层中形成对这一刺激相对应的描述，然后由大脑对信息做判断和筛选，那些被大脑判断为无效的信息会被舍弃，有效信息则被保留成为缓存信息，供大脑以后进行进一步认知时使用。随着之后外部信息对大脑不断的刺激，缓存在大脑中的信息也将不断地被强化或者修正。在人类大脑对信息进行处理的阶段，会将之前大脑中主观选定为有效的缓存信息进行进一步的分析和处理，从而获得对于人类的认知和后续行为有用的信息。在大脑进行记忆的阶段，之前经过大脑分析和处理过的有效缓存信息将进一步被存储于大脑的"知识库"中，并且这些"知识库"里的信息会被归档和分类，形成记忆，但这个过程不会随着归档和记忆而停止，而是随着不断接收到的新的信息的刺激，大脑也将不断地对已产生的心智模型进行补充和更正、替换或删除已有的失效信息，形成一个动态的迭代过程。通过这一迭代过程，个体的心智模型不断地得到修正或者强化。因此,心智模型并不是静态的固定不变的,而是动态的。

心智模型在形成后会反作用于个体的认知,通过个体的行为来表现。上述过程不断往复循环、相互促进,构成心智模型机理。总的来看,心智模型的形成过程是一个具有反馈机制的过程,人类通过大脑得到的信息构建心智模型,再通过新获得的信息对心智模型进行进一步的修正或者强化。

(2)心智模型的影响因素

心智模型影响因素从先天和后天来看,可以分成先天因素和后天因素,如图 7.1 所示。

```
                    ┌ 先天的遗传基因
          ┌ 先天因素 ┤
          │         └ 与生俱来的心智
心智模型   │
影响因素   │         ┌ 个体主观因素(如生活经验、所受的
          │         │  学习教育等)
          └ 后天因素 ┤
                    └ 客观环境因素
                      (社会宏观环境与微观环境)
```

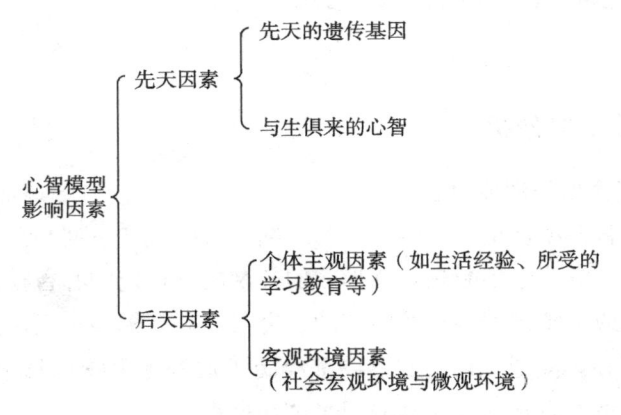

图 7.1　心智模型影响因素

心智模型影响的先天因素指的是个体先天的遗传基因所带来的、与生俱来的心智,是随着个体的诞生而产生的,因此这部分影响因素是很难改变的。后天因素则由个体主观因素和客观环境因素组成,个体主观因素可看成是个体在后天的学习和知识积累过程中,凭借积累到的经验和产生的情感去对事物做出结论与表现出的行为。例如,个人受到的学习教育会影响到心智,不同的教育经历不仅会影响到个人知识储备,而且会对自我学习能力和再学习造成影响。个人生活经验同样会影响到心智,人们在现实生活中的亲身体验或耳濡目染经历的基础上,有意识或者无意识地积累、归纳、总结而形成个人经验。这种经验在之后的生活中也会被人们用来应对和理解遇到的事物,形成更完善的心智模型。客观环境因素则指的是社会宏观环境,如社会、政治、经济、文化、科技等,和个体生活的微观环境,如个体所在的群体、社区、社会关系、个人地位等。人类是以群居为生,每个人都不是单独在世界上生存的,人们在成长的

过程中不可避免地与周围的人发生联系，与整个社会进行互动和关联，因而个人心智模型的成长在受到社会环境影响的同时，也会对社会的各个方面产生一定程度的反作用。

7.1.2 心智模型测量

心智模型的测量，主要是通过观测的手段来获得，是通过收集被试对某目标事物的认知信息之后，再对这些信息进行计算和分析从而获得被试的心智模型。从观测的方式上，可以将心智模型测量方法大致分成两类：一类是从主观上，对个人主观意识所产生的心理反应进行测量的方法；另一类是从客观上，对个人的生理指标进行测量的方法（杨佳颖，2020）。

（1）基于心理反应的测量方法

心智模型反映的是个体从外部获取信息后进行解读、推断并实施行动决策的过程，是人脑在观察现实世界之后，现实世界在人脑中的一种重构，或者说是"一种映射"。目前，在心智认知信息记录的方法上，主要有用户访谈法、观察法、卡片式分类法和概念图法（李海涛等，2015）。

用户访谈是一种通过与目标客户采取直接接触的交流方式，进而收集用户心智信息的方法。该方法包括设计访谈提纲、进行访谈和访谈后总结等过程。在采用用户访谈方法时需要对访谈对象进行充分了解，有针对性地设计问题，才能有效获得所需要的信息，要让访谈对象尽量完整地表达出自己的想法和行为，因而访谈提纲的设计要具备客观性，要避免使用引导性的语言，要围绕所需的信息进行访谈，并且在用户访谈交流的过程中要保持自然，避免过于生硬；要尽量营造轻松活跃的气氛，不要为了获取信息而强迫访谈用户进行回答，要保证访谈内容的可靠性和真实性。

观察法是对用户的动作行为、语言行为、身体表现等进行观测和记录的方法，通过对用户回答问题或思考问题进行实验观察来记录用户的认知信息。例如，出声思维实验方法的具体做法是要求参加测试的用户在实验过程中，将自己对实验素材的感觉和体验用言语及时地表达出来，并由记录者对测试者实验的感觉进行同步记录。出声思维实验方法使得观察者能够在一定程度上直接观察到实验者的思考过程。

卡片式分类法的思想取自传统图书馆、档案馆对书籍资料进行卡片式的分类保管方法。在该方法下，可以将对象如图形、任务、观点等分门别类地建立目录，然后将需要分类的对象归纳到已经建立的目录里。卡片分类法常常被用于软件产品的界面设计、网站的规划与设计等方面。

概念图是一种采用节点和连线来进行图示的方法。在概念图里，节点表示的是某一个具体的概念，概念图里的连线连接的是节点，表示的是节点之间的关系。个体的学习过程可以看成是一个建立概念网络的过程，个体通过对事物进行观察和认识，形成概念，然后不断向该概念里添加新的内容，新的内容与原有概念之间形成联系，从而构成概念图。概念图法目前已经逐步被应用于认知心理学、产品设计、人机交互等领域，帮助解决新产品的设计、企业管理学、创业投资和市场开发等诸多问题。例如，某风险投资机构通过创业项目与创业团队之间形成联系的概念图如图 7.2 所示。

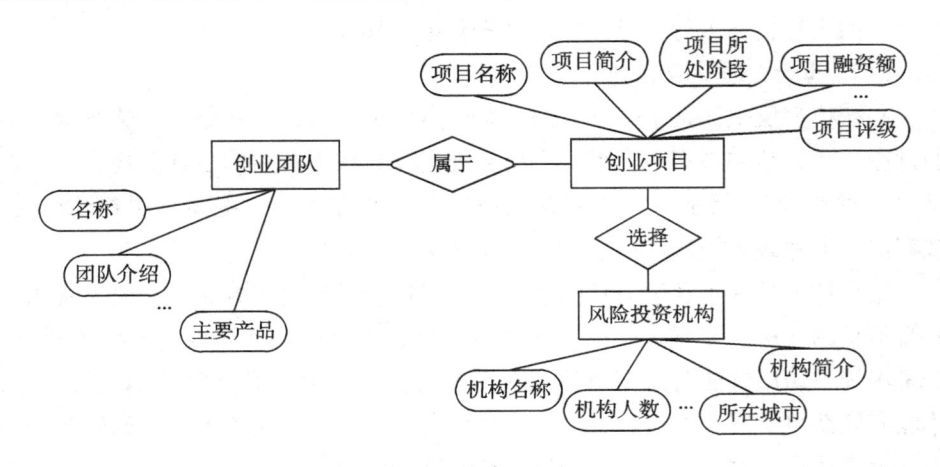

图 7.2 概念图示例

在完成认知信息记录之后，在心智模型的分析上，主要有多维尺度法和路径搜索网络图法等。其中，多维尺度法也称多维量表法，它是保持了原有对象在多维空间内的关联基础上，采用降维、分类的方法，对对象进行分析。这属于多元分析技术的分支。路径搜索网络图是对用户认知过程中的过程性认知进行描述，主要通过节点和连线这种可视化的形式予以呈现。节点指的是一个具体的概念，节点之间的连线指的是节点与节点之间的距离关系。在使用路径搜索网络图法对用户心智模型进行测量时，主要由三个步骤组成，即首先需要生成用户心智模型原始矩阵，然后再生成路径搜索网站图，最后对比网站设计者路径搜索网站图与被试路径搜索网站图，从而对两种图的相似性进行判断（李海涛等，2015）。例如，一个三层路径结构的网站，系统设计者的路径图与被试样本在网站操作上的路径搜索图如图 7.3 所示。

第 7 章 心智模型分析与创业者心智画像

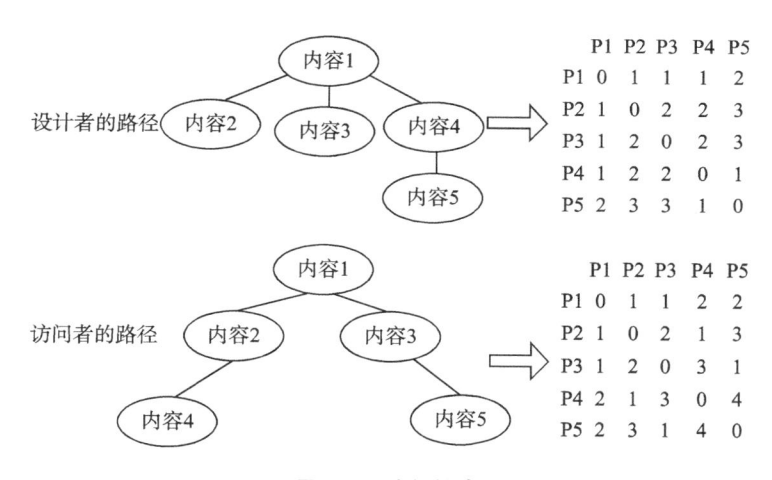

图 7.3 路径搜索

由图 7.3 可知，系统设计者的距离向量为（1 1 1 2 2 2 3 2 3 1），记为 X，被试样本的距离向量为（1 1 2 2 2 1 3 3 1 4），记为 Y。根据 X，Y 之间的距离向量，采用相似性计算公式（7.1），相似性系数便能计算得到。

$$C_{XY} = \frac{\sum(x-\bar{x})(y-\bar{y})}{\sqrt{\sum(x-\bar{x})^2} * \sqrt{\sum(y-\bar{y})^2}} \tag{7.1}$$

在公式（7.1）中，x 和 $\bar{x}$ 分别指的是距离向量 X 里的单个元素和 X 的平均值，同样，y 和 $\bar{y}$ 分别指的是距离向量 Y 里的单个元素和 Y 的平均值。

（2）基于生理指标的测量方法

基于生理指标的测量方法是通过测量个体的生理反应数据，再对数据进行处理与分析后所得到个体心智模型的方法。之前，人们通过观察法来对个体的体态表情、声音进行观察，将其与行为进行关联，总结和归纳出所观察对象的心智模型。由于上述方法比较主观，随着可穿戴设备和神经实验观测设备的发展，基于脉搏、眼动、脑电波等数据来观察的方法应用得越来越广泛（Ma et al., 2010），人体的皮肤电、肌电、体温、心率、血压、脑电波等生理指标相对来说较为客观，根据上述生理指标数据来分析个体处在何种情绪状态、注意力是否集中、对测试素材是否感兴趣等，进而绘制个体的心智模型。目前，该测量方法正成为近年来的研究热点。常用的基于生理指标的测量法主要有可穿戴设备语音与行为观测法、脑电波实验观测法、肌电图法、心率观察法等。例如，基于可穿戴设备的生理指标测量过程如图 7.4 所示。

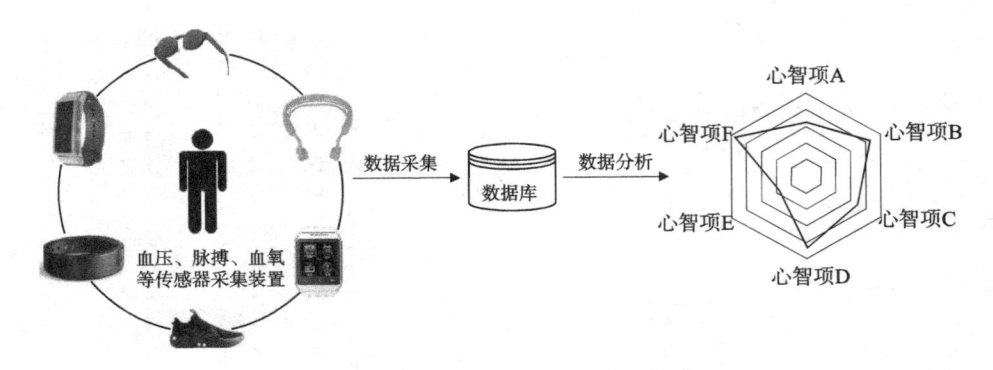

图7.4　基于可穿戴设备的生理指标测量过程

在实验环境里，由血压、脉搏、血氧等多个传感器采集装置组成的可穿戴设备，佩戴在测试者的手指套、手腕、手臂或腰上等位置进行人体生理参数的采集，然后经过数据预处理和数据分析，进而获得测试者的心智特征。

7.2　创业者心智模型要素分析

创业者心智，是创业者对外在事物或事件进行初步判断、分析的思维能力的总和。心智模式是人脑在观察现实世界后，所构建的现实世界的"小型模型"，以预测事件、进行推理或者把它作为解释的基础（Craik，1943）。人类的心智模型并不是完全统一不变的，以往学者对人类的心智模型进行了研究，归纳总结出六大特征，即不完全性、局限性、易变性、边界模糊性、非科学性和简约性，具体如下。

① 心智模型的不完全性是指人们认识世界需要有一个过程，而人类个体总是处于不断认识世界的过程中，对于所处物质世界的认知尚不完备，因此人类现有的心智模型受到人类对于事物和现象等认知的限制，并不能形成完全的心智模型。

② 心智模型的局限性是指由于生活环境、认知的能力、知识的储备和记忆能力等因素影响，不同个体的心智模型的形成过程也会不同，心智模型会受到这些因素的限制而呈现出一定的局限性。

③ 心智模型的易变性是指由于心智模型的形成过程并非静态的，是一个不断更新的过程，这个过程不会随着归档和记忆而停止，而是随着不断接收到

新信息的刺激，大脑将不断地对已产生的心智模型进行补充和更正，替换或删除已有的失效信息，形成一个动态的迭代过程，通过这一迭代过程，个体的心智模型不断地得到修正或者强化。

④ 心智模型的边界模糊性指的是人类大脑对于主观上认为有效的信息进行自定义的归档，这些归档方式是人类凭着自身经验所形成的，并没有确切的归档规则，相似的信息很容易被混淆，因而心智模型呈现出边界模糊性。

⑤ 心智模型的非科学性指的是心智模型的产生受到主观因素的影响，并非仅仅是对外界传递信息的客观反映，而是通过一定的主观上的加工。例如，人们对自己希望得到的东西总是念念不忘，而对那些不符合愿望的事物则视而不见并予以拒绝。

⑥ 心智模型的简约性是指人类的大脑虽然潜力无限，但是大脑本身具有防止过度劳累的机制，在复杂繁琐的信息和简单直接的行动方式中，大脑自然而然会选择简单直接的行动方式，忽略没有必要的繁琐的步骤，因而心智模型呈现出简约性的特征。

上述六大特征在心智模型中并不是独立存在的，特征之间往往存在着相互影响和相互制约的关系。

在创业者心智研究中，虽然学者们从不同的视角对创业者心智模型展开研究，获得的结论也存在一定程度的分歧，但总的来看，围绕创业者心智模式的研究可以归纳到个体先验知识、个体人格特质和创业机会识别等三个维度。

7.2.1 个体先验知识

以往研究表明，创业者如果之前有过创业经验，会使得其相比无创业经验者具有优势，有创业经验的创业者在面对环境的突变时，能在"启发式"思考下快速对当前局面形成判断，做出优化的应对方案，他们积累的经验和先验知识通过警觉性来预防风险和把握机会。

创业经验主要是指创业者的实践经验和行业经验，借助于之前的经验，创业者能在创业过程中体会到更多的创业感悟或捕获到更丰富的有价值信息，从而会更容易识别出有利于自身企业的创业机会。而没有创业经验的创业者可能不会有这类知识储备，使得其在其他条件相同的情况下，具有创业经验的创业者能针对商业信息做出快速反应，挖掘出比一般的创业者所看到和理解的更深的内涵，从而可能取得更好的绩效。本研究在创业经验的内容上，参照以往学者的研究成果（杨俊等，2011），选取累积信息、技术能力和创业观念作为衡量因素。

7.2.2 个体人格特质

个体人格特质是对个人人格特点的描述,是一种相对稳定的性格特征,既有与生俱来的部分,也有后天形成的部分。对创业者而言,创业者特质是对创业者内在心理特质的描述,指的是创业者自身的性格、认知偏差、激励等,是以个人生理为基础的性格特征,会受到周围环境和情境的影响而产生变化,是创业者潜在的创新思维和行为模式的综合体。例如,创业者所具有的创业意愿与激情、决心、创造力与非创业者相比而表现出不同特征。

在创业者个人特质的组成上,学术界有着不同的看法。例如,将创业者个人特质从创新性、风险承担性和成就需要三个维度上进行划分,从上述三个维度来研究创业者个人特质对创业意愿的影响;有的研究认为创业者的个人特质是由风险承担性、成就需要、控制源和个人价值等四个维度组成,从上述四个维度来研究创业者的个人特质对创业意愿的影响(杨欣,2017);还有研究将创业者个人特质划分为创新性、成就需要、模糊容忍度、控制源、风险承担性和自我效能感等维度(曾凡奇等,2015),研究创业者个人特质对机会识别方式的影响。本研究基于上述研究思想,将创业者个人特质归纳为创业者价值观、创业动机观、创业者自我认知、创业成就观、创业品质和潜质等五个维度,其中创业者价值观主要指的是创业者注重细节、有目标导向、追求卓越和自我效能等。

7.2.3 创业机会识别

创业机会指的是有利于创业企业的商业机会,创业者通过对创业机会的把握,可以将机会变成有价值的产品或服务提供给客户,从而使自身也得到利益。创业机会识别对创业企业而言非常重要,是创业企业能否顺利发展的重要因素。对于创业机会,因研究视角不同,也存在不同的看法。有学者认为当市场上供需不平衡时,就存在创业机会;有的研究认为创业机会的识别就是一种主观心理感知的过程;也有学者将创业机会看作是创业的出发点。创业机会识别是获取与鉴别事物的思维过程,是创业者感知与发现机会,进而开创新事业和创办新企业的过程。

创业企业在动态变化的创业过程中,如果不能敏锐地识别机会,那么就容易陷入发展困境。有学者认为创业机会与创业者的机会识别能力密切相关。创业机会随着环境、市场、客户等因素而变化,对创业企业而言,创业机会的识别需要创业者在对自身的资质、能力、合作伙伴进行审视之后，判断该机会是否具有可操作性。在创业机会的来源上，有学者认为创业机会本身存在于客观世界中，只是需要创业者将其识别出来；创业机会是创业者运用自身的才能创造出来的；创业者通过对环境、条件等的观察，运用智慧、技术等手段才能识别适合的创业机会。总的来看，创业机会识别是受到机会发现和机会鉴别的因素影响的。

7.3 创业者心智画像的构建

7.3.1 心智画像设计

创业者心智画像，即创业者心智的标签化，是指根据创业者基本信息和创业活动特征而抽象出来的一个标签化的创业者心智模型，是一种使用标签来刻画创业者"外貌"的手段。本研究结合之前介绍的基于心理反应和基于生理指标反应的心智模型测量方法，采用聚类分析和关联规则分析法等来构建创业者心智画像。创业者心智画像框架如图7.5所示。

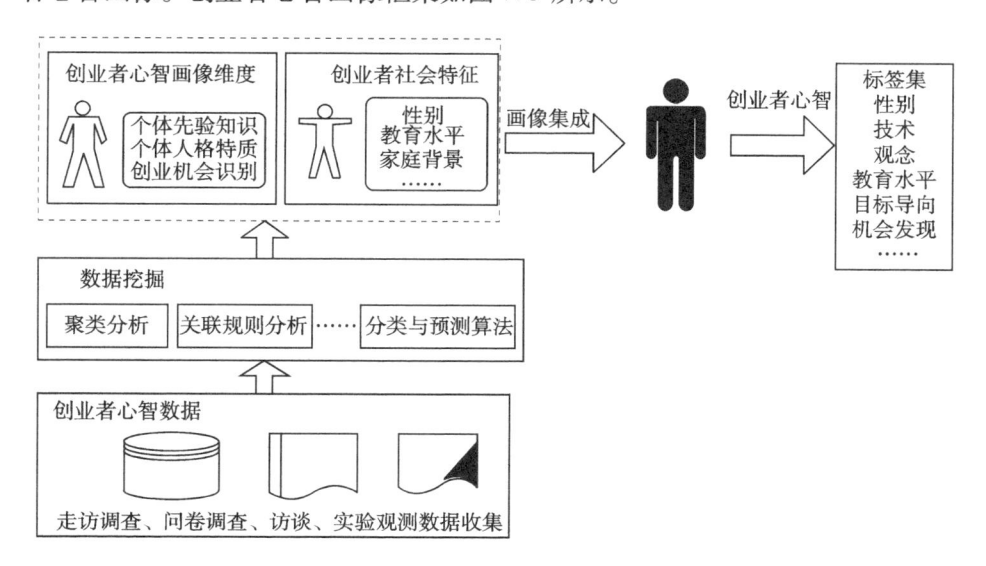

图 7.5 创业者心智画像框架

从图 7.5 可知，在进行创业者心智画像的过程中，首先是通过走访调查、问卷调查、访谈和实验观测对创业者心智数据进行收集，然后采用分类、聚类分析、关联规则分析等数据挖掘方法，对创业者心智的个体先验知识、个体人格特质和创业机会识别三个维度进行画像，并结合创业者社会特征进行创业者心智画像集成后，给出创业者心智标签集，即完成创业者心智画像。以下是对创业者心智画像集成涉及的聚类分析算法和关联规则分析等数据挖掘方法的介绍。

（1）聚类分析

聚类分析，指的是通过某种规则和方法对数据集进行相似划分的过程，起源于数值分类学。以前，人们主要依靠经验或专业知识对事物进行分类，随着信息科技和大数据时代的来临，仅凭经验和专业知识已经无法应对复杂的分类需求，此时基于数学工具的数值分类被应用到事物的分类当中，随后产生了聚类分析。经过多年的发展，目前的聚类分析方法已经形成了众多的算法，如 K–Means 算法、CLARA 算法、PCM 模糊聚类算法、SOM 自组织神经网络聚类算法等。本文参考了以往学者的研究结果，采用改进的 K–Means 算法，其流程图如图 7.6 所示。

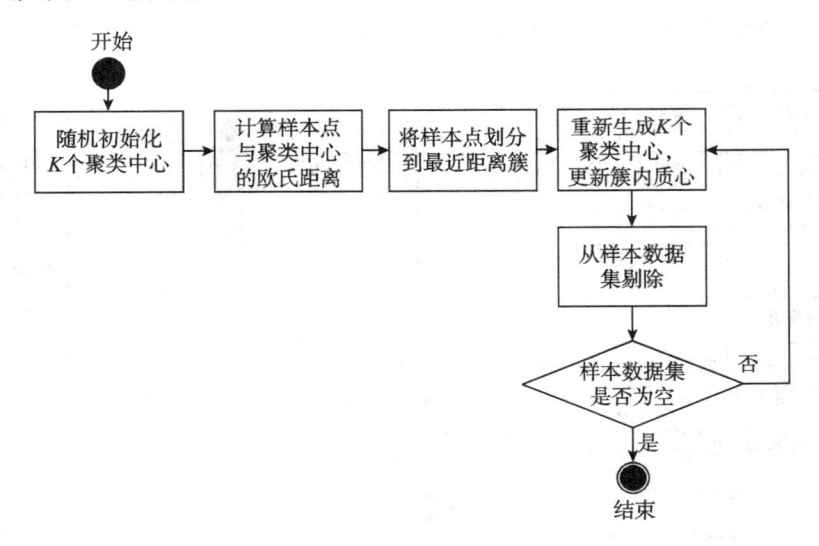

图 7.6　K–Means 聚类算法流程

K – Means 聚类算法步骤如下：

输入：样本集数据 D，聚类簇数量 K，聚类执行的最大迭代次数 n
输出：K 个簇划分（各个簇内的平方误差最小）
算法步骤：
① 随机生成 K 个聚类中心；
② 将样本集数据 D 按照距离最短原则，全部分配到最邻近的聚类；
③ 计算每个聚类的样本中心均值，重新生成 K 个聚类中心，更新簇内质心；
④ 聚类中心是否不再变化或已到达最大迭代次数 n，如果是则进入⑤，否则重复返回到②；
⑤ 输出最终的聚类中心和 K 个簇划分

（2）关联规则分析

关联规则分析作为数据挖掘中的重要方法，主要由两个阶段构成：第一阶段是发现并完成高频项目组；第二阶段是对已完成的高频项目组挖掘关联规则。在第一阶段，要完成数据的扫描，找出数据里的高频项目组，此处的高频是相对于设定的阈值而言，大于或等于该阈值就认为是高频。

设项目组出现的频率为 $Support$，即支持度，若存在 A、B 两个项目，则 $A \rightarrow B$ 的支持度计算见公式（7.2）：

$$Support(A \rightarrow B) = \frac{包括 A 和 B 的事务数}{总的事务数} \quad (7.2)$$

如果 $A \rightarrow B$ 的支持度（Support）大于阈值，则集合 $\{A, B\}$ 被称为高频项目组。高频 K - 项目集合是指它满足最小支持度 K，关联规则分析里第一阶段就是反复寻找高频项目组，直到所有满足该支持度的项目组都被找到为止。

第二阶段主要是产生关联规则。假定一个最小信赖度阈值，如果某规则计算得到的信赖度满足所设定的最小信赖度，则将该规则记作关联规则。信赖度计算公式见公式（7.3）：

$$Confidence(A \rightarrow B) = \frac{包括 A 和 B 的事务数}{包含 A 的事务数} \quad (7.3)$$

Apriori 算法作为经典的关联规则算法之一，其流程图如图 7.7 所示。

从图 7.7 可知，首先初始化最小支持度和置信度，然后扫描样本数据，计算每项的支持度，得到候选集 $C1$；接着与最小支持度进行比较，生成所有频繁一项集 $L1$；进行迭代，发现频繁（$K-1$）一项集，通过频繁 $LK-1$ 项集生成新的候选集 CK；扫描样本数据，计算所有候选项支持度，并与最小支持度进行比较，删除小于最小支持度的集，生成频繁 K 项集 LK，LK 是否为空，如果非空，则迭代次数加 1，返回并重新生成频繁 K 项集 LK；如果 LK 是空，则

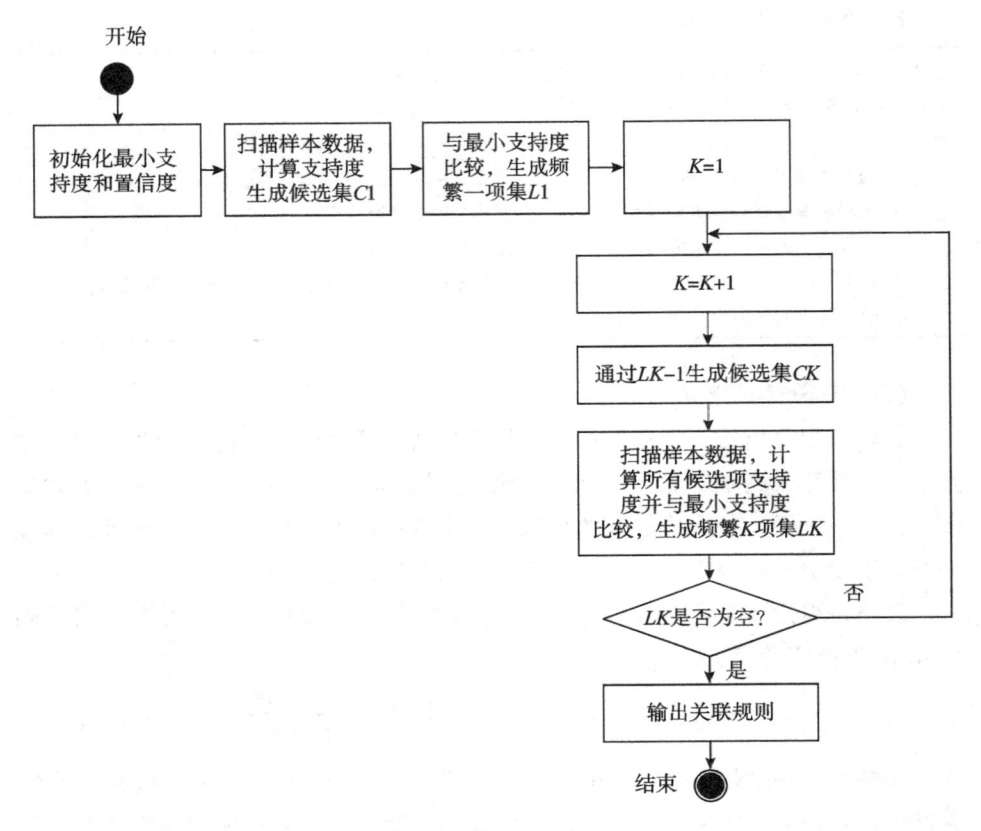

图 7.7 Apriori 算法流程

没有新的频繁项集产生，输出关联规则，整个过程结束。

7.3.2 心智画像构建

根据之前的创业者心智画像的设计，对创业者心智画像进行构建。首先，对一些创业公司的 CEO 和公司高管进行创业心智研究相关的访谈及发放问卷进行调查，并邀请他们进行可穿戴设备实验；然后，对获得的调查数据进行归纳整理和数据挖掘分析，提取出创业者心智标签，完成创业者心智画像。

（1）问卷内容分析与发放

调查问卷作为定量研究中一种较为常用的方法，是由问卷设计者根据研究内容而设计出的一系列的问题组成。创业者在创业过程中，依据自身的经验、知识和能力，对竞争激烈的市场进行判断与决策，并且对商机进行识别与把握。在上述过程中，个体的先验知识、人格特质和创业机会识别能力均起着重要的作用,都与创业者的心智相关。因而,围绕上述内容,在参考以往学者在创业者心智的研究基础上(谌志亮,2011),归纳整理出本研究的调查内容并进行问卷的设计与数据收集。调查问卷的主要内容与分析如表 7.1 所示。

表 7.1 创业者心智的内容分析

维度	内容	问题示例
个体先验知识	主要从创业者个体累积信息的多少、技术能力的强弱和创业观念的新颖程度等方面来衡量	您对该行业的顾客需求所了解的程度怎样 A. 非常了解　B. 较为了解 C. 一般　　　D. 不太了解 E. 非常不了解
个体人格特质	从创业者的价值观、创业动机、自我认知、创业成就、品质和潜质五个方面来衡量,其中价值观包括注重细节的多少、目标导向的清晰、追求卓越的强烈和自我效能的高低等	您对事物的细节的注意程度如何 A. 非常注意　B. 比较注意 C. 一般　　　D. 不太注意 E. 非常不注意
创业机会识别	从创业者的机会发现能力的强弱和机会鉴别能力的强弱来衡量	您所发现的机会得到社会或周围的人的认可程度如何 A. 非常认可　B. 比较认可 C. 一般　　　D. 不太认可 E. 非常不认可

本研究的调查问卷是围绕个体的先验知识、人格特质和创业机会识别能力三个维度设置了 35 道选择题,每道题均遵循李克特量表(Likert Scale)的设计原则,给出由低到高的 5 个选择项(见表 7.1 里的问题示例)。本研究以创业者为研究对象,包括信息传输、计算机服务和软件业、生物医药、培训、教育业、批发与零售、服装等产业的创业者,委托专业机构和自行走访调研,一共发放问卷 320 份,回收问卷 257 份,经过筛选确认,最终获得有效问卷 214 份。

(2)信度检验

在对问卷的可靠性度量上,常用的指标是克伦巴赫(Cronbach)α 系数,该系数取值在 0 到 1 之间,系数越接近于 0,问卷的可靠性就越低;越接近 1,可靠性越高。一般来说,如果克伦巴赫 α 系数大于 0.8,这表明量表的可靠性在理想范围内;如果系数不足 0.6 时,则表明量表的信度不符合要求,必须重

创业成长与心智模型

新进行研究。本研究的个体先验知识量表、个体人格特质量表、创业机会识别量表的信度分析在 SPSS 22.0 软件里的操作过程如下。

① 打开数据。在菜单栏选择文件→打开→数据，如图 7.8 所示。

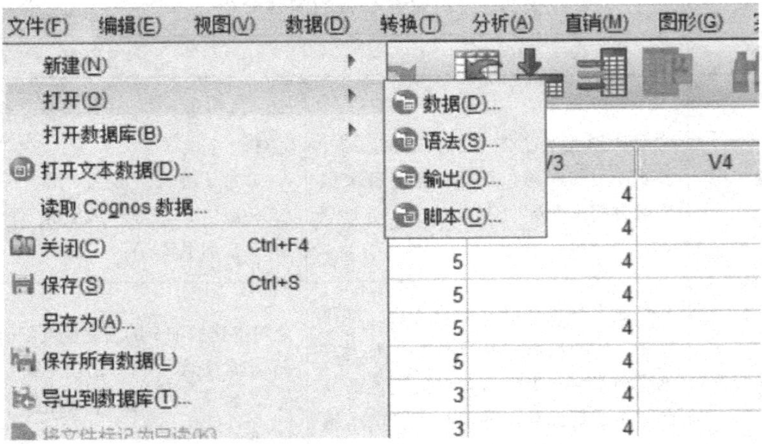

图 7.8　数据导入

② 可靠性分析。在菜单栏单击分析→度量→可靠性分析，如图 7.9 所示。

图 7.9　可靠性分析

③ 模型采用 α。在模型的下拉列表里选择 α，即克伦巴赫 α 系数检验，如图 7.10 所示。

154

第 7 章 心智模型分析与创业者心智画像

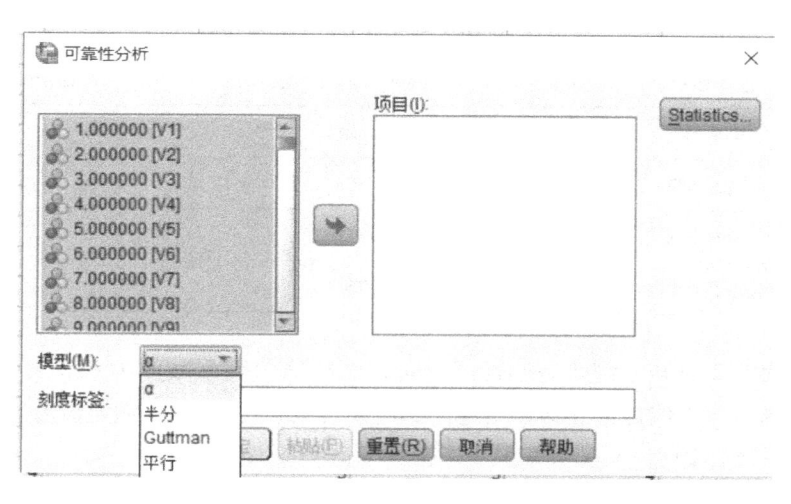

图 7.10 可靠性分析

④ 选择所有变量整体分析。在图 7.10 中，将所有变量都选中后单击图标按钮，使变量都到右边框，如图 7.11 所示。

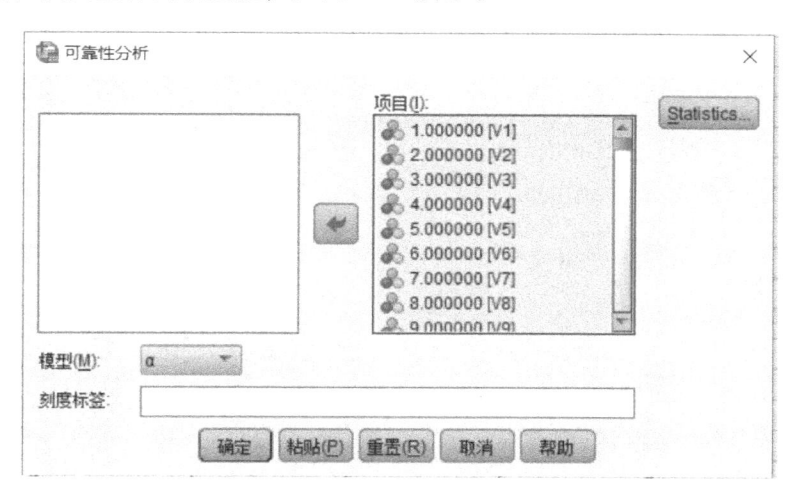

图 7.11 整体分析

⑤ 执行统计。在图 7.11 中，单击图标按钮 Statistics，再单击图标按钮 确定，就可得到问卷的信度检验结果。按照以上操作，得到问卷整体信度及个体先验知识、个体人格特质、创业机会识别三个维度的信度检验结果，如表 7.2 所示。

155

表7.2　整体信度及各个维度信度检验

量表检验项	Cronbach 的 α 系数	项目个数
问卷整体	0.814	35
先验知识	0.767	9
人格特质	0.831	20
创业机会识别	0.781	6

从表7.2可知，创业者心智调查问卷的整体信度系数值为0.814，问卷的信度较高，三个维度的量表的 α 系数均在0.7以上，表明该创业者心智问卷的量表的可靠性较高。

（3）效度检验

量表信度通过可行性检验完成后，还需要进行相应的效度分析，进行有效性验证，在SPSS中的过程如下。

① 导入数据。在整理好数据后，在菜单栏选择文件→打开→数据，出现数据框，如图7.12所示。

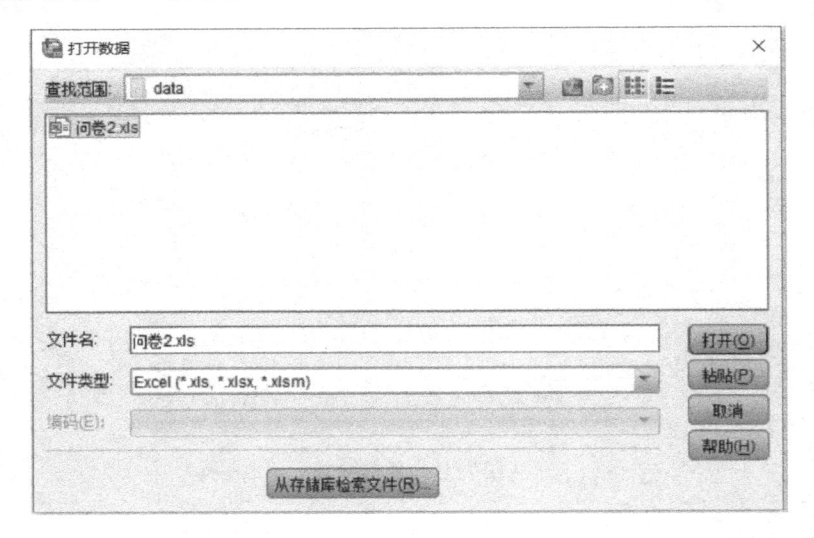

图7.12　导入数据

② 因子分析。在菜单栏选择分析→降维→因子分析，如图7.13所示。

第 7 章　心智模型分析与创业者心智画像

图 7.13　因子分析

③ 选择所有变量。将所有变量都选入到因子分析的右边框内，如图 7.14 所示。

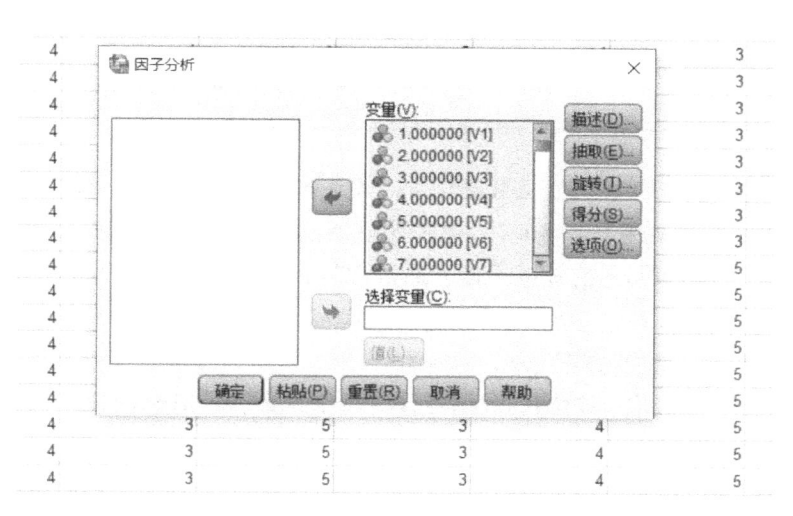

图 7.14　选择所有变量

④ 选择建议参数。在描述选项操作界面里，勾选需要用到的原始数据分析和 KMO 和巴特利特球形度检验，如图 7.15 所示。

157

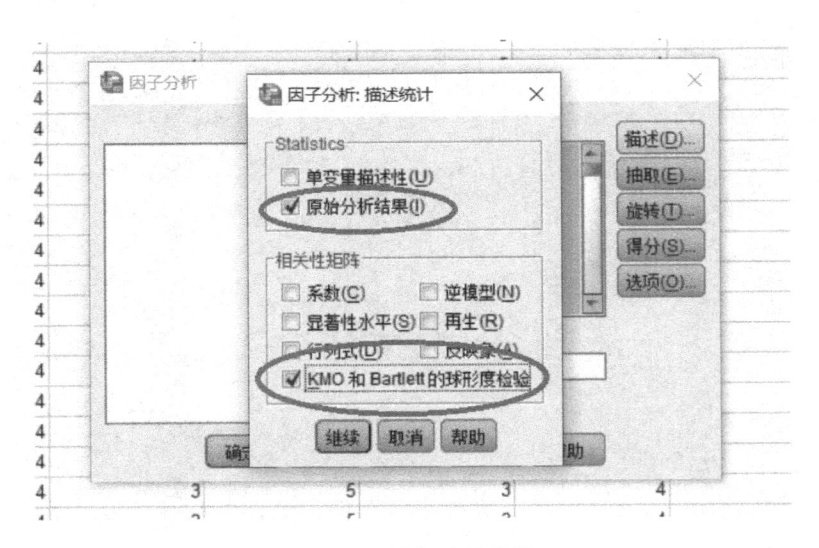

图 7.15　选择建议参数

创业者心智量表效度检验结果如表 7.3 所示。

表 7.3　创业者心智量表 KMO 和巴特利特检验

Kaiser – Meyer – Olkin	度量	0.783
Bartlett 的球形度检验	近似卡方	1174.073
	自由度 df	276
	显著性 Sig	0.000

当 KMO 值高于 0.8 时表明效度高；如果该数值为 0.7～0.8，则表明效度较好；如果该数值为 0.6～0.7，则表明该问卷的效度是可以被接受的；KMO 值低于 0.6，说明问卷的效度不佳。通过比较，针对创业者心智进行的问卷调查的 KMO 值为 0.783，介于 0.7 和 0.8 之间，表明该问卷的效度较好。

（4）描述性统计分析

从回收的 214 份有效问卷的描述性统计结果来看，男性创业者 125 人，占 58.41%；女性创业者 89 人，占 41.59%。研究对象中的男性创业者比女性创业者要多，这与我国当前男性创业者高于女性创业者的现状基本相符。从创业者的年龄来看，年龄分布为"25 周岁及以下"的占 14.95%，"26～35 周岁"的占 55.14%，"36～45 周岁"的占 22.43%，"45 周岁以上"的占 7.48%。总的来看，创业者群体中创业成员的年龄普遍比较年轻。创业者基本信息的描述性统计信息，见表 7.4。

表7.4 创业者基本信息的描述性统计

名称	选项	百分比（%）
性别	男	58.41
	女	41.59
年龄	25周岁以下	14.95
	26~35周岁	55.14
	36~45周岁	22.43
	45周岁以上	7.48
受教育程度	高中及以下	1.87
	大专	11.69
	本科	66.82
	硕士研究生及以上	19.62
行业	生物医药业	5.14
	化工制造业（包括新材料、新能源）	8.41
	培训、教育业	16.36
	信息传输、计算机服务和软件业	28.97
	服装业	9.35
	餐饮、酒店、旅游等生活服务业	4.67
	批发与零售业	8.41
	文化、体育、娱乐业	12.62
	农、林、牧、渔业	3.74
	其他	2.33
职位	企业CEO	38.32
	企业高管	61.68
企业成立时间	1年以下	15.42
	1~3年	51.87
	3~5年	27.57
	5年以上	5.14
企业规模	5人及以下	3.74
	6~10人	10.28
	11~25人	61.21
	26~50人	16.36
	50人以上	8.41

创业者所在的行业的情况是："生物医药业"占 5.14%，"化工制造业（包括新材料、新能源）"占 8.41%，"培训、教育业"占 16.36%，"信息传输、计算机服务和软件业"占 28.97%，"服装业"占 9.35%，"餐饮、酒店、旅游等生活服务业"占 4.67%，"批发与零售业"占 8.41%，"文化、体育、娱乐业"占 12.62%，"农、林、牧、渔业"占 3.74%，"其他"行业占 2.33%。根据创业者所在行业来看，从事"信息传输、计算机服务和软件业"与"培训、教育业"的创业者居多，这与我国正处于信息科技发展与教育发展上升期关系密切。从创业企业成立时间来看，"1 年以下"占 15.42%，"1~3 年"占 51.87%，"3~5 年"占 27.57%，"5 年以上"占 5.14%，3 年以内的创业企业占比较大，这些企业往往较有代表性。企业规模这项显示："5 人及以下"占 3.74%，"6~10 人"占 10.28%，"11~25 人"占 61.21%，"26~50 人"占 16.36%，"50 人以上"占 8.41%，25 人以内的企业规模占多数，这类规模的企业往往是创业类公司的主力和典型，也是本研究重点关注的对象。

问卷中的量表分为个体先验知识、个体人格特质和创业机会识别等三大类，在三大类里又细分成 3~5 个小类不等。第一大类的"个体先验知识"分成三类，调研数据整理后如表 7.5 所示。

表 7.5　个体先验知识调研数据

题目/选项	1	2	3	4	5	小类平均分
特殊兴趣 1	1	3	20	127	63	
特殊兴趣 2	2	7	45	87	73	4.13
特殊兴趣 3	1	8	38	111	56	
产业知识 1	4	17	78	62	53	
产业知识 2	2	19	65	77	51	3.87
产业知识 3	4	13	55	103	39	
创业经历 1	7	26	63	73	45	
创业经历 2	17	41	57	67	32	3.42
创业经历 3	18	28	74	62	32	

从表 7.5 可知，在"个体先验知识"下的"特殊兴趣""产业知识"和"创业经历"这三个小类别的分数情况是：总分为 5 分的情况下，"特殊兴趣"，包含特殊兴趣 1、特殊兴趣 2、特殊兴趣 3，平均得分最高，为 4.13；"产业知识"，包含产业知识 1、产业知识 2、产业知识 3，平均得分排在第二，为

3.87;"创业经历"(包含创业经历 1、创业经历 2、创业经历 3)平均得分为 3.42。

第二大类是"个体人格特质",分成五类,调研数据整理后如表 7.6 所示。

表7.6 个体人格特质调研数据

题目/选项	1	2	3	4	5	小类平均分
外向性 1	4	13	56	104	37	
外向性 2	5	12	55	87	55	4.18
外向性 3	16	47	62	56	33	
外向性 4	2	16	42	87	67	
开放性 1	1	12	30	118	53	
开放性 2	3	10	34	95	72	3.94
开放性 3	2	14	45	90	63	
开放性 4	2	13	51	92	56	
稳定性 1	3	24	68	71	48	
稳定性 2	6	33	66	72	37	3.82
稳定性 3	9	35	55	74	41	
稳定性 4	5	27	49	92	41	
适宜性 1	3	17	40	105	49	
适宜性 2	3	25	67	78	41	3.71
适宜性 3	1	11	38	88	76	
适宜性 4	5	7	36	102	64	
严谨性 1	3	11	27	101	72	
严谨性 2	3	9	34	85	83	3.52
严谨性 3	1	12	23	107	71	
严谨性 4	1	8	37	103	65	

从表 7.6 可知,在"个体人格特质"下的"外向性""开放性""稳定性""适宜性"和"严谨性"这五个小类别的分数情况是:总分为 5 分的情况下,"外向性"(包含外向性 1、外向性 2、外向性 3、外向性 4)平均得分最高,为 4.18;"开放性"(包含开放性 1、开放性 2、开放性 3、开放性 4)平均得分排在第二,为 3.94;"稳定性"(包含稳定性 1、稳定性 2、稳定性 3、稳定性 4)平均得分为 3.82;"适宜性"(适宜性 1、适宜性 2、适宜性 3、适

宜性4）平均得分为3.71；"严谨性"（包含严谨性1、严谨性2、严谨性3、严谨性4）平均得分为3.52。

第三大类是"创业机会识别"，分成两类，调研数据整理后如表7.7所示。

表7.7 创业机会识别调研数据

题目/选项	1	2	3	4	5	小类平均分
可行性1	5	28	71	89	21	3.84
可行性2	1	11	61	85	56	
可行性3	3	32	56	89	34	
前瞻性1	7	25	74	39	69	3.66
前瞻性2	6	19	56	91	42	
前瞻性3	8	33	62	80	31	

从表7.7可知，在"创业机会识别"下的"可行性"和"前瞻性"这两个小类别的分数情况是：总分为5分的情况下，"可行性"（包含可行性1、可行性2、可行性3）平均得分最高，为3.84；"前瞻性"（包含前瞻性1、前瞻性2、前瞻性3）平均得分为3.66。

（5）创业者心智画像

根据收集到的问卷数据，对创业者心智进行三个维度的标签化，如图7.16所示。

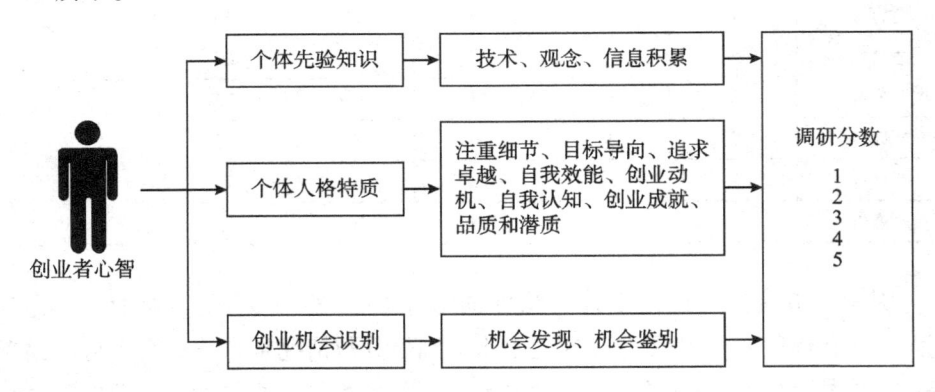

图7.16 创业者心智的三个维度

创业者心智标签化信息表，如表7.8所示。

第 7 章 心智模型分析与创业者心智画像

表 7.8 创业者心智标签化信息表

序号	技术	观念	信息积累	机会发现	机会鉴别	注重细节	…	追求卓越	自我效能	自我认知	创业动机
001	3	4	3	3	4	3	…	4	4	4	5
002	4	3	5	4	4	4	…	4	3	3	4
003	5	2	4	3	3	2	…	5	3	4	3
004	3	4	4	3	4	4	…	4	4	4	4
…	…	…	…	…	…	…	…	…	…	…	…
214	2	3	4	4	4	4	…	4	3	2	5

在表 7.8 的基础上，采用聚类分析，获得四种类型的创业者心智，将其归纳为成功自信型、理智谨慎型、盲目冲动型和冷静生存型四类创业者心智类型，如图 7.17 所示。

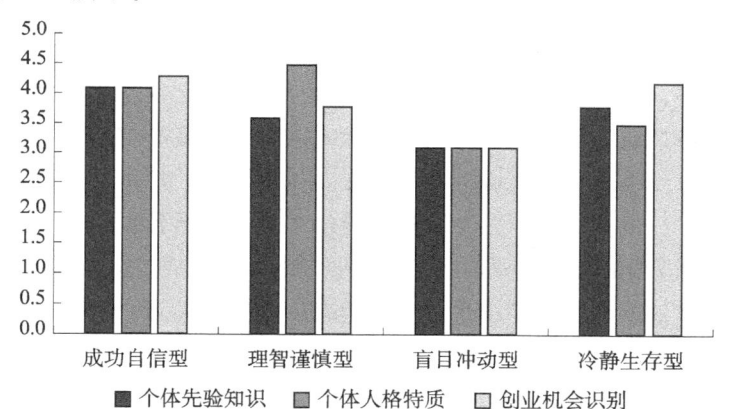

图 7.17 四类创业者心智对应分值

在表 7.8 的基础上，结合创业者个人基本信息就可以对创业者心智进行画像，如图 7.18 所示。

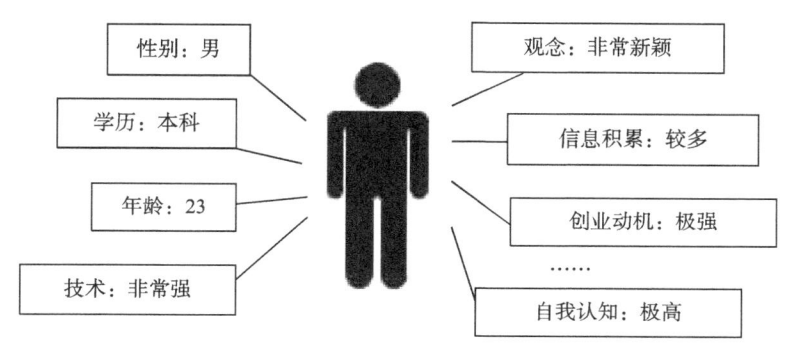

图 7.18 创业者心智画像

163

创业者心智作为现实世界中创业者的属性描绘，在"大众创业、万众创新"的背景下，对创业管理研究的开展意义重大。中小企业创业失败率高，创业风险大，为了有效避免风险，对创业者心智进行准确描述非常重要。本研究基于创业者的基本属性和创业者对创业的认识和机会识别能力，给出了如何依据以上信息，抽象出标签化的创业者心智模型的过程，即对创业者心智进行画像的研究设计与构建，为同类研究提供思路。

7.4 本章小结

本章对心智模型分析与创业者心智画像进行研究。首先对心智模型进行分析，接着对基于心理反应的测量心智模型方法和基于生理指标的心智模型测量方法进行阐述，然后对创业者心智模型要素进行分析，包括创业者个体先验知识、个体人格特质和创业机会识别等。接着进行创业者心智画像的构建实证研究，在对信息传输、计算机服务和软件业、生物医药、培训、教育业等多个行业的创业者进行走访调研与可穿戴式实验的基础上进行数据分析，通过聚类分析、关联规则分析等数据挖掘方法，得到了创业者心智标签，并给出了成功自信型、理智谨慎型、盲目冲动型和冷静生存型四类创业者心智的画像。上述研究立足于创业者心智画像的研究视角，在创业管理研究上进行了新的探索，为今后的创业管理研究提供参考。

第 8 章　心智模型与网络心理计算的应用

8.1　基于心智模型的网络创业服务

8.1.1　网络创业特点与创业模式

近年来，我国"大众创业、万众创新"战略的逐步推进与深化，吸引了越来越多的人选择创业。在创业方式上，网络创业凭借其交互方便、高效等独特的优势，被众多创业者所选中。有数据显示，2018 年中国电子商务交易规模超过 30 万亿，2019 年"双十一"天猫商城当天的成交额达到 2684 亿元人民币，彰显了网络消费的巨大潜能。基于互联网进行的网络创业，相对于实体创业而言，它的主要特点如表 8.1 所示。

表 8.1　网络创业的特点

比较项	网络创业	实体创业
创业门槛	门槛较低，需要懂得基本的网络操作，启动资金相对实体创业要少	门槛较高，需要较多的启动资金和人员
营业场所	无须固定的实体场所，只需提供网络访问的 URL 地址	需要固定的实体营业场所，营业场所的选址对企业影响很大
营业时间	不受时间限制，一天 24 小时都可以营业	受时间限制，上、下班时间营业，其余时间关门
营业环境	通过网页来展示商品或服务	通过实体店来展示商品或服务
运营成本	网费、电费、服务器租赁费、人员工资、第三方平台交易佣金等	办公租金、水电费、仓储费、人员工资等
广告渠道	门户网站、社交平台等，受众面广	传单、户外、宣传媒体、车身广告等
创业风险	风险较小	风险较大
临场体验	无法临场体验商品	能临场体验商品

网络创业的模式因视角不同有不同的分类，如从业务是否跨境上来分，可分为跨境电子商务交易模式和境内电子商务模式；从平台上来分，可分为自建网络交易平台模式和在第三方网络交易平台上开店模式；从交易的主客体上来分（Standifer et al.，2010），可分为企业与企业交易（Business to Business，B2B）、企业与个人交易（Business to Consumer，B2C）、个人与个人交易（Consumer to Consumer，C2C）等。本研究则从交易对象来分，将网络创业分为商品交易型网络创业和服务提供型网络创业两种模式。

商品交易型网络创业是指以互联网和网络信息技术为依托，进行商品的销售。主要的形式有两种。一种是自建网络销售平台，自行搭建应用服务器、数据库服务器，并且开发网络版本的商品进销存系统。采用此种方式的创业，通常需要公司里设置软件研发部门，能对网上与客户交互的软件进行开发与修改。除此之外，还需要有技术人员能对服务器进行配置与管理，因而该方式的创业成本较高，投入经费和人力较多，需要有专门的软件研发团队，具有一定的技术门槛。另外一种是借助第三方平台，如淘宝、转转、天猫等进行商品交易。这类创业无须创业者团队里具备专业的软件研发人员，只需要在网络上完成简单的商品上架、发货、收款、回答客户疑问与售后即可，因而该方式的创业成本较低，投入经费和人力较少。商品交易型网络创业通过卖出商品来赚取售价与商品成本价之间的差额利润，其中成本主要由货品生产成本、库存成本、物流成本、第三方平台所需成本、退换货成本和管理成本等组成。此种模式创业往往面临的一个问题就是商品竞争问题，同类商品在网上的价格非常透明，客户的可选择和参考价格很多，导致客户存在议价空间，挤压了商品利润，因此需要压低自身的生产成本和运营成本，才能获得更多的盈利。

服务提供型网络创业指的是依托互联网和网络信息技术，为客户提供服务，如网络教学服务、网络咨询服务、信息检索服务等。这种网络创业模式需要创业者具有一定的技术优势和差异化服务能力。与商品交易型网络创业相比，这种方式的创业在技术上和服务质量上会对公司提出更高的要求。服务提供型网络创业的盈利模式来自服务的价格。例如，网上课堂，按小时收费，每个参加听课的学习者根据自己的兴趣付费听课，如果客户觉得服务提供的价值与他愿意承受的付费相匹配，则获得收益，因而服务的定价可以因服务提供者的水平、资历而制定差异化的价格，从而避免了价格透明和均一售价的问题，可以形成差异化服务和自身的竞争优势。一旦自身提供的服务在顾客中形成良好口碑，能够满足顾客的需要，顾客往往会愿意付费或者持续购买服务，从而给公司带来稳定的收入。

无论是商品交易型网络创业还是服务提供型网络创业，顾客需求和顾客兴趣的获取对于创业公司来说极其重要。如何通过顾客网上的消费行为或网上浏览行为，去发掘顾客兴趣和满足顾客需求，是网络创业者十分关注的问题。为此，从心智模型视角对网络客户进行需求和兴趣挖掘研究，帮助网络创业者更加了解客户兴趣偏好，从而提供更好的服务，具有重要的研究价值。

8.1.2 网络客户的心智模型分析

网络客户的心智模型是通过对客户的网上行为数据、问卷调研和实验数据进行收集、预处理和分析后得到的，网络客户的心智模型框架如图 8.1 所示。

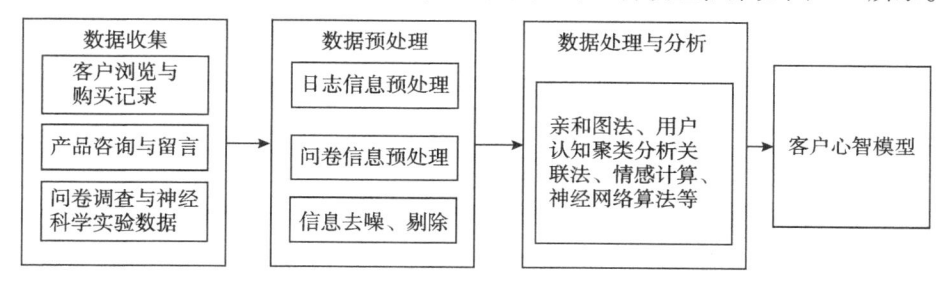

图 8.1 网络客户的心智模型

从图 8.1 可知，网络客户的心智模型的获取主要经过数据收集、数据预处理和数据处理与分析等过程，其中数据收集是指对客户的网上浏览与购买记录、产品咨询与留言、调查问卷与神经科学实验数据等进行收集，上述数据是网络客户的心智模型分析的重要素材。例如，客户浏览页面所点击的链接、客户浏览页面的停留时间、客户浏览页面的顺序等数据需要从服务器的日志中提取。

（1）数据预处理

数据预处理指的是对服务器日志信息、问卷信息等原始信息进行筛选，其中，对原始的日志文件进行预处理的流程如图 8.2 所示。

图 8.2 服务器日志的预处理流程

在对服务器日志数据进行数据提取时，通常是采用过滤和匹配的方法，对一些不相干的文件进行过滤，如 javascript 脚本和网页样式 CSS 文件等，通常采用检查 URL 链接的后缀名来进行过滤。此外，对一些错误访问记录的日志也进行过滤，此类日志的典型表现就是服务器给出的响应状态码不是正常的返回值 200。除了对服务器日志进行过滤之外，文本匹配在日志的数据提取中也被经常使用，例如，对访问时间的匹配，格式形如 yyyy/mm/dd hh：mm：ss。为了分析客户网络操作行为，还需要对客户会话进行识别，例如，对客户的访问 IP 地址进行识别以及跟踪客户的 session ID 来标记客户，对客户的身份信息进行提取，最后需要将已经提取出的信息以一定的标准格式进行输出，以方便后续研究。例如，从日志中提取出顾客累计浏览商品的时间。通常来说，在某一商品上客户花费的时间越长，说明客户对这部分内容越感兴趣，因此浏览时间直接反映了客户感兴趣的程度。只要能提取出浏览者开始进入的时间与退出时间，进行差额运算，就能计算每一次客户的浏览时间。

问卷信息预处理主要包括无效问卷剔除和问卷信度检验两个过程。其中，无效问卷剔除的主要依据有两种，一种是根据问卷的缺失值程度进行剔除，另一种是根据问卷问题回答的逻辑关系进行剔除。在问卷调查方式下，回收到的问卷难免会出现漏答项，出现该结果既可能是受访者粗心导致，也可能是受访者有意避免隐私泄露而跳过某些题目。为此，要么对漏答项进行填充后转为有效问卷，要么将漏答项问卷看成是无效问卷进行剔除。在 SPSS 中单击【分析】→【缺失值分析】，可进行缺失值分析，如图 8.3 左图所示，或者单击【分析】→【多重插补】→【插补缺失数据值】，可以对缺失值进行填充，如图 8.3 右图所示。

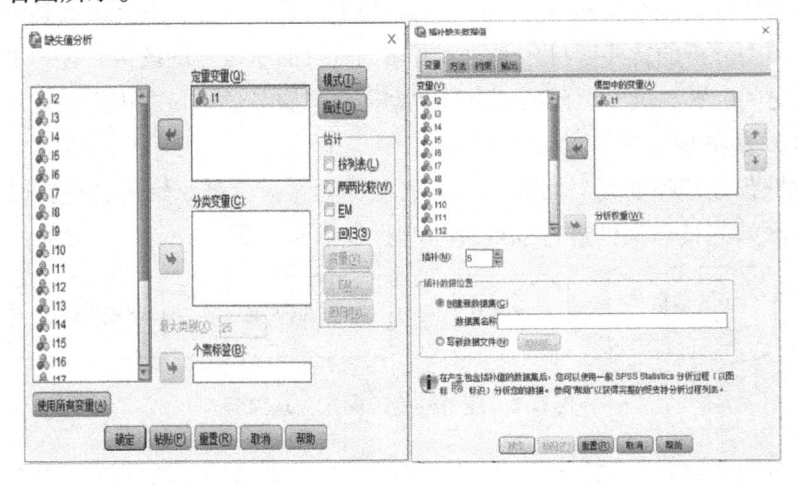

图 8.3 缺失值分析与插补缺失数据值

根据问卷问题回答的逻辑关系进行剔除也是一种剔除无效问卷的方式。例如，受访者在前面填的是某种商品没有使用过，但在后面又对此商品的使用体验进行评价，这明显是不符合逻辑的，因而此类问卷也属于无效问卷，需要剔除。

（2）数据处理方法

在数据预处理完成之后，接着还需要对数据进行处理与分析，以便获得网络客户的心智模型。对上述数据进行处理的方法通常有类聚、路径搜索、关联规则分析、多维尺度、数据分析等。总的来看，可分为定性和定量两种，其中在定性研究上，采用较多的是亲和图法，通过它来处理信息收集阶段所收集到的心智模型相关信息；定量分析则采用聚类分析法（Kumar et al. , 2013）、神经网络算法等（Dai et al. , 2014）。

亲和图法，最早是由日本学者提出，又称同化会议、KJ 法、A 型图解法。亲和图法将心智模型数据收集阶段所采集的大量客户的行为信息，根据其相互之间的亲和性进行归纳分类，并与任务的认知、思维、态度等信息进行关联，将复杂的事情梳理清楚，以清晰明确的方式进行网络客户心智模型的展现。亲和图法的参与者主要是由具备专业知识背景、了解产品和客户的研究开发人员、交互设计师等组成。

用户认知聚类分析关联法是依托聚类算法进行的，由于聚类能将事先没有类别标记的物理或抽象的对象，按照某些属性，在"组间距离尽可能大，组内距离尽可能小"的原则下，将对象划分为若干组，以确保组内的对象之间是相关的，不同组中的对象差别尽可能大。聚类的评价通常采用 purity 评价法和 F 值评价法，其中 purity 评价法是计算正确聚类总数占总数的比例，非常实用，计算公式如下：

$$purity(X,Y) = \frac{1}{n}\sum_{k} \max | x_k \cap y_k | \qquad (8.1)$$

上式中，n 表示所有待聚类集合的总数，集合 $X = (x_1, x_2, \cdots, x_k)$ 指的是所有的聚类集合，x_k 表示的是第 k 个聚类的集合；$Y = (y_1, y_2, \cdots, y_k)$ 表示的是待聚类的集合，y_k 表示的是第 k 个聚类对象。

F 值评价法，是建立在 RI（Rand Index）评价的基础上进行变化得到的，它的主要计算公式如下：

$$RI = \frac{X + Y}{X + M + D + Y} \qquad (8.2)$$

$$F_\alpha = \frac{(1+\alpha^2)p \times r}{\alpha^2 p + r} \tag{8.3}$$

$$p = \frac{R}{R+M}, \quad r = \frac{R}{R+D} \tag{8.4}$$

上式中，X 是指被聚在一类的对象的分类是正确的；Y 是指不应该被聚为一类的对象被正确地分开了；M 指不应该放在一类的对象被错误地放在了一类；D 指不应该分开的对象被错误地分开了；p 指的是准确率，r 指的是召回率。

（3）心智模型分析

网络客户的心智模型，从客户体验角度来看，可以分为感官体验、交互体验、情感体验和自我实现体验，因而在商品或服务的设计上要尽量去迎合上述体验。例如，在网站导航的设计上，学习者进入网络教育学习平台，最先接触的是网站导航，因而网站导航是否好用将直接对用户体验产生影响。如果导航设计不合理，会给学习者造成很大迷惑，尤其是页面之间的联系如果设计混乱，逻辑递进关系不清晰，这样的网站会让学习者感到失望，导致学习者流失。因而，在网站导航的设计上一定要清晰、简洁易懂。例如，网易云课堂的网站设计中，首页的课程分类导航，是以下拉列表的形式竖向排列大类，然后对于每个大类再以横向列表的形式进行展示，这样既节省了空间，又方便了用户浏览。网易云课堂导航如图 8.4 所示。

图 8.4　导航示例

从图 8.4 可知，网站导航页面首先要保证内容的层次和优先性，重要的信息优先传递是设计首要考虑的因素；其次，在课程的目录及分类导航上尽量做到栏目合理；最后，导航的逻辑一定要清晰和简明，让学习者能迅速聚焦在自己感兴趣的课程上，给学习者以轻快的心情，满足学习者心智模型。总的来看，网站交互设计中用户体验与客户心智模型的对应关系可以归纳为表 8.2。

表 8.2 用户体验要素与心智模型对应关系

用户体验	要素	心智模型
感官体验	界面设计、视觉设计	风格偏好
交互体验	交互设计、信息架构	具体行为
情感体验	可控设计、情境设计	思维方式
自我实现体验	客户兴趣、客户目标	客户期望

从表 8.2 可知，感官体验与网站的界面设计和视觉设计要素密切相关，界面是否清晰、是否美观，对应心智模型里的风格偏好；交互体验与网站的交互设计和信息架构要素相关，交互设计是否合理、是否简单，对应心智模型的具体行为；情感体验与网站交互设计的可控设计和情境设计相关，对应心智模型的思维方式；自我实现体验则与客户兴趣和客户目标相关，对应心智模型的客户期望。

8.1.3 网络教育的用户心智模型

网络教育作为网络创业中的热门方向，市场规模和发展潜力巨大，据中国互联网络信息中心发布的报告显示，截至 2019 年 6 月，我国在线教育用户规模达 2.32 亿元，2022 年预计将达到 3102 亿元（中国互联网络信息中心，2019；前瞻产业研究院，2020）。随着各类职业网络教育、高等网络教育、青少年儿童网络教育需求的不断增长，网络教育创业方向被众多投资者和创业者看好。在网络教育里，用户通过互联网进入到相应的网上课程界面进行学习，在上述过程中，网页的导航、视觉设计、界面设计等均直接影响到用户的体验，与用户心智模型密切相关。因此，为了给网络教育的用户提供更好的服务，对网络教育的用户心智模型进行研究具有重要的意义。

8.1.3.1 学习者心智模型实验

（1）实验目的

通过实验对网络教育资源平台学习者的预期、价值取向和需求等进行研究，获取学习者在学习习惯、思维定式和学习资源使用习惯上形成的心理映像，即获取学习者对于网络教育资源的心智信息，进而建立有助于完善网络教育资源设计的用户心智模型。

(2) 实验对象

参与网络教育的学习者具有自我提升的学习需求，并愿意花精力和时间进行学习。本研究以上述条件进行实验对象的招募，一共招募到"上海学习网"的学习者36人作为实验对象，其中男性和女性人数分别为20位和16位，平均年龄20.1岁。"上海学习网"作为大型网络教育学习平台，注册人数超过300万，提供的在线课程2.8万多门。参加本次被试的基本情况如表8.3所示。

表8.3 被试基本情况

序号	性别	年龄	教育程度	健康状况
1	男	20	大专	良
2	女	17	高中	良
3	男	19	本科	良
4	女	19	大专	良
…	…	…	…	良
36	男	22	本科	良

(3) 实验设计

实验设计分为两个测试项，一项是用户访谈实验，另一项是出声思维实验。在用户访谈实验里，在访谈前，征得了测试者的同意，可以对访谈进行录音，以便后续进行整理。用户访谈提纲示例如表8.4所示（戴永辉等，2019）。

表8.4 用户访谈示例

分类	访谈主题	访谈内容
常规访谈	用户基本信息	姓名、性别、年龄、受教育程度、职业
常规访谈	网络学习行为	您每周上网课的频次怎样 您最常使用的网络学习资源有哪些 您使用这些网络学习资源的原因是什么 您认为这些网络学习资源吸引您的地方有哪些
重点访谈	对网络学习资源设计的建议	您觉得当前网络学习资源的设计是否符合您的要求 当前网络学习资源的设计让您满意或不满意的原因有哪些 您期望的网络学习资源的设计是怎样的 您认为网络学习资源的设计应该注意的地方有哪些

在出声思维实验过程中，要求被试在网络教育平台上完成一些实验任务，如登录、课程导航、网页浏览、观看视频、试听课程和课堂互动等。在上述过程中，一方面对服务器日志进行挖掘来分析学习者行为，另一方面要求被试对象对上述实验任务过程中的体验进行描述。实验任务示例如表8.5所示。

表8.5 实验任务示例

序号	实验任务	实验记录
1	登录	记录被试对象在产品视觉性、实用性、情感交互、流畅度和满意度等方面的体验
2	课程导航	
3	网页浏览	
4	观看视频	
5	试听课程	
6	课堂互动	

（4）实验流程

本次实验包括实验准备、实验执行、实验后的交流与实验数据的处理等四个阶段，从登录功能、课程导航、图片、文字、声音、背景音乐等多方面，测试被试对象对课程资源的评价和建议。评价采用记分制，0~5分，从视觉性、实用性、情感交互、流畅程度、满意度五个方面进行评价，分数越低表示越不满意，分数越高则越满意。

8.1.3.2 学习者心智模型的获取

学习者心智模型的获取是通过对实验数据进行处理和分析后获得。例如，被试对象记录表如表8.6所示。

表8.6 被试对象记录表

一、基本信息							
姓名	×××	性别	男	年龄	21		
职业	学生	受教育程度	大专	每周网课频次	8		
二、实验记录							
实验任务	视觉性	实用性	情感交互	流畅程度	满意度		
登录	简单明了，视觉效果良好	良好	无特别感觉	良好	良好		

续表

课程导航	首页不错，看起来很舒服，课程划分不太合理，推荐课程不够明确，页面需美化	课程内容较丰富	传递信息不明确，需要花费时间去理解	第一层级、第二层级（课程分类界面）良好，深入层级出现卡顿现象	一般
观看视频	画面清晰度高，出现文字时清晰度不够高，看不清视频中的字	适合于增加基本生活常识	知识讲解清晰，体验良好，在评论区可互动	打开视频较慢，一些页面打不开，听课过程中出现卡顿现象	一般
试听课程	大多数课程发音清晰，无杂音	良好	缺少特别的交互体验	偶尔有卡顿现象	一般
信息传达	大多数清晰明确	有些课程的实用性不够突出，总体一般	一些页面出错，不太满意，交互体验一般，不够方便	一般	一般

在收集到心智模式信息的实验数据后，对上述信息进行处理，可以获得学习者的学习行为，进而抽象出用户心智模型。具体是将记录信息转换成有效的信息，构建出完整的用户心智模式，为学习资源设计提供依据。例如，被试对象对于"上海学习网"中的浏览视觉性的描述，"首页不错，看起来很舒服，课程划分不太合理，推荐课程不够明确，页面需美化"，对于此记录信息，可抽象出课程板块设置应完善，推荐课程页面要明确、具体和美观。如表8.7所示。

表8.7 用户心智信息的提取示例

用户描述	用户心智信息的提取
首页不错，看起来很舒服，课程划分不太合理，推荐课程不够明确，页面需美化	课程页板块设置应完善；推荐课程页面要明确具体，界面需要美化

此外，用户的描述，诸如"界面设置应清晰明确，学习平台的硬件设施

需要改善，平台的网络带宽不够""不必要的图片要去掉，课件视频的水平需要提高，想要看高质量的视频资源""课件的屏幕比例不太合理，课件里需要多一些用户互动""课件要有审核机制，视频课程质量需要审核""登录界面要能支持手机、平板、电脑等多种，评论区的标题颜色需要不一样""有些字太小，课程分类有些乱，类别不是很清晰"等，因此，对用户描述进行归类后，如表 8.8 所示。

表 8.8 用户心智模式

序号	分类	解决方法	用户描述
1	界面部分	清晰的界面设置	首页不错，看起来很舒服，课程划分不太合理，推荐课程不够明确，页面需美化，评论区的标题颜色需要不一样
		改善界面板块比例	课件的屏幕比例不太合理，登录界面要能支持手机、平板、电脑等多种终端，界面需要美化
		字体大小自适应	有些字太小
		细化课程分类列表	课程分类有些乱，类别不是很清晰
2	后台支持部分	硬件扩容	打开视频较慢，一些页面打不开，听课过程中有卡顿现象，总体来说不是太满意
		内容精减	学习界面画面略微模糊，视频卡顿，声音与画面不同步
3	课件视频质量	提高视频课程水平	课件视频的水平需要提高，想要看高质量的视频资源
		课程配套资源的提供	希望在课件的页面里介绍一些相关的参考书、视频等学习资源
		提高课程清晰度	学习界面画面略微模糊，视频卡顿，声音与画面不同步
		增加资源审核机制	这门课的内容太少了，不怎么实用。里面的视频与课程内容不太相关
4	课件互动	增加互动的界面	缺乏交流的平台，社区的模块也没有相互交流的地方；评论缺少标题，不能迅速地浏览；只提供账号密码方式登录，没有提供QQ、微信等社交软件互动的渠道

将学习用户的心智信息分别在界面元素、框架需求、交互易用性、操作习惯等教育需求以及人性化、愉悦度上进行聚类，形成心智模型，如图 8.5 所示。

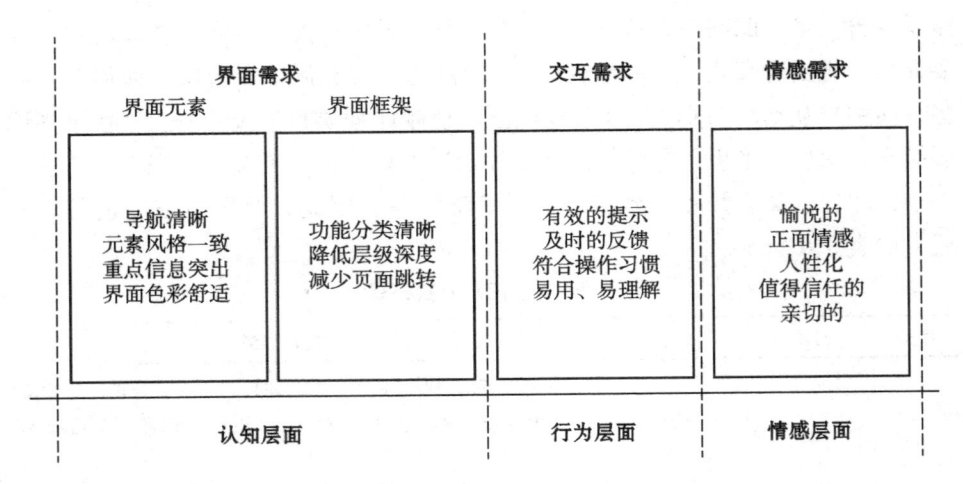

图 8.5 用户心智模型

8.1.3.3 学习用户心智模型实验分析

本次实验数据经整理、计算后，按照视觉性、实用性、情感、流畅和满意五个维度进行人员的依序排列，如表 8.9 所示。

表 8.9 测试体验得分表

序号	视觉性	实用性	情感	流畅	满意
P1	4	4	3	5	4
P2	3	3	3	4	3
P3	4	5	4	4	3
P4	4	4	4	5	4
P5	3	4	3	3	4
P6	4	4	3	5	3
…	…	…	…	…	…
平均值	3.65	4.00	2.85	4.35	3.52

从表 8.9 的结果，对网络学习资源在视觉性、实用性、情感、流畅和满意方面的分析如下。

① 内容的实用性：该课程资源的实用性平均分为 4 分，说明多数用户都认可平台上学习资源具有实用性。

② 信息传达：大部分被试学习者看完后都能准确说出该学习资源视频所

传达的内容。

③ 印象：大部分被试学习者对于学习资源视频中提到的内容印象深刻。

④ 声音情感：被试学习者对课程中的声音情感给出的分数不高。

⑤ 学习资源视频的文字：大部分用户都倾向于文字应该简洁并重点突出，并且与图片相关，一个画面中的字数不要太多。

⑥ 播放速度：大部分被试学习者认为该学习资源视频的播放速度正好，极个别被试认为速度稍微快了点。

从表 8.9 来看，学习资源在实用性和流畅度上都得到被试的认可，达到了一定的满意度，视觉和整体满意上则一般，在情感维度上大有改进之处。因此，在之后的改进中，可在涉及情感的维度上着力改善。

8.2 基于网络心理计算的应用示例

8.2.1 网络心理计算过程与方法

网络心理计算是指基于网络数据分析的心理计算，是在用户的网络行为与用户的心理特征之间建立某种函数映射关系，该函数的自变量可看成是网络行为数据，因变量为个体心理特征。与其他学科相比，网络心理学（Cyber Psychology）是一门新兴的学科，其最早是由约翰·舒勒（John Suler）在 1996 年提出，它是以实证研究为手段，基于人们在网络空间中的表现和行为来研究人们心理现象及相关规律的学科（Liebert，2013），属于信息科学与心理学的交叉学科。在网络心理计算支持下，商家能够对在线客户的兴趣、情绪和心理特征等进行挖掘分析，从而为制定精准营销策略奠定基础。

8.2.1.1 网络心理计算过程

人的心理反应是由人类大脑机制主导的一系列神经活动的结果，它会对人的生理信号，如心率、皮肤电位、脑电波等，外在行为表现，如表情、姿态、语音高低、快慢等，以及后续行为产生影响。因此，通过对上网的人的生理信号和外在行为表现进行数据采集和心理计算分析，就能获得上网者的心理特征。人类的情绪可看成由个人主观体验、外部表现和生理唤醒共同构成。上述三者当中，主观体验指的是个体的感觉和感受，外部表现指的身体姿态、语音语调、面部表情等反映出的个人情感或心理状态，生理唤醒指的是个人的生理反应。神经科学理论认为，人的心理现象是人类大脑功能作用的结果，心理状态是在大脑机制下发生的结果。心理认知计算的研究，是为了解释我们观察到的认知现象与思维，是符合神经生物学的事实的，可以利用数学原理展开解释和在一定程度上进行计算（王志良等，2011）。在网络心理计算的研究上，目前学者的研究主要集中在两个方面，一方面是对网络用户的心理认知在神经科学中的解释，另一方面是心理情感状态的识别与分析。国内学者将认知过程归纳为感知（Perception）、记忆（Memory）和判断（Judgment），建立了PMJ认知计算模型（陈文峰等，2014；贾珈等，2014），对互联网图像和语音进行情感认知计算和描述。基于移动学习平台中的学习者行为，有学者通过情感计算对学习者兴趣和情感进行识别，来指导情感教学和个性化教学的实施，提升教学效果（Chen et al.，2017）。

总的来看，网络心理计算过程大致可以分为用户网络行为数据的收集与预处理、网络行为数据的挖掘计算和网络心理特征报告三个阶段。其中，在第一阶段，主要对用户在网上的一些操作行为和数据进行收集和预处理，如网页浏览点击的页面和次序，发帖的文本，社交媒体的聊天语音等，这些行为会被记录在服务器的日志里，文本和语音则会存在网站或使用的聊天平台里，上述数据经过预处理，噪声数据被剔除后，供下一阶段使用；第二阶段对预处理完的数据进行数据挖掘和情感计算，包括网络文本情感技术和语音情感计算等；第三阶段则对网络心理计算结果进行分析，从而获得上网者的网络心理特征。

8.2.1.2 网络心理计算方法

网络心理计算的方法主要有网络文本情感计算、网络语音情感计算和网络行为认知计算等方法。

（1）网络文本情感计算

文本情感计算通常有基于词典库和基于机器学习两种模式，本研究采用的是基于情感词典的文本情感计算，计算流程如图8.6所示。

从图8.6可知，文本信息首先被分词，然后与情感词典库进行匹配，从第一个分词开始，看是否是情感词，如果是则计算该词词性，否则将其丢弃。接着判断是否还有情感词，重复以上步骤，当情感词都计算完毕后，汇总计算语句的情感。文本分词，是文本情感计算的第一步，该过程是按照一定的规则将连续的字序列分割成词序列，中文由于词之间没有间隔，处理起来比英文难度

第 8 章 心智模型与网络心理计算的应用

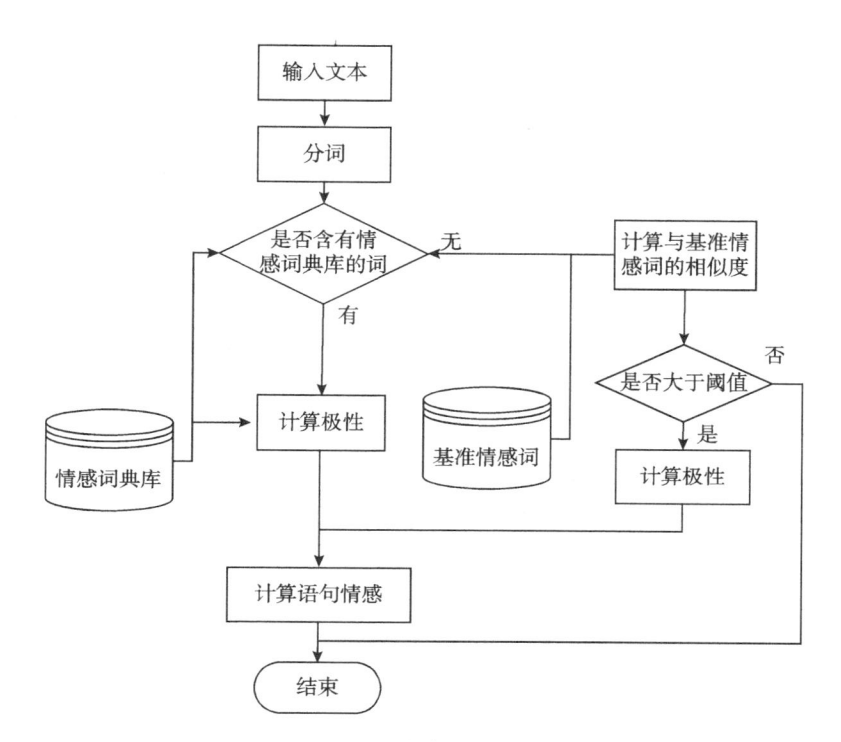

图 8.6　文本情感计算流程

要大，如果分词不当会对效率产生很大的影响。目前，中文分词方法主要分成基于词典、基于理解和基于统计三种分词方法，本研究采用的是基于词典的分词方法。该方法的基本思路是：首先建立领域词库，该词库中包括所有可能出现的词。当待分词字串 TempStr 被给定后，便按照规则和策略提取该字串的子串，如果子串能与词典里的词匹配，则认定子串是词，然后继续对字串的其余部分进行分割，重复上述过程，一直到全部匹配完；否则，此子串不是词，跳回上面重新对 TempStr 子串进行匹配。例如，使用 R 语言工具对语句"这个产品很好，界面美观，操作也很简单，功能强大，可以帮我解决很多问题"的分词效果见图 8.7。

```
Console  Terminal  Jobs
~/
> library(Rwordseg)
> library(rJava)
> text<- 这个产品很好，界面美观，操作也很简单，功能强大，可以帮我解决很多问题
> segmentCN(text,nature=TRUE)
      r      n       d    a     n      a      vn     d    d    a     n    a    v    r   v     r    v    d
   "这个" "产品"  "很"  "好" "界面" "美观" "操作" "也" "很" "简单" "功能" "强大" "可以" "帮" "我" "解决" "很"
                                                                                             m    n
                                                                                           "多" "问题"
```

图 8.7　R 语言分词示例

179

文本被分词之后成为词集，对于文本分类没有意义的，被称作停用词。对停用词的处理，较为常见的是通过查表法来剔除，对完成文本分词的词集与停用词表进行匹配，如果该词没有在停用词表，则保留这个词。较为常见的停用词是虚词，比如介词、冠词、连词、助词等，它们的出现频率虽然很高，但是在文章里实际意义不大，仅仅是起到连接结构作用，比如"了""的""是"等停用词。接下来对文本情感的极性进行计算，本研究使用点互信息（PMI）来计算情感词的情感，计算步骤如下。

步骤1：挑选情感词。执行完分词后，根据细分好的词，从中挑选情感词 $\{Word_1, Word_2, \cdots, Word_i\}$，参考文本情感方面的已有研究成果（赵旭东，2015），语言文本里动词、形容词、副词往往含有情感，因此，本书也将此三类词作为候选情感词。

步骤2：匹配情感词。接着将所挑选出来的词与情感词典做匹配查询，如果该词能在词典里查到，则直接返回词语的情感极性和强度，否则执行（3）。

步骤3：相似度计算。如果情感词 $Word_1$ 未出现在情感词典中，则根据相似度计算方法来计算此词与所有基准情感词（见表8.10）的相似度，同时设定阈值 θ，若存在最大相似度值 $\max > \theta$，则表明 $Word_1$ 与对应的基准词很相似，计算其极性，极性的计算见式8.5：

$$Value = Sim(Word_i, Word_{basic}) \times Value_{basic} \qquad (8.5)$$

式中，$Sim(Word_i, Word_{basic})$ 表示 $Word_i$ 与基准词 j 的相似度，$Value_{basic}$ 表示基准词 j 的极性强度。

本书将基准情感词分为7大类，该分类是参照大连理工情感词大类，通过统计7大类里每类情感词汇在语料库出现的频率，选取每个大类里10个出现频率最高的情感词作为基准词，本书的部分基准情感词如表8.10所示。

表8.10 基准情感词示意

好 基准词列表				
希望	一定	根本	发展	支持
朋友	真正	重要	相信	民主
哀 基准词列表				
消极	弱势	悲剧	不足	受害
伤害	难过	失去	打击	不幸

续表

怒 基准词列表					
抗议	受害	反感	活该	怪罪
愤怒	过分	投诉	惩罚	惩处
		……		

步骤4：如果情感词与所有基准情感词的相似度均小于阈值 θ，则扫描语料库计算该情感词的极性和强度。计算情感词与七类情感基准词的 PMI 值 $\{SO\_PMI_1, SO\_PMI_2, \cdots, SO\_PMI_7\}$，设其中最大值为 Max，第二大值为 Sec，预定义阈值 θ_{PMI}，如果 $Max - Sec > \theta_{PMI}$，则判定为与最大 PMI 值的情感相同。如果小于阈值，则认为该词不是情感词，继续计算下一词汇。

PMI 的词语极性计算公式如公式 8.6 所示。

$$SO\_PMI(Word) = \sum_{i=1}^{n} PMI(Word, BenchWord_i) \quad (8.6)$$

其中，PMI 计算公式如公式 8.7 所示。

$$PMI(Word_1, Word_2) = log_2\left(\frac{P(Word_1 \& Word_2)}{P(Word_1)P(Word_2)}\right) \quad (8.7)$$

其中，$P(Word_1)$ 是 $Word_1$ 独立出现在语料库中的概率；$P(Word_2)$ 指 $Word_2$ 独立出现在语料库中的概率；$P(Word_1 \& Word_2)$ 指 $Word_1$ 和 $Word_2$ 在语料库里同时出现的概率。

（2）网络语音情感计算

基于心理学和韵律学的研究结果表明，说话者的情感在语音中最直观的表现来自韵律特征和语音质量的变化（林奕琳等，2007）。以往研究表明，人在高兴时，通常的表现是语速较快，音量较大；人在悲伤时，通常的表现是语速缓慢，音量较小。语音情感识别研究中常用的情感特征参数有基频、能量、语速、共振峰、线性预测系数（LPC）、Mel 频标倒谱系数（Mel Frequency Cepstrum Coefficient，MFCC）等以及上述参数的各种衍生形式，如最大值、最小值、均值、范围、变化率、协方差等。本书采用神经网络进行语音情感计算，其过程如图 8.8 所示。

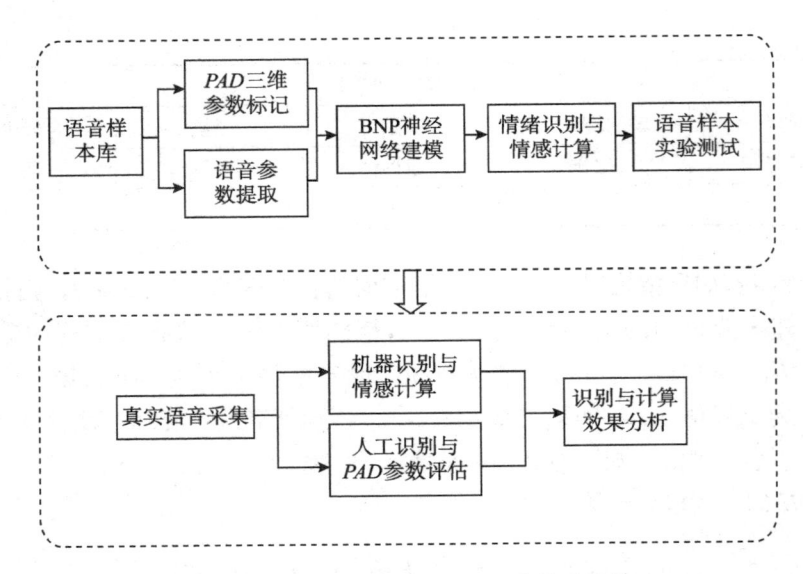

图 8.8　基于 BP 神经网络的语音情感计算

首先，选取韵律与音质特征参数共 25 个组合成特征参数向量模型，见公式 8.8。

$$F(n) = [SE, P, SZC, FF, SF, VS, NVB, MFCC] \quad (8.8)$$

其中，SE 指短时能量的最大值、最小值和平均值；P 指基音的最大值、最小值和平均值；SZC 指短时平均过零率的最大值、最小值和平均值；FF 指第一共振峰的值；SF 指第二共振峰的值；VS 指语速；NVB 指语句停顿次数；$MFCC$ 指 12 阶 Mel 频标倒谱系数。然后这 25 个向量将被用作 BP 神经网络的输入值用来计算情感 PAD 值，其中 PAD 指的是在愉悦度、激活度、优势度三维空间里的值，中国科学院心理研究所 PAD 量化表如表 8.11 所示（周慧，2009）。

表 8.11　中国科学院心理研究所 PAD 量化表

问题	情感	-4	-3	-2	-1	0	1	2	3	4	情感
Q1	愤怒的										感兴趣的

Q2：清醒的—困倦的　　　Q3：受控的—主控的　　　Q4：友好的—轻蔑的
Q5：平静的—兴奋的　　　Q6：支配的—顺从的　　　Q7：痛苦的—高兴的
Q8：感兴趣的—放松的　　Q9：谦卑的—高傲的　　　Q10：兴奋的—激怒的
Q11：拘谨的—惊讶的　　　　　　　　　　　　　　　Q12：有影响力的—被影响的

从最左到最右，分数从"-4"到"0"再到"4"，每个维度上的分数由该维度上 4 个项目的平均得分构成。归一化的 P、A、D 计算如公式 8.9 所示。

$$\begin{cases} P = \dfrac{Q1 - Q4 + Q7 - Q10}{16} \\ A = \dfrac{-Q2 + Q5 - Q8 + Q11}{16} \\ D = \dfrac{Q3 - Q6 + Q9 - Q12}{16} \end{cases} \quad (8.9)$$

接下来，以语音的短时平均过零率与 MFCC 特征参数的计算为例。

① 短时平均过零率的计算。短时平均过零率是指每帧信号通过零值的次数。短时平均过零率某种程度上能估计并且反映语音信号的频谱特性，其计算如公式 8.10 所示。

$$\begin{aligned} Zn &= \sum_{-\infty}^{\infty} |sgn[x(m)] - sgn[x(m-1)]|w(n-m) \\ &= |sgn[x(n)] - sgn[x(n-1)]| \times w(n) \end{aligned} \quad (8.10)$$

其中 sgn[ ] 为符号函数，如公式 8.11 所示。

$$sgn[x(n)] = \begin{cases} 1, & x(n) \geqslant 0 \\ -1, & x(n) < 0 \end{cases} \quad (8.11)$$

短时平均过零率可以确定每段情绪信号的开始和结束位置，能有效地将一串连续的情绪信号进行相应的分区。

② MFCC 特征参数的计算。Mel 频率尺度计算方便、易于区分，是目前被广泛用于语音特征区分的参数之一。它与实际频率的具体关系如公式 8.12 所示。

$$Mel(f) = 2595 \lg(1 + f/700) \quad (8.12)$$

其中，实际频率 f 的单位为 Hz。用汉明窗进行 MFCC 计算的过程如图 8.9 所示。

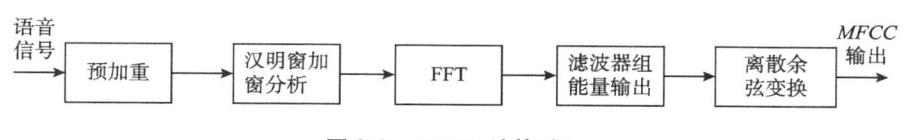

语音信号 → 预加重 → 汉明窗加窗分析 → FFT → 滤波器组能量输出 → 离散余弦变换 → MFCC 输出

图 8.9　MFCC 计算过程

某实际语音的波形、短时平均过零率与 12 阶 MFCC 特征参数提取出如图 8.10 所示。

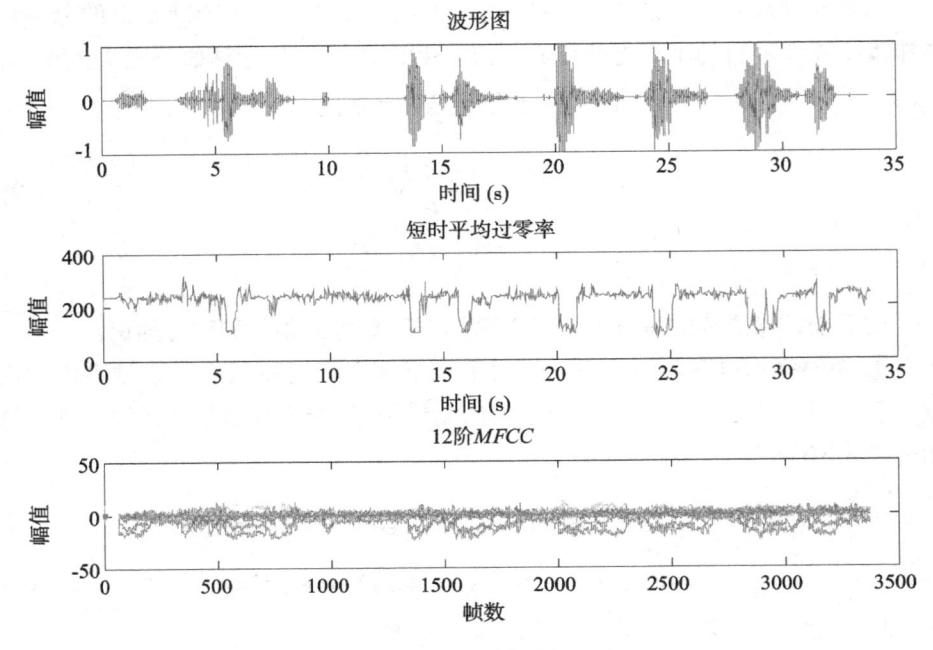

图 8.10 语音特征

（3）网络行为认知计算

网络行为认知计算，指的是通过对用户的浏览、选择等一系列网络行为进行计算和分析，并以上述计算的结果来表征用户心理。它牵涉的方法有机器学习、聚类、分类、深度神经网络等。在此，以应用较为广泛的深度信念网络结构（Deep Belief Nets，DBNs）为例进行介绍。DBNs 最早于 2006 年由 Hinton 提出，它是由一系列的限制玻尔兹曼机（Restricted Boltzmann Machine，RBM）堆叠组成，采用无监督贪婪逐层训练的方式进行学习。RBM 是一个能量模型，其能量函数如式（8.13）所示：

$$E(v,h) = -\sum_{i=1}^{V}\sum_{j=1}^{H} v_i h_j w_{ij} - \sum_{i=1}^{V} v_i a_i^v - \sum_{j=1}^{H} h_j b_j^h \tag{8.13}$$

式（8.13）中，V 指可见层单元的状态矢量；隐含层单元的状态矢量用 h 表示；可见层的第 i 个节点的状态用 V_i 表示；h_j 是隐含层第 j 个节点的状态；w_{ij} 是连接权重，表示的是第 i 个可见层节点和第 j 个隐含层节点（梁静，2014）。

DBNs 的本质是一个概率生成模型，它的可见层节点和隐含层节点的联合概率分布如式（8.14）所示。

$$p(v,h) = \frac{e^{-E(v,h)}}{\sum_u \sum_g e^{-E(u,g)}} \tag{8.14}$$

式（8.14）中，所有可见层的状态用 u 来表示；所有隐含层的状态用 g 来表示；v 是给定的可见层状态；h 是给定的隐含层的状态；分子指的是当前状态 (v, h) 所具有的能量，分母指的是所有可能状态对 (u, g) 的能量。

在 RBM 模型里，给定可见层输入为 V，隐含层节点 j 被激活的概率见式（8.15）：

$$p(h_j = 1 \mid v) = \sigma\left(b_j + \sum_i v_i w_{ij}\right) \tag{8.15}$$

式（8.15）中，b_j 指的是隐含层节点 j 的偏置值，v_i 是可见层节点 i 的输出状态，w_{ij} 是节点 i 和 j 之间的连接权重，$\sigma(x)$ 是 sigmoid 函数，满足 $\sigma(x) = 1/(1 + \exp(-x))$。

同理，对于给定隐含层输入为 h，可见层节点 i 被激活的概率为：

$$p(v_i = 1 \mid h) = \sigma\left(a_i + \sum_j h_j w_{ij}\right) \tag{8.16}$$

式（8.16）中，a_i 是可见层节点 i 本身的偏置值，h_j 是隐含层节点 j 的输出状态，w_{ij} 是节点 i 和 j 之间的连接权重。

在 Hinton 提出的对比散度算法（Hinton，2010）基础上，利用式（8.15）、（8.16），将 data 数据作为隐含层和可见层的输入，对相应的隐含层和可见层状态的输出记作 recon 数据，在采用多次 Gibbs 采样之后，最终得到权重的更新公式，如式（8.17）所示：

$$\Delta w_{ij} = \varepsilon (\langle v_i h_j \rangle_{data} - \langle v_i h_j \rangle_{recon}) \tag{8.17}$$

8.2.2　在线客户的网络心理计算

在线客户的心理对于商家而言非常重要，如果能准确获得在线客户对产品或服务的偏好，商家就能对其产品进行改进，并针对客户偏好采取精准营销策略，达到销量提升的目的。为此，本书通过两种方式来收集客户的网络心理，一种是在产品导购和产品展示的测试网页里嵌入行为采集的后台函数代码，当客户在这些页面里进行产品浏览、商品选择等操作时，这些行为都将被采集（Zhang et al.，2019），用于之后的网络心理计算；另一方面，邀请一些客户进行神经学实验，通过观测他们的脑电数据来分析客户对网上产品的兴趣和关注度，帮助进行网络心理计算。

8.2.2.1 在线客户兴趣表征

对客户的兴趣采集来自两个途径：一个是通过显性方式来获得；另一个是通过对客户网上行为数据的采集，以隐性方式来获得。其中显性方式是当客户在对产品页面进行浏览时开始计时，15 秒之后，系统在页面上弹出产品兴趣反馈单，让客户直接选择，该反馈单的兴趣分值为 0.0～5.0，如表 8.12 所示。

表 8.12　产品兴趣反馈单

产品	分值												
A 产品	0.0	0.1	0.2	0.3	0.4	0.5	0.6	0.7	0.8	0.9	1.0	1.1	…	5.0
B 产品	0.0	0.1	0.2	0.3	0.4	0.5	0.6	0.7	0.8	0.9	1.0	1.1	…	5.0
C 产品	0.0	0.1	0.2	0.3	0.4	0.5	0.6	0.7	0.8	0.9	1.0	1.1	…	5.0
……	0.0	0.1	0.2	0.3	0.4	0.5	0.6	0.7	0.8	0.9	1.0	1.1	…	5.0

隐性获取客户兴趣，是通过收集客户网上的行为，如页面停留时间、页面单击次数、页面关注等进行的。为了对客户兴趣进行度量，在参考以往文献资料的基础上（南智敏，2012；陈海建，2015），将相关的网上行为进行了划分与界定，如表 8.13 所示。

表 8.13　客户网络行为的兴趣表征

类别	网上行为	计量参数	描述
1	产品页面驻留时长	时间	在该产品页面驻留时间越长兴趣越大，时长范围取 20 秒至 10 分钟
2	产品的选择行为	次数	该产品被客户选择的次数，如果选择次数越多则客户越有兴趣，选择次数范围取 0 次至 20 次
3	产品的关注行为	是否	该产品被客户加以关注，表明客户对它很感兴趣
4	评论文本的兴趣	褒义值	客户对该产品的评论褒义值，通过文本情感计算来获得

根据表 8.13 所划分出的四种与客户兴趣相关的网络操作行为以及显示获取客户兴趣的行为，给出以下获取客户兴趣表征与度量的公式（8.18）：

$$Interest_n = (B_0, B_1, B_2, B_3, B_4) \qquad (8.18)$$

在式（8.18）中，$Interest_n$ 指的是客户 n 的兴趣集合，B_0 是产品兴趣反馈单上填的兴趣；B_1 是基于产品页面驻留时长行为的兴趣；B_2 是基于产品的单击行为的兴趣；B_3 是基于产品的关注行为的兴趣；B_4 是基于评论文本情感计算的兴趣。

第 8 章 心智模型与网络心理计算的应用

B_0 类行为的兴趣度量值 I_{B0}：根据客户在产品兴趣反馈单上填的值给出，具体规定是，如果客户未填或填 0，则将兴趣 I_{B0} 记为 0；否则客户兴趣 I_{B0} 等于客户所填的 0.1 和 5.0 之间的值。

B_1 类行为的兴趣度量值 I_{B1}：根据客户在产品页面驻留时长来给出，具体规定是客户如果浏览该产品页面的时长处于（20 秒，60 秒），则将兴趣 I_{B1} 记为 1；产品页面驻留时长处于（60 秒，180 秒），则将兴趣 I_{B1} 记为 2；产品页面驻留时长处于（180 秒，360 秒），则将兴趣 I_{B1} 记为 3；产品页面驻留时长处于（360 秒，600 秒），则将兴趣 I_{B1} 记为 4；如果驻留时长在 10 分钟及以上，则将兴趣 I_{B1} 记为最高值 5。以上页面驻留时长的划分，来自对客户上网浏览习惯的调查后所做出的决定，I_{B1} 的计算公式如式（8.19）所示：

$$I_{B1} = \sum (EndTime - StartTime) = \begin{cases} 0, & Time < 20 \text{ 秒} \\ 1, & 20 \leq Time < 60 \text{ 秒} \\ 2, & 60 \leq Time < 180 \text{ 秒} \\ 3, & 180 \leq Time < 360 \text{ 秒} \\ 4, & 360 \leq Time < 600 \text{ 秒} \\ 5, & 600 \text{ 秒} \leq Time \end{cases} \quad (8.19)$$

B_2 类行为的兴趣度量值 I_{B2}：根据客户对该产品的选择次数来给出，具体规定是客户如果选择该产品的次数处于（1 次，2 次），则将兴趣 I_{B2} 记为 1；选择该产品的次数处于（2 次，4 次），则将兴趣 I_{B2} 记为 2；选择该产品的次数处于（4 次，7 次），则将兴趣 I_{B1} 记为 3；选择该产品的次数处于（7 次，10 次），则将兴趣 I_{B1} 记为 4；如果选择该产品的次数在 10 次及以上，则将兴趣 I_{B2} 记为最高值 5。以上选择该产品次数的划分，来自对客户上网浏览习惯的调查后所做出的决定，I_{B2} 的计算公式见（8.20）：

$$I_{B2} = \sum Clicked = \begin{cases} 0, & Times < 1 \text{ 次} \\ 1, & 1 \leq Times < 2 \text{ 次} \\ 2, & 2 \leq Times < 4 \text{ 次} \\ 3, & 4 \leq Times < 7 \text{ 次} \\ 4, & 7 \leq Times < 10 \text{ 次} \\ 5, & 10 \text{ 次} \leq Times \end{cases} \quad (8.20)$$

B_3 类行为的兴趣度量值 I_{B3}：根据客户对该产品是否加关注来给出，具体规定是客户如果对该产品加关注，则将兴趣 I_{B3} 记为 1，否则记为 0。

B_4 类行为的兴趣度量值 I_{B4}：根据客户对该产品的评论褒义强弱来给出，

该评论通过文本情感计算后获得。

8.2.2.2 在线客户网络心理计算试验

（1）实验准备

本实验需要做的准备主要是搭建一个能收集客户行为的网站和开展神经科学实验的环境。为此，自行搭建了一个虚拟的服装购物网站，在该网站的产品导购和产品展示的测试网页里，嵌入行为采集的后台函数代码，然后将该测试网页访问的地址告知参与实验的所有被试对象。神经科学实验是在专门的房间内进行的，该房间较为安静，干扰性低，EEG 脑电设备采用国际标准 10~20 双导联 8 通道信息采集安置方式，符合实验要求。本次实验共招募到 42 人参与测试，包括男性 8 人，女性 34 人，所有被试对象均身体健康。参加网站页面测试的人数为 30 人，参加神经科学实验的人数为 12 人。

（2）实验过程

在网页实验过程中，被试对象的所有操作行为都被后台服务器日志和录屏软件记录下来，并且将其行为按照表 8.13 的分类进行记录。例如，某位被试对象 Tester A 的商品浏览过程如表 8.14 所示。

表 8.14　被试 Tester A 的浏览记录

计时开始（秒）	行为记录	行为时长（秒）	行为分类
0	进入网站	15	
15	选择服装 A 链接	2	B_2
17	A 兴趣反馈单选择分值	5	B_0
22	服装 A 所在的网页浏览	126	B_1
148	单击【返回】	2	
150	单击服装 B 链接	2	B_2
152	B 兴趣反馈单选择分值	5	B_0
157	浏览服装 B 所在的网页	183	B_1
340	单击【加关注】	2	B_3
342	单击客户咨询，输入：红色的好看，是否有现货	40	B_4
382	单击【返回】	2	
384	单击服装 C 链接	2	B_2
386	单击【返回】	2	
388	再次单击服装 B 链接	2	B_2
390	服装 B 所在的网页浏览	225	B_1
615	退出网站	2	

第 8 章 心智模型与网络心理计算的应用

（3）网络心理计算

在得到客户的网络操作行为记录之后，根据之前的兴趣度量规定，可以对客户的网络心理进行计算。例如，被试 $Tester\ A$ 本次在线所表现出的商品兴趣如式（8.21）所示：

$$TesterA\_I = \begin{cases} I_{B0} = [A:3.2, B:4.6, C:0] \\ I_{B1} = [A:2.0, B:4.0, C:0] \\ I_{B2} = [A:1.0, B:2.0, C:1] \\ I_{B3} = [A:0.0, B:1.0, C:0] \\ I_{B4} = [A:0.0, B:4.2, C:0] \end{cases} \quad (8.21)$$

式（8.21）中的 I_{B0} 来自被试对象 $Tester\ 1$ 对服装 A、B、C 的显性兴趣反馈；I_{B1} 来自在服装 A 的驻留时间 126 秒，对应式（8.19）的 2；同理，服装 B 的驻留时间总计 408 秒，其值为 4；服装 C 的驻留时间总计 2 秒，小于 20 秒的最少时间，因而其值为 0；同样，I_{B2} 是根据服装 A、B、C 的被选择次数，分别取值为 1，2，1；I_{B3} 是根据服装 A、B、C 是否被添加关注，分别取值为 0，1，0；I_{B4} 是根据服装 A、B、C 的评论文本褒义值计算获得，其中 B 的咨询 "红色的好看，是否有现货？"带有"好看""现货"等褒义词，经分词和情感计算后，得到兴趣值为 4.2。

（4）在线浏览的神经科学实验

在线浏览的神经科学实验同样在之前搭建的虚拟的服装购物网站上进行。参与神经科学实验的 12 位被试人员，头上佩戴脑电测试仪，用于实验过程中脑电信号的采集。在全部操作结束之后，对被试人员进行访谈，了解其在操作过程中的想法和心理变化等。所提供的服装购物测试网站，去掉了动画、漂浮广告、插件等，以免上述内容造成被试对象注意力分散，对脑电信号造成干扰和影响实验效果。人的大脑不管是在思考或是在睡眠状态下，大脑皮质的神经元细胞一直在工作，会发出电波，其产生的脑电波频率低于 $30Hz$（Ma et al.，2011），详细的脑电信号波形与频率的对应如表 8.15 所示。

本次神经科学实验包括如下步骤。

步骤 1：实验前准备。被试的头部保持清洁，坐在安静的实验室里，将脑电帽戴在头上，该脑电帽的 8 个通道（$Fp1$，$Fp2$，$T3$，$T4$，$C3$，$C4$，$O1$，$O2$）的电极均引出与测试电脑相连接，脑电帽里电极的摆放与国际标准的 10 - 20 电极摆放位置一致，如图 8.11 所示。

表 8.15 脑电信号的频率

波形	频率（Hz）	幅度（μV）	描述
δ	0.5～3.5	20～200	常见于成年人的深度睡眠或者极度疲劳的状态
θ	4～7	100～150	潜意识，通常出现在儿童时期或成人困倦时，中枢神经系统出现抑制，出现在顶部和颞部
α	8～13	20～200	意识与潜意识之间，通常出现在放松、闭眼、安静但觉醒的精神舒畅状态下，出现在枕叶
β	14～30	5～20	意识层，β波通常在紧张、兴奋、压力精神状态时会增加，出现在顶叶和额叶

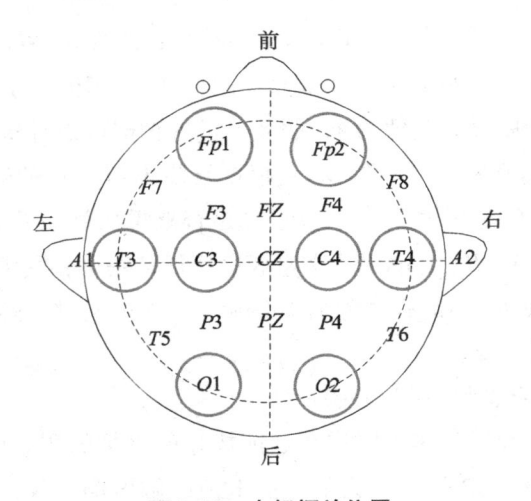

图 8.11 电极摆放位置

来源：Han et al.，2015

步骤 2：实验进行。被试对象面对计算机屏幕的距离为 80cm，水平×垂直视角约为 3.3°×2.4°。被试在网站上进行商品浏览、选择等操作。

步骤 3：信号收集。收集被试对象在实验中生成的信号，并将数据保存，供实验后分析。

步骤 4：实验后交流。被试对象填写实验情绪表，对此前自己在实验中的感受做主观的表述。

被试对象在脑电测试时，容易因为头部晃动或者电极松动等原因，呈现出没有规律的、阵发性的伪迹。为了去除这类伪迹，采用了平均参考电极的方式，即将 8 个电极位置所测量的电压值取平均数。之所以这样做，是因为整个头部近似于球状，其正负电极的总和相加可近似看为零。实验数据的采样频率为 128Hz，因为 30Hz 以内的波才属于脑电波，而且原始的脑电波信号带有噪声，因而需要对采集到的脑电信号进行信号去噪和重构，提取出 30Hz 以内的脑电波信号。为此，采用小波包分解技术，先对信号进行分解，然后过滤掉 30Hz 以上的脑电信号，再实施重构，以下是小波包的分解与重构过程。

小波包的定义：从多分辨分析中的分解空间 $L^2(R) = \bigoplus_{j \in Z} W_j$ 可得知，它是依据不同的尺度因子 j 来将空间 $L^2(R)$ 分解为多个子空间 $W_j(j \in Z)$。其中 W_j 是小波函数 $\{\varphi_{j,k}\}_{k \in Z}$ 的闭包，也就是小波子空间。

小波分析具有多分辨率的特点，为达到提高频率分辨率的目的，需要对小波子空间 W_j 按照二进制进行频率的细分。因而，首先将尺度子空间 V_j 和小波子空间 W_j 用一个新的子空间 U_j^{2n} 统一表征。令 $U_j^0 = V_j$，$U_j^1 = W_j$，$j \in Z$，则正交分解 $V_{j+1} = V_j \oplus W_j$，即可用 U_j^n 的分解统一为：

$$U_{j+1}^0 = U_j^0 \oplus U_j^1, \quad j \in Z \tag{8.22}$$

定义子空间 U_j^n 为函数 $u_n(x)$ 的闭包空间，U_j^{2n} 是函数 $u_{2n}(x)$ 的闭包空间，令 $u_n(x)$ 满足双尺度方程：

$$\begin{cases} u_{2n}(x) = \sum_{k \in Z} h_k u_n(2x - k) \\ u_{2n+1}(x) = \sum_{k \in Z} g_k u_n(2x - k) \end{cases} \tag{8.23}$$

其中 $g_k = (-1)^k h_{1-k}$，即两系数也具有正交关系。特别是当 $n = 0$ 时，由式（8.23）直接得到，如式 8.24 所示。

$$\begin{cases} u_0(x) = \sum_{k \in Z} h_k u_0(2x - k), \{h_k\} \in l^2 \\ u_1(x) = \sum_{k \in Z} g_k u_0(2x - k), \{g_k\} \in l^2 \end{cases} \tag{8.24}$$

式（8.24）分别是小波函数 $u_1(x)$ 与尺度函数 $u_0(x)$ 的双尺度方程。根据式（8.22）和式（8.23）即能获得如下空间分解：

$$U_{j+1}^n = U_j^{2n} \oplus U_j^{2n+1} \tag{8.25}$$

由式（8.22）与式（8.23）构造的序列 $\{u_n(x)\}$（其中 $n \in Z_+$）称为由基函数 $\varphi(x) = u_0(x)$ 确定的小波包。经上述分析可知，由 $\{d_l^{j+1,n}\}$ 可求得 $\{d_l^{j,2n}\}$ 与 $\{d_l^{j,2n+1}\}$，即能对其进行小波包分解，如式（8.26）所示。

$$\begin{cases} d_l^{j,2n} = \sum_k h_{k-2l} d_k^{j+1,n} \\ d_l^{j,2n+1} = \sum_k g_{k-2l} d_k^{j+1,n} \end{cases} \quad (8.26)$$

同理，由 $\{d_l^{j,2n}\}$ 与 $\{d_l^{j,2n+1}\}$ 可求得 $\{d_l^{j,2n}\}$ 与 $\{d_l^{j,2n+1}\}$，即能对其进行小波包重构，如式（8.27）所示。

$$d_l^{j+1,n} = \sum_k (h_{l-2k} d_k^{j,2n} + g_{l-2k} d_k^{j,2n+2}) \quad (8.27)$$

原始脑电信号，在经过上述小波包的分解与重构后被用于脑电分析，去噪前后的脑电信号对比如图 8.12 所示。

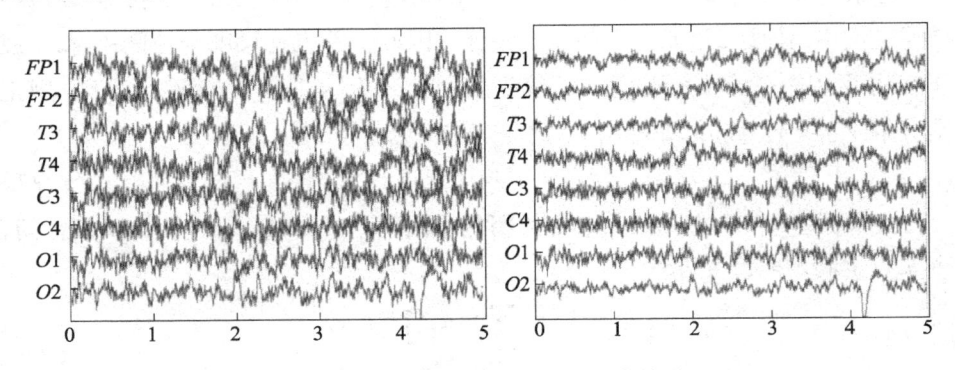

图 8.12 原始脑电信号与去噪脑电信号

接着，在 Matlab 中使用 db10 小波包对信号进行六层分解，在第六层得到 64 个小波包频带，通过频带的叠加来分解出脑电的 δ、θ、α、β 等各类节律波的波形，具体分解如下：

δ：S1 = S（6，0）+S（6，1）+S（6，2）+S（6，3），[0~4Hz]
θ：S2 = S（6，4）+S（6，5）+S（6，6）+S（6，7），[5~8Hz]
α：S3 = S（6，8）+S（6，9）+…+S（6，12），[9~13Hz]
β：S4 = S（6，13）+S（6，14）+…+S（6，29），[14~30Hz]

最终得到被试的 δ、θ、α、β 原始信号的波形，如图 8.13 所示。

由于 β 波在人们处于兴奋或亢奋的状态时会大量出现，因此被试者对商品的关注和兴趣用 β 波的出现来衡量。例如，被试 Tester B 对商品的网络心理如表 8.16 所示。

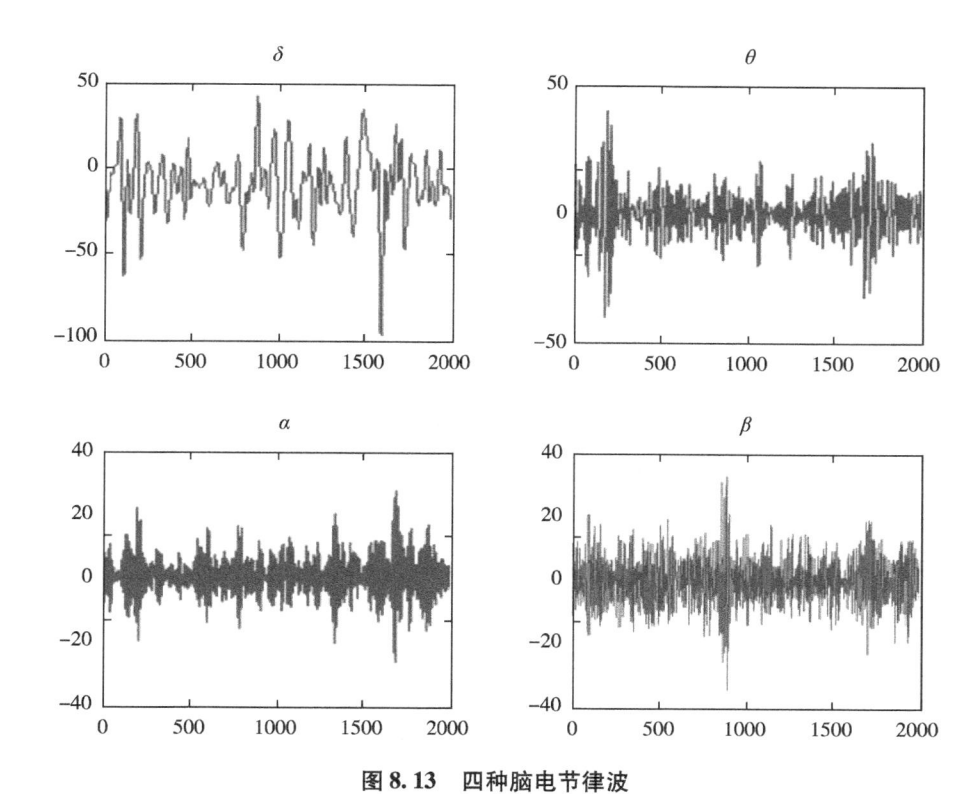

第 8 章 心智模型与网络心理计算的应用

图 8.13 四种脑电节律波

表 8.16 被试 Tester B 的浏览记录

计时开始（秒）	行为记录	行为时长（秒）	行为分类	脑电波形
0	进入网站	10		
10	单击服装 B 链接	2	B_2	少量 β 波
12	B 兴趣反馈单选择分值	5	B_0	少量 β 波
17	服装 B 所在的网页浏览	111	B_1	β 波活跃
148	单击【返回】	2		
150	单击服装 C 链接	2	B_2	少量 β 波
152	C 兴趣反馈单选择分值	5	B_0	少量 β 波
157	服装 C 所在的网页浏览	156	B_1	β 波活跃
313	单击客户咨询，输入：有无优惠活动，马上能发货吗	62	B_4	β 波活跃
375	得到客服的"满 200 送 20 和包运费"的回答后，单击【购买】	66	B_1	β 波活跃
441	退出网站	2		α 波活跃

193

在得到被试对象的网络操作行为记录和神经科学实验数据之后，根据之前的兴趣度量规定，可以对客户的网络心理进行计算。例如，被试对象 Tester B 本次在线所表现出的商品兴趣如下：

$$TesterA\_I = \begin{cases} I_{B0} = [B:3.1, C:4.3] \\ I_{B1} = [B:2.0, C:3.0] \\ I_{B2} = [B:1.0, C:1.0] \\ I_{B3} = [B:0.0, C:0.0] \\ I_{B4} = [B:0.0, C:4.1] \end{cases} \quad (8.28)$$

式（8.28）中的 I_{B0}，来自被试对象 Tester 2 对服装 B、C 的显性兴趣反馈；I_{B1} 来自在服装 B 的驻留时间 111 秒，对应式（8.19）的 2；同理，服装 C 的驻留总计时间为 222 秒，其值为 3；I_{B2} 是根据服装 B、C 被选择的次数，分别取值为 1，2，1；I_{B3} 是根据服装 B、C 是否被加关注，分别取值为 0，0；I_{B4} 是根据服装 B、C 的评论文本褒义值计算获得，其中 C 的咨询"有无优惠活动，马上能发货吗？"带有"优惠""发货"等词，经分词和情感计算后，得到兴趣值为 4.1。

根据在线实验和神经科学实验结果，采用 AIDA（Attention，Interest，Desire，Action）消费者行为模型对在线客户网络心理进行分析。以被试 Tester B 为例，首先是引发注意（Attention）阶段。在该阶段主要表现为，被试对象进行的商品链接的单击操作、兴趣反馈单分值的填写，会有少量的 β 波出现。接着是激发兴趣（Interest）阶段，此时被试对象进行商品浏览时表现出了大量的 β 波。然后是唤起欲望（Desire）阶段。当商家给出价格优惠或促销的手段时，消费者认为该商品是值得购买的，因而在该商品的页面停留，同样出现大量 β 波。最后是采取行动（Action）阶段。当消费者完成购买后，心情放松，此时 β 波消失，α 波表现活跃。总的来看，根据上述实验和分析结果，可以在用户进行网购时产生的行为与其心理行为之间建立类似于 $Interest_n = (B_0, B_1, B_2, B_3, B_4)$ 的计算关系。本书在量化消费者的网络心理上进行了新的探索，为研究在线客户的心理开辟了新的思路。

8.2.3 社群情绪的网络心理计算

随着社交媒体的发展，微信群、QQ 群、股票群等网络社群对人们的影响越来越大，信息经社交媒体被传播扩散后形成的网络情绪，在与现实世界互动后，容易转化为社会情绪，成为一系列社会性次生事件、突发性事件的导火索，不利于社会的发展。例如，2020年的新冠肺炎疫情的网络舆情和网络谣言、2020年3月美国股市所发生的三次熔断，经网络传播后给社会和民众带来巨大影响。因此，对网络情绪进行计算，为对其进行引导和干预提供依据，是事关国家发展、社会稳定的大事。

8.2.3.1 社群情绪传播的作用过程

在个体行为作用下，蕴含着情绪的信息在群体里传播，会导致情绪的感染。在情绪感染下，某些群体成员表现出信息转发、情绪加工等行为模仿现象，使得相关情绪在群体中更广泛、更深入地进一步传播，并可能引发不同的观点和态度分歧。当上述群体情绪传播达到一定程度和规模时，将产生群体的态度极化现象，甚至有可能导致在现实社会的行为事件发生。以上作用过程如图 8.14 所示。

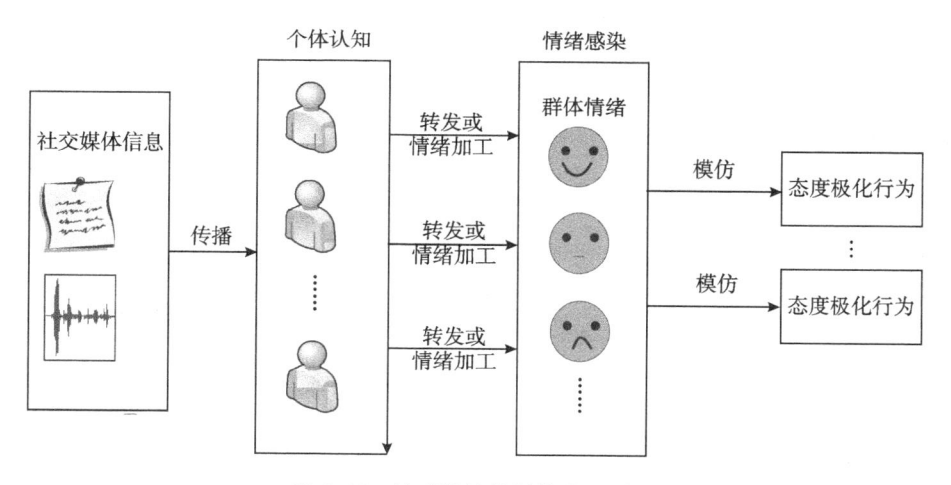

图 8.14 社群情绪传播的作用过程

8.2.3.2 社群情绪传播的计算实验

在人们的日常生活中，食品作为生活的基本需要，受到民众广泛关注。在此，以"2014年7月20日媒体报道的上海某食品有限公司食品安全事件"为例进行计算实验，研究该事件在微信群的情绪传播。

以微信群为研究对象，在人数为39人的微信群里发布了该食品安全事件的背景资料，收集到针对该事件讨论的52个语音聊天记录，对该事件的讨论总时间长度为 36 分 11 秒。上述语音记录在事后均由语音发送者做了确认,并经其同意用于本书中。表 8.17 为该事件中的语音语料示例。

表 8.17　情绪传播语料样例

序号	语料样例
1	出了这件事情后,的确是失去了对这些商家的信任,同时也觉得应该抓一些国内的小食品摊贩的这样一些食品安全问题,总的来说是非常的气愤
2	太可怕了,再不敢吃肯德基了,好可怕呀
3	食品安全关系民生,道德败坏的事为什么还有人会做?就是因为政府监管力度还不够大,利益驱使导致
4	我觉得最近可以去吃麦当劳、肯德基,刚查过,应该很安全

为了提取个性化特征的语音社交参数,首先从微信群的历史语音里任取 90 句,以上语句来自 9 人,平均每人 10 句;然后,对每段语音每隔 6 秒采样一次,使用最小二乘支持向量机回归算法(LS – SVR)进行识别,达到精度要求($e < 0.001$)后,将训练好的算法保留,以供接下来的实验用。上述语音每隔 6 秒进行采样的依据是人类处理器模型(Human Processor Model,MHP),该模型完整描述了人类的认知与行为的过程机制,并在感知与认知处理时间上进行了描述,表 8.18 为感知与认知处理的时间参数。

表 8.18　感知与认知处理时间参数

参数	均值	范围
视觉图像存储的半衰期	200ms	90 ~ 1000ms
声音存储的半衰期	1500ms	90 ~ 3500ms
感知处理周期	100ms	50 ~ 200ms
工作记忆的半衰期	7sec	5 ~ 226sec
认知处理周期	70ms	25 ~ 170ms

从表 8.18 可知,在人类对信息的处理过程中,听觉信息的衰变半衰期存储时间为 90 ~ 3500ms,考虑到完整的认知处理过程及从认知到情绪的产生时间,本书对语音信息的采样周期设定为 6 秒。

8.2.3.3　社交媒体语音信息的计算

本次实验收集到的数据为语音,因此采用最小二乘支持向量机回归算法(LS – SVR)对测试数据的音频特征值进行计算,获得其语音情感 PAD 值。

LS – SVR 模型如下。

（1）LS – SVR 模型

给定训练样本集：$S = \{(x_i, y_i) \mid i = 1, 2, \cdots l\}$，$x_i \in R^n$，$y_i \in R$，利用高维特征空间中的线性函数：

$$y(x) = \omega^T \varphi(x) + b \tag{8.29}$$

样本 x 对应的函数值 y 能对 $f(x)$ 拟合。式中 ω 是特征空间里的权向量，$b \in R$ 是截距。

定义损失函数：

$$e[f(x_i) - y_i] = \begin{cases} 0, & |f(x_i) - y_i| < \varepsilon \\ |f(x_i) - y_i| - \varepsilon, & \end{cases} \tag{8.30}$$

其中：ε 为不敏感函数。

因此，LS – SVR 可描述为如下优化问题：

$$\min_{\omega, e} J(\omega, e) = \frac{1}{2} \omega^T \omega + \gamma \sum_{i=1}^{l} e_i^2 \tag{8.31}$$

满足的约束条件为：

$$y_i = \omega^T \varphi(x_i) + b + e_i, i = 1, 2, \cdots l \tag{8.32}$$

其对偶问题的拉格朗日多项式如下：

$$L(\omega, b, e, a) = J(w, e) - \sum_{i=1}^{l} a_i [\omega^T \varphi(x) b + e_i - y_i] \tag{8.33}$$

式（8.33）中，a_i 为拉格朗日乘子。依照最优化理论，最优解的条件是：

$$\begin{cases} \dfrac{\partial L}{\partial \omega} = 0 \rightarrow \omega = \sum_{i=1}^{l} a_i \varphi(x_i) \\ \dfrac{\partial L}{\partial b} = 0 \rightarrow \sum_{i=1}^{l} a_i = 0 \\ \dfrac{\partial L}{\partial e_i} = 0 \rightarrow a_i = \gamma e_i, i = 1, 2, \cdots, l \\ \dfrac{\partial L}{\partial e_i} = 0 \rightarrow \omega^T \varphi(x_i) + b + e_i - y_i = 0, i = 1, 2, \cdots, l \end{cases} \tag{8.34}$$

以矩阵表示：

$$\begin{bmatrix} I & 0 & 0 & -Z^T \\ 0 & 0 & 0 & -e_l^T \\ 0 & 0 & \gamma I & -I \\ Z & e_l^T & I & 0 \end{bmatrix} \begin{bmatrix} \omega \\ b \\ e \\ a \end{bmatrix} = \begin{bmatrix} 0 \\ 0 \\ 0 \\ y \end{bmatrix} \tag{8.35}$$

其中：

$$Z = [\varphi(x_1), \varphi(x_2), \cdots \varphi(x_i)]^T$$
$$e_1 = [1, \cdots, l]^T$$
$$e = [e_1, e_2, \cdots, e_l]^T \quad (8.36)$$
$$y = [y_1, y_2, \cdots, y_l]^T$$
$$a = [a_1, a_2, \cdots, a_l]^T$$

将 e 和 ω 消去，再用 Mercer 条件：

$$\Omega_{kj} = \varphi(x_k)^T \varphi(x_j) = K(x_k, x_j)k, \quad j = 1, 2, \cdots, l \quad (8.37)$$

所得方程组只与 b，a 相关，可将方程组简化成：

$$\begin{bmatrix} 0 & e_l^T \\ e_l & \Omega + \gamma^{-1}I \end{bmatrix} \begin{bmatrix} b \\ a \end{bmatrix} = \begin{bmatrix} 0 \\ y \end{bmatrix} \quad (8.38)$$

令 $A = \Omega + \gamma^{-1}I$，通过解线性方程组即得：

$$b = \frac{e_l^T A^{-1} y}{e_l^T A^{-1} e_l}, a = A^{-1}(y - be_l) \quad (8.39)$$

对式（8.29）、（8.34）、（8.37）进行整理，可得回归拟合函数：

$$f(x) = \sum_{i=1}^{l} a_i K(x, x_i) + b \quad (8.40)$$

其中：$K(x, x_i)$ 是高斯核函数：

$$K(x, x_i) = e^{-\|x-y\|^2/\sigma^2} \quad (8.41)$$

按照 6 秒周期采样所获得的语音特征参数示例如表 8.19 所示。

表 8.19　按 6 秒周期采样的语音特征参数

短时能量	基音	短时平均过零	12 阶 MFCC	第一共振峰	第二共振峰	语速	语间停顿	PAD
84.526 21.007 76.143	278.763 89.608 117.904	281 113 223.627	4.7792 -3.2283 -2.1295 0.5316 -1.3672 -0.0716 0.0376 -0.0296 -0.0003 -0.0239 -0.0094 0.0005	610.56	1348.9	0.196/s	9	0.513 0.326 0.322

第 8 章 心智模型与网络心理计算的应用

本书选取 CASIA 汉语情感数据库和微信群内任选的历史语音，作为实证的样本情感语音库，其中，CASIA 情感库内的情感语句由 1200 个语音样本构成，数据保存为 .wav 文件（样本的抽样率为 16KHz, 16bit）。此外，从微信群内历史语音选取 90 句，构成语音样本情感库。上述语音库对同一句语言采用了中性情感和五种不同的情感发音，通过对比可以分析仅由声学特征引发的情感，可以避免语义的影响（戴永辉，2016）。

（2）传播特征

基于训练好的 LS – SVR 模型，对实验收集到的音频数据进行特征值计算，获得其 PAD 值，根据发言的顺序整理得到的语音情感 PAD 值结果，如表 8.20 所示（Dai, 2015）。

表 8.20　测试语音的 PAD 值

发言顺序	开始时间	结束时间	说话者 ID	听众 ID	PAD 值
1	00:00:00	00:00:07	No.001	All	(-0.692, 0.617, 0.891)
2	00:00:11	00:00:29	No.002	All	(-0.712, 0.711, 0.913)
3	00:00:33	00:00:39	No.003	All	(-0.156, 0.525, -0.192)
4	00:00:42	00:00:56	No.004	No.003	(-0.101, -0.311, -0.114)
5	00:01:00	00:01:18	No.005	All	(-0.697, 0.633, -0.907)
6	00:01:23	00:01:33	No.003	All	(0.105, -0.251, 0.002)
7	00:01:45	00:02:02	No.002	No.003	(-0.655, 0.626, 0.866)
8	00:02:17	00:02:30	No.006	All	(-0.803, 0.609, 0.798)
9	00:02:39	00:02:56	No.007	All	(-0.653, 0.707, 0.863)
10	00:03:10	00:03:45	No.003	All	(-0.682, 0.644, 0.743)
11	00:03:52	00:04:14	No.004	All	(-0.131, -0.267, -0.225)
12	00:04:21	00:04:48	No.004	No.001	(0.102, -0.312, -0.123)
…	…	…	…	…	…
52	00:35:11	00:35:27	No.001	All	(0.107, -0.351, 0.022)

在上述计算结果基础上，绘制出图 8.15 所示的群体情绪传播的动态过程。

上述群体情绪传播过程图是按照发音人的顺序绘制的 PAD 情感参数动态变化图，从图中可以清楚地看到情绪传播的动态过程。为了更加直观地观察其情绪变化的状况，将上述 PAD 值按照二维转换关系，转换成积极和消极的二维连续坐标，如图 8.16 所示（Dai et al., 2015）。

199

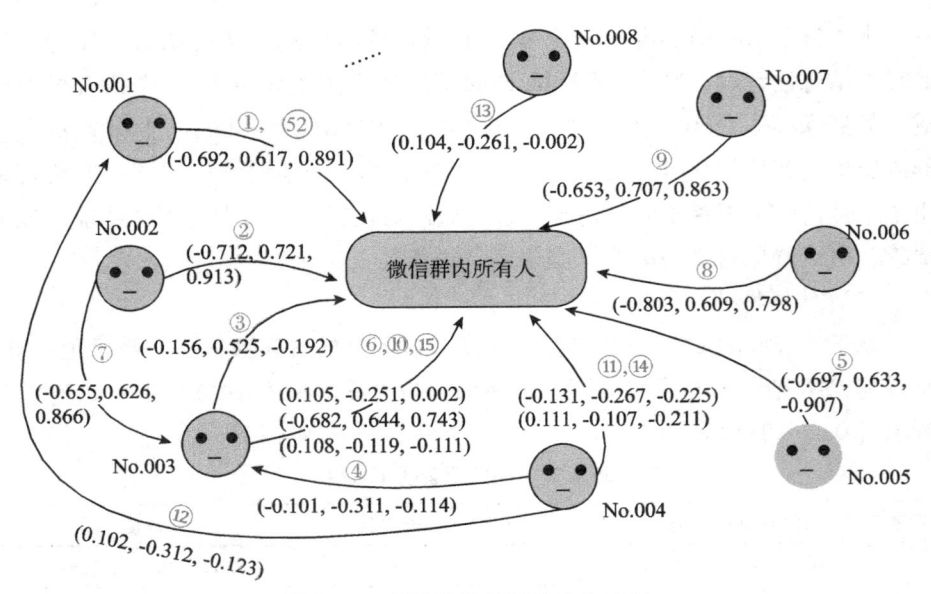

图 8.15 群体情绪传播的动态过程

来源：Dai et al., 2015。

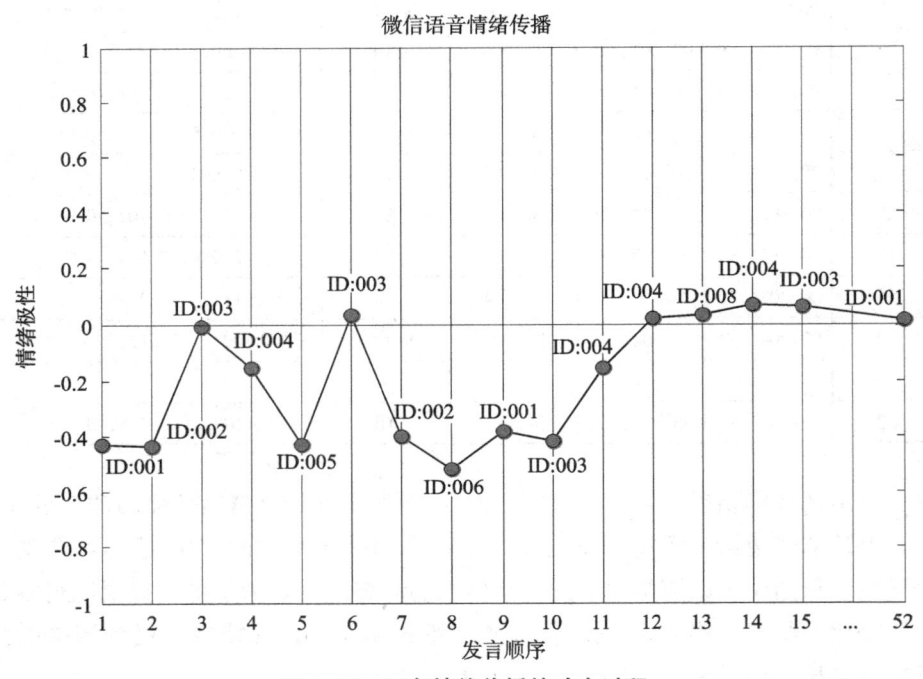

图 8.16 正负情绪传播的动态过程

来源：Dai et al., 2015。

从图 8.16 可以发现，上述群体情绪的传播是从 No.001 发送强烈负面情绪信息开始的，No.002 对上述负面信息进行了稍微放大，然后 No.003 用近似中性的情绪做了评述。之后，No.004 和 No.005 表达了更具负面性的情绪。整个传播过程，最后在 No.001 处以接近中性情绪的表达而结束。根据全过程统计，No.002 贡献了最具负面性的情绪，No.004 作为最活跃的参与者发言次数最多，No.003 发言的影响力最大，是群内最具影响的意见领袖。经过事后与各传播者进行确认，上述群体情绪传播的特征较准确地反映了情绪传播的真实状况。

8.3 本章小结

本章对心智模型及网络心理计算的应用进行阐述。首先，介绍了基于心智模型的网络创业服务，描述了网络创业特点与创业模式。然后，对网络客户的心智模型进行了分析，给出了网络教育的用户心智模型的获取方法，并进行了实验，将学习用户的心智信息归纳到界面元素、框架需求、交互易用性、操作习惯等方面，为从事网络教育的创业者提供参考。

此后，阐述了网络心理计算过程与方法，包括网络文本情感计算、网络语音情感计算和网络行为认知计算等。然后，进行了在线客户的网络心理计算实验和社群情绪的网络心理计算实验，对用户网购行为与心理行为之间建立计算关系进行了探索，采用 AIDA（Attention，Interest，Desire，Action）消费者行为模型，对在线客户的网络心理进行了分析，并且对社群情绪传播的作用过程和计算进行了研究，研究结果有助于创业企业在产品设计、营销策略制定等方面进行改进。

第 9 章 成长企业的员工胜任力模型研究

9.1 员工胜任力的相关研究

员工胜任力研究是管理学中的重要研究内容,胜任力一词自 1973 年被戴维·麦克利兰(David McClelland)提出以来,受到国内外学者的密切关注,成为管理学研究的热点之一。对于胜任力的概念和内涵,学者们从不同的视角给出了理解。例如,从教育学派来看,胜任力可看作一种资质,从技能开发、业绩标准和荣誉证书的角度界定胜任力;从心理学派来看,他们认为研究胜任力主要是为了提高个体在工作岗位中的绩效;从管理学派来看,胜任力是针对组织的整体来说的,它是组织获得竞争优势的关键要素。此外,根据属性取向划分,可以将胜任力分成特征观、行为观和综合观三种类别。在特征观看来,胜任力是一种潜在的、内隐的、稳定的个体特征;行为观主要把胜任力解读为个体在具体岗位上工作时的各种行为表现;综合观则认为应该结合行为观和特征观的主要特点来界定胜任力的内涵。

尽管学术界对胜任力的概念未能统一,但在关于胜任力的内涵理解上达成了以下共同认识:一是胜任力概念以具体岗位的工作绩效为导向,胜任力能够对绩效优秀与绩效一般者进行区分;二是胜任力需要与具体岗位匹配,不同岗位的胜任力存在明显差别;三是胜任力是与具体工作环境紧密联系的复合能力;四是胜任力能够通过具体工作岗位上的行为表现出来,而且这些行为表现是能够进行观察或测量的;五是胜任力是动态的,是会改变的,会随着个体所处的发展阶段、职务级别和内外部环境等的改变而发生变化。由此可见,从胜任力的研究和应用来看,心理学派观点和综合观最受关注。本书对胜任力的界定也主要围绕心理学派和综合观的研究展开,认为胜任力是促使和影响员工在工作中产生优秀绩效的一系列潜在的可测量的特征集合。随着现代企业管理需求的变化和部门岗位的细分，岗位胜任力对于企业的发展越来越重要，胜任力相关研究在国内外备受关注，总体来看，主要集中在胜任力理论和应用研究上。本书对此进行了归纳整理，如表9.1所示。

表9.1 胜任力相关研究

研究视角	研究内容	学者代表
胜任力理论	胜任力素质理论	Richard，1982；Margaret et al.，2000 王重鸣，2002；张帆，2009
	胜任力业绩理论	田志伟等，2012；袁娜等，2019
	冰山模型	伍晔等，2010；潘建林，2013
	素质洋葱模型	朱萍萍，2015；朱文沛等，2018
胜任力模型应用行业	IT项目管理	姚翔等，2004
	医院	闫晓丽等，2010
	高校	颜正恕，2015
	银行	王义华等，2013

胜任力素质理论认为，工作与素质相关，从事某项工作的员工需要具备一定的素质才能胜任该项工作，才可能取得良好的绩效。国外学者基于问卷调查和访谈的形式对2000多名管理岗位人员开展胜任力素质研究，分析了各个岗位人员的胜任力素质，获得了满足岗位要求的胜任力素质模型和6类人群，即目标行动管理群、人力资源管理群、领导人员群、指导下属群、关注他人群和知识群（Richard，1982）。有学者以3M公司为研究对象，对管理人员素质胜任力进行三个维度的划分，即基础领导胜任力、必不可少领导胜任力和愿景领导胜任力（刘林林等，2016；Margaret et al.，2000）。国内学者对220多名管理者进行管理综合素质行为评价的调研，分析了他们的职位，发现正职和副职的素质要求稍有差别。例如，担任正职的管理人员在管理素质维度上需要具备良好的责任意识、讲究诚信和公正等品质，在管理技能维度上需要具备管理决策能力、敢于创新、沟通协调能力和监督与激励能力；担任副职的管理人员在管理素质维度上与正职人员基本相似，只是在诚信、正直方面没有正职人员要求高；担任副职人员在管理技能维度上与正职相比，在勇于创新方面的要求低于正职人员（王重鸣，2002）。此后，有学者采用行为事件访谈的方式，通过问卷对中层管理者进行调查，获得了中层管理人员的胜任力素质模型。该模型由8个因素组成，即目标导向、管理沟通能力、开拓进取精神、品行道德、战略思维、学习能力、自我控制能力和解决问题能力。该模型为企业更好地选拔

人才，实施绩效考核提供了依据（张帆，2009）。

胜任力业绩理论认为，如果某个员工的业绩良好，那么表明该员工具备从事该工作岗位的胜任力。国内学者将企业销售人员胜任力和企业业绩相关联进行研究，构建出销售人员胜任力模型，为企业对销售人员的招聘和绩效考核提供了良好的支持（田志伟等，2012）。此后，有学者以项目经理为调研对象，对项目经理的评价指标进行研究，给出了胜任力和业绩相关的评价指标，并且提出了项目经理的动态选拔机制，为企业挑选项目经理提供了量化依据（袁娜等，2019）。

在冰山模型和洋葱模型的研究上，学者们有着丰富的研究成果。例如，有学者基于胜任力冰山模型对企业营销岗位进行研究，分析营销岗位人员的胜任力特征和如何建立胜任力培训体系，为营销人员的培养提供帮助（伍晔等，2010）；有学者将素质冰山模型与创业能力结构相结合进行研究，以230位创业者为样本进行调查分析，构建出胜任力素质与能力双维度的冰山模型，为企业的招人、选人、用人提供服务（潘建林，2013）；此外，基于洋葱模型，有学者对营销管理人员激励方案进行研究，给出了只有核心素质的提高才能对个人绩效产生根本性改变的结论，为企业营销关联人员的激励研究提供了新的思路（朱萍萍，2015）；有学者在素质洋葱模型基础上，对高校图书馆员的岗位能力进行了分析，指出可以通过国家、区域性高校图书馆联盟、高校图书馆三方推进来提升图书馆员的能力（朱文沛等，2018）。

胜任力模型目前已经应用到众多行业，相关的研究成果较为丰富。例如，有学者基于胜任力模型对IT企业项目管理者进行研究，指出大局观、应变能力、品格、个性魅力、人际关系处理能力等是衡量项目管理者是否优秀的重要指标（姚翔等，2004）；还有学者从胜任力上对医院护士长岗位进行研究，在文献回顾、问卷调查和专家小组法的基础上，进行指标筛选与分析，构建护士长胜任力模型（闫晓丽等，2010）；此外，国内一些学者以胜任力模型为理论基础，在问卷调研基础上对高校慕课教学的教师胜任能力进行研究，构建了信息素养、教学管理、教学人格、教学影响和教学互动等影响因子，为评价和改善高校教师慕课教学能力提供帮助（颜正恕，2015）；还有学者对城市商业银行行长胜任力模型进行研究，给出了风险管理和内控管理、职业素质和操守、业务运营管理能力的胜任力模型，有助于对城市商业银行行长进行客观的评价（王义华等，2013）。

9.2 员工胜任力模型的构建

9.2.1 胜任力模型构建流程

胜任力模型的构建作为胜任力研究的重要内容，不少学者对其进行了研究。在此，根据以往学者对胜任力模型构建流程的研究成果，对员工胜任力模型构建采用6个步骤，即建模前准备、确认绩效标准、选择分析效标样本、资料收集、模型建立和模型验证（程媛，2018），如图9.1所示。

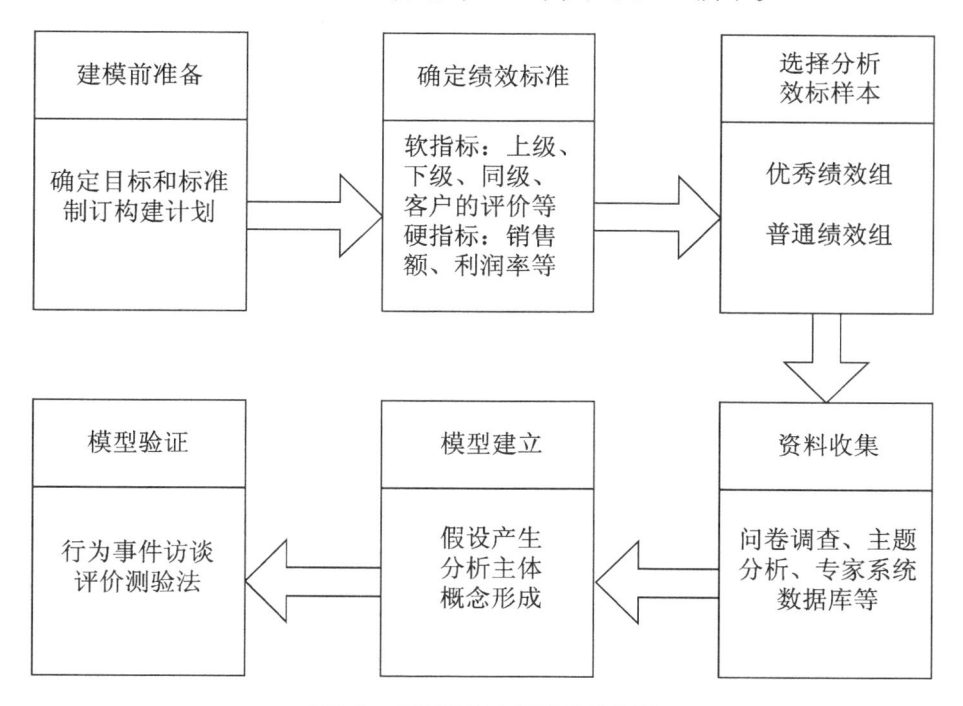

图 9.1 员工胜任力模型构建步骤

（1）建模前准备

为了使员工胜任力模型构建能够顺利实施，有必要做一些准备来保证其运行。该准备主要包括两方面的内容，一是确定目标和标准，二是给出构建计划。确定目标和标准是指胜任力模型构建之前，对企业进行梳理和分析，确认企业的战略目标、企业文化和运营状况，确定胜任力模型的目标岗位职责和群体，确定构建胜任力模型用到的工具和方法。给出构建计划是指对构建胜任力模型整个过程进行任务分解，给出具体执行步骤和分解任务的执行人，对实施过程中的组织、沟通协调机制进行事先计划。

（2）确定绩效指标

员工胜任力模型的一个重要功能就是用于区分企业中的优秀员工和一般员工。企业中往往存在多个部门和不同岗位，因而在构建胜任力模型时，就必须针对各个岗位来设定指标进行绩效评价，而不能采用通篇一律的指标，在实际的模型构建中往往采用软指标与硬指标相互结合的方案，如上级、下级、同级和客户的评价构成的软指标，销售额、利润率、员工增长率等构成的硬指标。

（3）选择分析效标样本

在绩效指标确定后，从企业里挑选出绩效卓越员工和绩效一般员工，分别组成优秀绩效组和普通绩效组两个考察组，如各选出 10 位员工构成相互对照的两组，这 20 位员工就构成了员工胜任力模型构建的研究样本。

（4）资料收集

从问卷、信息系统、专家系统等多个渠道对员工胜任力相关的资料数据进行收集，较为常用的收集方法有问卷调查法、访谈法、标杆研究法、专家调查法、战略导向法等。

（5）模型建立

在完成资料收集之后，对所收集到的资料数据进行整理、归类和分析，将之前划分到优秀绩效组和普通绩效组的员工的行为特征数据进行分类，将两组人员所表现出来的特征与工作绩效高低相关联，找出具有区分度的行为，对其进行归类和命名，并对应映射到胜任力要素，形成胜任力要素特征组，这些要素特征值就构成了特定岗位的胜任力模型。上述整个过程可以看成是一个从假设产生到分析主题，再到概念形成的过程。

（6）模型验证

当初始的员工胜任力模型建立之后，还需要对模型进行检查和验证，对模型的准确性和可行性做一个评估。常用的对胜任力模型进行检验的方法是评价中心法和行为事件访谈法。其中，评价中心法指的是对绩效卓越组和绩效一般组进行评价，检验两组在胜任力要素上是否存在显著差异；行为事件访谈法指的是重新从企业里选取绩效卓越的员工和绩效一般的员工进行访谈，用以分析和验证胜任力模型中的胜任力要素的区分度是否显著。

9.2.2 胜任力模型构建准备

员工胜任力模型建立的准备工作涉及确认企业的战略目标、企业文化和运营状况以及确定市场拓展经理岗位的职责。在对所研究的对象（以某大型房地产开发企业为例）进行充分调研与分析之后，了解到该企业对市场拓展岗位的主要要求如下。

（1）工作职责

市场拓展岗位的工作职责就是为地产企业获得优质的土地储备，为公司战略发展计划的实施提供支持，既要使得公司获取最大利益，又要促进公司的可持续发展。

（2）工作内容流程

① 获取土地信息：土地获取的主要途径是公司、合作单位或地方政府的推荐，或者凭借个人的人脉和社会关系资源去获取。总的来说，获取信息是投资拿地过程中极为关键的一步，要想获得优质土地，首要的事情就是得到信息，这是对公司和个人的人脉资源的考验。

② 项目勘察：得到土地信息以后，往往需要对目标地块进行勘察，勘察的任务主要包括熟悉地块所在的城市、区位、地块现状、周边项目及销售情况，该工作是对地块信息进行采集，供后续分析用。

③ 项目研判：根据采集的信息编写研判报告。报告一般需要包含如下内容：城市分析、区位分析、市场分析、项目分析和该项目的可行性结论。

④ 投资测算：根据成本数据和营销、物流、财务、设计等部门提供的数据进行投资测算，对项目的费用和净利率等指标进行预估。

⑤ 集团评审和招拍挂：投资测算的结果需要报企业评审，以获得最终的项目授权价，在评审通过以后，可以进入实际的拿地程序。

（3）岗位素质要求

由于市场拓展岗位人员必须对内外部环境及政策保有敏感度。因此，要求该岗位人员具备对项目的研判能力，与关联部门的协作沟通能力等，具体如下：

① 熟悉房地产开发全流程，在地产开发、财税管理、投融资分析、营销管理等领域具备知识积累；

② 具备一定数据分析能力，能够主动收集信息并进行有效的研判和分析，做出及时正确的判断；

③ 具有良好沟通协调能力，能协调各部门关系，与政府部门、关联合作部门保持良好的互动；

④ 掌握良好的商务谈判技巧，善于谈判，具有开拓进取与创新应变能力。

该公司市场拓展经理岗位说明书如表9.2所示。

表9.2 市场拓展经理岗位说明书

职位名称	市场拓展经理	所属部门	公司业务部
职位编号	C-008	直接上级	公司分管副总

职位结构图：

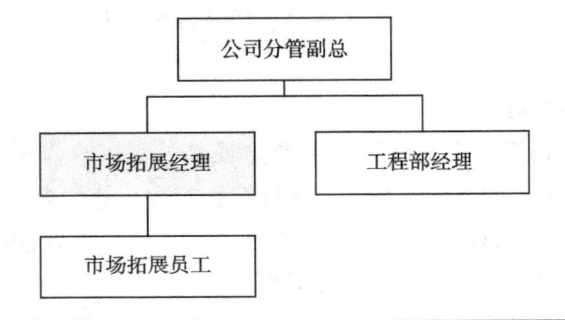

```
        公司分管副总
         /      \
   市场拓展经理   工程部经理
        |
    市场拓展员工
```

工作目标	开展房地产相关项目的市场拓展计划、资料分析和可行性论证工作，管理好市场拓展团队，建立积极向上的团队为公司的发展服务
工作任务	工作定位： （1）根据企业战略计划分解工作，对房地产市场进行资料收集与分析，对企业土地储备工作进行规划，定期向上级汇报进展 （2）对市场情况及时分析与决策，工作重点有的放矢，具体要做的工作包括信息资料收集、分析与研判，公司市场SWOT分析，房地产项目可行性分析等 （3）及时反馈市场信息给上级和公司管理层，安排好下级工作，管理好自己的团队，激励团队保持饱满的工作热情和良好的工作效率 数据收集整理： （1）根据市场拓展计划的具体内容，从外部宏观环境和行内市场环境来整理项目数据，在收集数据过程中坚持执行科学性、实效性和客观性，对所跟踪的项目进行详细调查 （2）对所做的拓展计划项目的基本情况、可能出现的难处等进行分析，并给出相关策略，对项目的优先级、重要性给出排序，分清轻重缓急，针对性地开展数据资料的收集 （3）市场信息录入项目数据库，供决策参考

续表

工作任务	可行性论证： （1）从各渠道对项目进行全方位的可行性评估与论证，从不同视角来考虑项目的风险，确保项目在论证过程中的规范性以及精确性，及时将论证结果反馈给上级，供公司决策层做出客观公正的决议 （2）翔实地反馈收集到的信息，针对性地组织人员专项项目可行性分析报告，论证项目的可行性
	谈判并签订协议： （1）准备谈判筹码，做好谈判准备工作，按照企业市场开发战略和可行性分析，拟写可行性报告等，组织公司相关人员进行市场谈判和攻关 （2）制定协议书模板，与客户签订协议 （3）针对项目进展提出想法和建议，对协议书进行检查，确保协议书规范与准确
	基本分析： （1）与公司同事或外部合作人员，对企业外部环境、内部实情进行分析，对人力、财力、物力和时间进行评估，并给出有效的建议 （2）在公司战略计划大前提下，根据企业实情，提出市场拓展策略，包括面向大中小城市的不同市场策略以及工作重点分析，将结果以报告的形式呈现出来 （3）根据时间点对企业发展进行发展趋势判断与市场拓展分析，并按照结果展开工作
工作联系	对内联系对象：公司财务、工程等各相关部门 对外联系对象：政府相关部门、公司合作单位、行业研究机构、中介代理机构等
任职要求	专业及学历：房地产项目开发、投资管理、房产营销等与房地产相关的专业（大学本科或以上学历）
	专业资格：有相关经验为佳，或房地产行业5年以上工作经验
	相关知识： （1）熟练掌握房地产相关的市场拓展、项目可行性分析、市场策划等相关知识 （2）了解项目管理、建筑设计、财务税收、法律等方面的知识

9.2.3 胜任力模型构建分析

房地产行业作为我国经济体系中的重要组成部分，在GDP中占据着重要地位，对我国社会和经济体系的稳定产生了巨大的影响。在房地产行业的员工类别中，市场拓展岗位员工是利润创造的重要主体，尤其是市场拓展部经理在房地产公司里通常都属于公司关键的核心岗位。房地产公司若是在市场拓展方面进展缓慢，一方面公司的发展受到限制，另一方面公司的收益前景不容乐观。因此，房地产公司都非常重视对市场拓展人员进行招聘选拔和培养。针对房地产市场拓展员工进行胜任力模型研究，有助于公司节约招聘成本和筛选人才，具有重要的理论意义与实践价值。因此，本书以某大型房地产公司市场拓展岗位员工胜任力模型构建为例开展研究，期望能为房地产行业市场拓展岗位员工的评估提供量化、准确的参考。

9.2.3.1 确定绩效标准

在绩效标准的确定上，本书根据该公司的绩效管理制度、KPI考核指标和分管领导的交流，结合行业的软指标和硬指标，确定一些条件作为绩效标准，如表9.3所示。

表9.3 绩效标准

岗位名称	绩效标准维度	内容
市场拓展经理	任务绩效	A1 我经常能够在计划的时间内完成工作任务
		A2 我总是能够顺利达成工作目标
		A3 我能保持很高的工作质量水平，工作成果能够得到上级认可
		A4 我的业绩很突出
		A5 我完成的任务能够得到上级认同
	关系绩效	B1 我会主动关心、鼓励与帮助同事
		B2 未完成工作任务，我能持之以恒、不惧困难
		B3 我与同事关系融洽
		B4 我严格遵守单位规章制度
		B5 客户评价好，满意度高
		B6 我主动要求做富有挑战性的工作

9.2.3.2 胜任力要素指标遴选过程

（1）胜任力要素指标遴选原则

模型的构建离不开指标的甄选，一个良好的员工胜任力模型，能在企业的招聘和绩效评估上发挥重要作用。同样，一个良好的模型，需要依靠的是组成模型的各项指标，指标选取对于模型构建及后续的验证均至关重要。在此，对指标提取所需要遵循的原则和依据进行了整理。

① 理论联系实际原则。要结合企业所在的行业特点、岗位特点来遴选指标，所选指标构建的模型要符合企业的实际需要。

② 科学性和严谨性原则。构建模型的指标选取需注重科学性与严谨性，

以保证统计结果的准确真实,因而指标选取既要切实可行,又要满足现代企业管理的基本要求。

③ 要与企业战略相匹配。企业战略是全局性的、宏观的总谋略,是企业为了适应内外部环境、得以存活并长期可持续发展的长期战略和总体方针(刘仲康,1997),企业经营战略会对管理者胜任力产生影响,并通过管理者胜任力对工作绩效产生作用(杨湘怡,2017)。

④ 要与企业文化相适应。企业文化决定了企业管理人员及员工做出符合企业的正确决策及处事行为规范(谢刚,2012)。

⑤ 要与员工发展相一致。岗位发展路线是指为员工的职业发展铺设晋升通道,员工发展路线是将岗位晋升和个人特质相结合,考量当前员工的胜任力与岗位要求是否有差异,基于此来做相应的培训和考核(谷向东,2005)。

(2) 胜任力要素指标遴选过程

在胜任力要素指标遴选上,参考了以往学者的研究,整理出胜任力要素指标遴选过程,如图9.2所示。

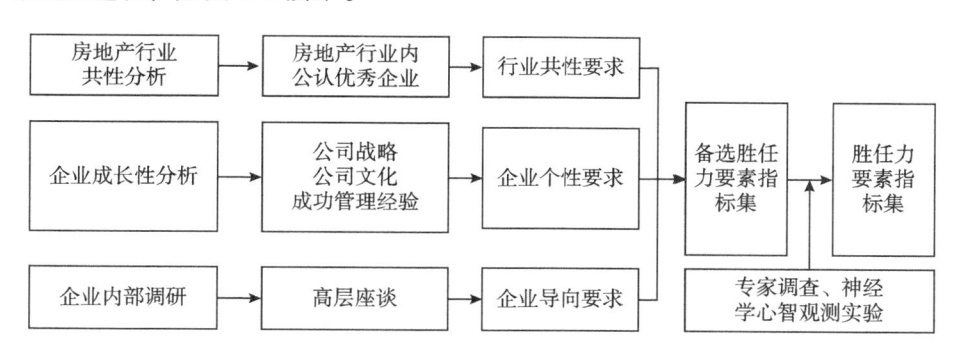

图9.2 员工胜任力要素指标遴选过程

核心胜任力要素从三个渠道来进行提取。第一个渠道是房地产行业共有的核心胜任力要素,通过与行业内公认的有影响力的企业进行对比和参照来获得备选胜任力要素;第二个渠道是根据公司成长需求,从公司战略、公司文化、成功管理经验等方面进行备选胜任力要素的提取;第三个渠道是对公司内部的高层访谈获得企业导向方面的备选胜任力要素。在获得备选胜任力要素指标集之后,再通过专家调查和神经学心智实验等方法来确定最终的胜任力要素指标集。

9.2.3.3 胜任力要素指标构建

（1）房地产行业共性的胜任力要素

选取6家行业内公认的优秀企业所提倡的胜任力要素作为行业共性的基线，上述企业提倡的胜任力要素如下：

A企业：质量树品牌、诚信立伟业、追求卓越、勇于创新、办事高效、合作共赢

B企业：诚信为本、客户至上、精益求精、与时俱进、拼搏奉献、服从团队、讲究效率

C企业：诚信正直、客户导向、精益求精、追求卓越、创新意识、效率优先

D企业：正直诚信、客户第一、精益求精、追求卓越、勇于创新、办事高效

E企业：企业家精神、诚实正直、客户导向、拥抱变化、共生共赢、实事求是

F企业：诚信经营、以客为先、高效务实、拼搏奉献、勇于创新

对以上企业提倡的胜任力要素进行归纳，抽取共性，如表9.4所示。

表9.4 企业共性所得胜任力要素集合

企业＼要素	A企业	B企业	C企业	D企业	E企业	F企业	合计
诚信	√	√	√	√	√	√	6
客户导向	√	√	√	√	√	√	6
追求卓越	√		√	√			4
精益求精		√	√	√			3
奉献		√				√	2
勇于创新	√		√	√		√	4
办事高效	√	√	√	√		√	5
团队合作	√	√			√		3
务实					√	√	3
拼搏		√				√	2

从表9.4中选取合计大于4的要素作为胜任力模型里的要素集合，包括诚信、客户导向、追求卓越、勇于创新、办事高效等5项。

(2) 企业成长性和内部调研的胜任力要素

同样，我们继续从企业成长性和内部调研着手，从公司战略、公司文化、成功管理经验以及与公司高层座谈后，整理出企业个性和企业导向的胜任力要素，如表9.5所示。

表9.5 企业个性和企业导向胜任力要素集合

胜任力要素	定 义
A1 经验总结	善于从过去的工作和事件中总结规律和经验教训，为今后的工作做指导，摆脱拍脑袋决策，避免盲目性，以科学性和可行性来做事
A2 意见听取	能虚心听取意见，对好的建设性意见能积极采纳，能够主动接受批评，发现错误积极改正
A3 信息收集	对与工作相关的前沿理论、知识和动态具有高度的嗅觉和敏感度，能采用一些信息收集工具来收集资料
A4 专业技能	专业技能突出，行业知识丰富，在相关的领域具有发言权和一定的权威性
A5 创新能力	具备创新思维，能够从创新的视角去思考问题，对工作中的问题敢于尝试，大胆创新，去发现新思路和新方法，思维反应快速
A6 全局观	考虑事情周全，顾全大局，能站在系统的角度来看待问题，善于发现全局瓶颈
A7 条理性	有正确的每日工作计划，有条理性，对任务有明确的阐述，具备可操作性
A8 心理抗压	能够正确对待工作压力，有缓解压力和解决工作压力的方法，善于将压力转化为动力
A9 执行力	能够坚定地执行任务，遇到困难能主动分析和有效解决，高效完成任务
A10 团队精神	能与同事、合作者友好相处，共同协作，为实现目标一起努力
A11 人际交流	能良好地表达意见，具有较强的人际沟通能力，传递信息容易理解
A12 归属感	对企业认同，具有使命感和主人翁精神，认同公司组织文化，愿与大家一起努力奋斗
A13 责任感	对社会负责，对公司负责，对团队负责，对个人负责，恪尽职守、勇于担责
A14 价值感	对自己和公司的工作价值认可，为公司创造利润
A15 乐于助人	当同事或团队成员遇到困难时，能够在力所能及的条件下主动提供帮助，有爱心
A16 结果导向	对完成工作任务保持强烈的意愿，以结果为目的，追求高标准、高质量地完成工作
A17 平易近人	为人开朗大度，易于接触和容易打交道
A18 冒险精神	乐于挑战，愿意接受工作中的不确定性，不惧艰难险阻，敢于承接新工作的挑战
A19 乐观自信	对事情积极乐观，遇到问题不气馁，充满自信，勇于主动面对遇到的一切困难
A20 职业道德	讲信用，为人诚实，实事求是，遵守约定

(3) 合并后的胜任力要素指标集

因此,将表9.4企业共性胜任力要素集合和表9.5企业个性和企业导向胜任力要素集合进行合并,去掉同类项勇于创新和创新能力,得到胜任力要素指标集合共计24项,如表9.6所示。

表9.6 胜任力要素指标集合

编号	要素项	编号	要素项	编号	要素项
1	诚信	9	专业技能	17	责任感
2	客户导向	10	全局观	18	价值感
3	追求卓越	11	心理抗压	19	乐于助人
4	勇于创新	12	执行力	20	结果导向
5	办事高效	13	条理性	21	平易近人
6	经验总结	14	团队精神	22	冒险精神
7	意见听取	15	人际交流	23	乐观自信
8	信息收集	16	归属感	24	职业道德

上述胜任力要素,作为衡量房地产企业市场拓展人员胜任力的核心关键指标,用于评价岗位员工的胜任力,然后将其进一步划分成四个具体的类别,如表9.7所示。

表9.7 胜任力要素指标类别

类别	类别名称	胜任力要素指标
1	自学能力	经验总结、意见听取、信息收集、全局观、勇于创新、条理性
2	潜在素质	心理抗压、执行力、办事高效、专业技能、冒险精神、归属感
3	合作能力	人际交流、平易近人、乐于助人、客户导向、团队精神、诚信
4	职业价值观	结果导向、责任感、价值感、追求卓越、职业道德、乐观自信

(4) 胜任力要素指标的评价等级

为了对员工胜任力要素进行评判,在此对常用的评价维度与等级进行了整理,如表9.8所示。

表9.8 胜任力要素指标常用的评价维度与等级

区分维度	1级	2级	3级	4级	5级
重要性	非常低	比较低	一般	比较重要	非常重要
程度	非常差	比较差	合格	比较优秀	非常优秀
广度	很不熟悉	不太熟悉	熟悉	比较精通	非常精通
影响范围	很小	较小	一般	很大	非常大
独立完成性	很难独立	勉强独立	基本独立	比较独立	完全独立

第 9 章 成长企业的员工胜任力模型研究

9.3 胜任力模型的实证研究

9.3.1 研究框架与问卷收集

（1）研究框架

本研究在传统的问卷调查基础上结合神经学观测实验来构建房地产市场拓展员工胜任力模型，整体研究框架如图 9.3 所示。

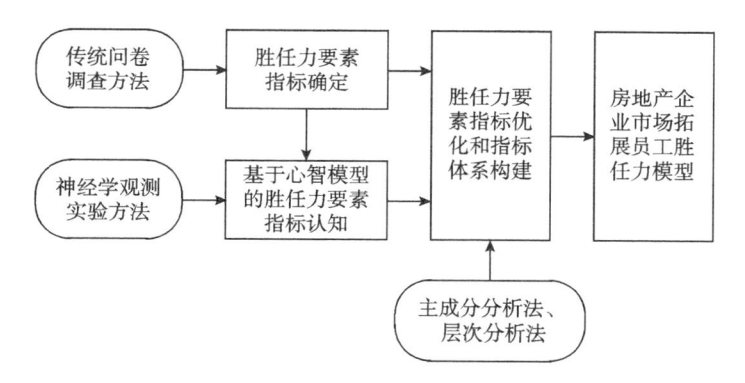

图 9.3 研究框架

从图 9.3 可知，首先通过传统问卷调查方法来获得胜任力要素指标，然后引入神经学观测实验方法来获得这些要素指标认知，并结合主成分分析法和层次分析法对胜任力要素指标进行优化和构建指标体系，最后完成房地产企业市场拓展员工胜任力模型。

（2）问卷设计

在理解了员工胜任力模型的基础上，对房地产市场拓展员工胜任力进行问卷调查，包括自学能力、潜在素质、合作能力和职业价值观等方面的调查，为研究胜任力模型提供基础素材（韩婧斐，2020）。调查表由个人基本信息、胜任力调查问卷共计 20 道问答题目以及工作绩效调查问卷共计 11 道问答题目组成。

（3）问卷发放

上海、北京、浙江、江苏、广东等直辖市与经济强省省城的房地产业相对活跃，上述地方的房地产业员工的胜任力对企业较为重要，因而本研究通过电子邮件、网上调查、QQ 访谈等网上形式以及现场走访相结合的方式发放问卷和收集信息。本研究的问卷一共向直辖市和经济强省省城的 40 家房地产企业发放问卷 420 份，历经 1 个多月，回收问卷 316 份，回收率 75.24%。接着，对回收的问卷进行合格性检验，按照以下条件来检验：是否存在大范围信息填写不全的问卷，是否存在明显填写不实的问卷。有上述情形的问卷将被剔除，最终获得有效问卷 278 份，有效回收率 66.19%。

（4）样本描述性统计分析

对回收的样本问卷进行分析，在 278 份受访人员里，男性一共有 185 人，占调查总人数的 66.55%，比女性所占的比重要稍高。由于市场拓展岗位的工作经常需要拜访客户和出差调研，从而导致男性从业者比女性从业者稍多，这与房地产企业的现实状况基本吻合，从性别上来说，样本数据的统计分布较为合理。受访人基本信息在其他方面的描述性统计分析情况如表 9.9 所示。

表 9.9 样本基本信息特征分析

名称	选项	频数	百分比（%）
性别	男	185	66.55
	女	93	33.45
年龄	≤30 岁	127	45.68
	31~40 岁	42	15.11
	41~50 岁	63	22.66
	51~60 岁	46	16.55
工作年限	≤5 年	123	44.25
	6~10 年	89	32.01
	11~20 年	66	23.74
项目规模	≤20 万平方	93	33.45
	21~50 万平方	158	56.84
	51~100 万平方	21	7.55
	>100 万平方	6	2.16
团队规模	≤10 人	11	3.96
	11~20 人	76	27.34
	21~50 人	23	8.27
	>50 人	168	60.43

续表

名称	选项	频数	百分比（%）
学历	大专以下	6	2.16
	大专	17	6.12
	本科	178	64.03
	硕士及以上	77	27.69

9.3.2 信度检验及效度检验

胜任力要素量表和工作绩效量表的信度分析在 SPSS 22.0 软件里进行，得到的胜任力要素量表的整体信度检验如表 9.10 所示。

表 9.10 胜任力要素量表整体信度检验

Cronbach 的 α 系数	基于标准化项目的 Cronbach 的 α 系数	项目个数
0.832	0.836	24
0.819	0.820	11

从以上表格数据可知，两个量表的 Cronbach α 系数分别为 0.832 和 0.819，表明上述量表均通过可靠性检验，具有较高的信度。

胜任力量表效度检验结果如表 9.11 所示。

表 9.11 胜任力量表 KMO 和巴特利特检验

Kaiser – Meyer – Olkin	度量	0.786
Bartlett 的球形检验	近似卡方	1574.073
	自由度 df	276
	显著性 Sig	0.000

从表 9.11 的检验结果可知，胜任力量表的 KMO 值为 0.786，整体显著，满足正态分布，KMO 的值在 0.9 以上，表明非常适合做因子分析；如果在 0.8~0.9，则很适合做因子分析；如果在 0.7~0.8，则说明适合做因子分析；如果在 0.6~0.7 则还可以做因子分析；如果在 0.5~0.6 则表示很差；如果在 0.45 以下，则应该放弃。本研究效度对应为适合的状态，因此能够开展后续的因素研究。

9.3.3 主成分及权系数计算

主成分分析是一种降维处理的统计分析方法，它以相关矩阵内部的依赖关系作为研究出发点，将多个变量进行归纳，变为少数几个共因子的变量，以实现降维的目的。

9.3.3.1 主成分分析

采用主成分分析法将胜任力指标变换成最小个数的相互独立的指标因子，通过这些少数因子可以比较客观、准确地把握研究对象——房地产市场拓展员工胜任力的总体变化的绝大部分信息，也可以评价指标体系中单个指标对总体的影响程度，揭示研究对象之间成因等相互关系。

主成分分析模型：假定存在 n 个样本，这些样本里的每个样本均由 p 个指标变量组成，则 $X = (x_1, x_2, \cdots, x_p)^T$，组成了一个 $n \times p$ 阶的样本数据矩阵：

$$X = \begin{bmatrix} x_{11} & x_{12} & \cdots & x_{1p} \\ x_{21} & x_{22} & \cdots & x_{2p} \\ \vdots & \vdots & \vdots & \vdots \\ x_{n1} & x_{n2} & \cdots & x_{np} \end{bmatrix} \tag{9.1}$$

经过标准化过程与降维处理，p 个变量可以归纳为 m 个新变量 $Z = (Z_1, Z_2, \cdots, Z_m)^T, m \leqslant p$，则标准化变量 Z 可以用 L 线性来表示，为 $Z = LX$，即

$$\begin{cases} z_1 = l_{11}x_1 + l_{12}x_2 + \cdots + l_{1p}x_p \\ z_2 = l_{21}x_1 + l_{22}x_2 + \cdots + l_{2p}x_p \\ \cdots\cdots \\ z_m = l_{m1}x_1 + l_{m2}x_2 + \cdots + l_{mp}x_p \end{cases} \tag{9.2}$$

式（9.2）中系数矩阵 L 的系数 $l_{ji}(i=1,2,\cdots,p, j=1,2,\cdots,m)$ 遵守以下原则：

① z_i 与 z_j ($i \neq j$; $i, j = 1, 2, \cdots, m$) 互不相关；

② z_1 是线性集合 $X\{x_1, x_2, \cdots, x_p\}$ 中方差最大者，z_2 是与 z_1 不相关的 X 的所有线性集合中方差最大者；z_m 是与 $z_1, z_2, \cdots, z_{m-1}$ 都不相关的 X 的所有线性组合中方差最大者。

由此构成的新变量指标 $z_1, z_2, \cdots, z_m$ 分别称为原变量指标 $x_1, x_2, \cdots, x_p$ 的第 1，第 2，$\cdots$，第 m 个主因子，其中，z_1 在总方差中占的比例最大，$z_2, z_3, \cdots, z_m$ 的方差依次递减。

主成分分析过程主要由计算相关系数矩阵、计算特征值与特征向量、计算主因子贡献率及累计贡献率、计算主因子载荷和各主因子得分组成。

① 计算相关系数矩阵。

$$R = \begin{bmatrix} r_{11} & r_{12} & \cdots \\ r_{21} & r_{22} & \cdots \\ \vdots & \vdots & \\ r_{p1} & r_{p2} & \cdots \end{bmatrix} \quad (9.3)$$

r_{ij} ($i,j=1,2,\cdots,p$) 为原变量 x_i 与 x_j 的相关系数，其计算公式为：

$$r_{ij} = \frac{\sum_{k=1}^{n}(x_{ki}-\overline{x}_i)(x_{kj}-\overline{x}_j)}{\sqrt{\sum_{k=1}^{n}(x_{ki}-\overline{x}_i)^2 \sum_{k=1}^{n}(x_{kj}-\overline{x}_j)^2}} \quad (9.4)$$

② 计算特征值与特征向量。

解特征方程 $|\lambda I - R| = 0$，常用雅可比法（Jacobi）求出特征值，并使其按大小顺序排列为 $\lambda_1 \geq \lambda_2 \geq \cdots \lambda_p \geq 0$；

分别求出对应于特征值 λ_i 的特征向量 $e_i(i=1,2,\cdots,p)$，要求 $\|e_i\|=1$，即 $\sum_{j=1}^{p} e_{ij}^2 = 1$，其中 e_{ij} 表示向量 e_i 的第 j 个分量。

③ 计算主成分贡献率及累计贡献率。

贡献率：$\dfrac{\lambda_i}{\sum_{k=1}^{p}\lambda_k}(i=1,2,\cdots,p)$

累计贡献率：$\dfrac{\sum_{k=1}^{i}\lambda_k}{\sum_{k=1}^{p}\lambda_k}(i=1,2,\cdots,p)$

一般取累计贡献率达 85%~95% 的特征值 $\lambda_1,\lambda_2,\cdots,\lambda_m$ 所对应的第1、第2、…、第 m（$m \leq p$）个主成分。

④ 计算主成分载荷。

$$l_{ij} = p(z_i, x_j) = \sqrt{\lambda_i} e_{ij}(i,j=1,2,\cdots,p)$$

⑤ 计算各主成分得分。

$$Z = \begin{bmatrix} z_{11} & z_{12} & \cdots & z_{1m} \\ z_{21} & z_{22} & \cdots & z_{2m} \\ \vdots & \vdots & & \vdots \\ z_{n1} & z_{n2} & \cdots & z_{nm} \end{bmatrix} \quad (9.5)$$

根据表 9.9 和员工胜任力要素问卷回收结果采用主成分分析，得到相关系数矩阵、KMO 检验、总方差分解表和旋转后因子提取结果。

（1）自学能力胜任力要素主成分分析

自学能力胜任力要素主成分分析如表 9.12 ~ 表 9.15 所示。

表 9.12 自学能力胜任力要素相关系数矩阵

胜任力要素	经验总结 A_1	意见听取 A_2	信息收集 A_3	全局观 A_4	勇于创新 A_5	条理性 A_6
经验总结 A_1	1.000	0.259	0.336	0.374	0.272	0.148
意见听取 A_2	0.259	1.000	0.164	0.172	0.211	0.311
信息收集 A_3	0.336	0.164	1.000	0.504	0.270	0.117
全局观 A_4	0.374	0.172	0.504	1.000	0.348	0.191
勇于创新 A_5	0.272	0.211	0.270	0.348	1.000	0.051
条理性 A_6	0.148	0.311	0.117	0.191	0.051	1.000

表 9.13 自学能力胜任力量表 KMO 和巴特利特检验

Kaiser – Meyer – Olkin	度量	0.715
Bartlett 的球形检验	近似卡方	237.788
	自由度 df	15
	显著性 $Sig.$	0.000

从表 9.13 可知，KMO = 0.715，球形度检验 $P < 0.05$，因此自学能力适合做主成分分析。

表 9.14 自学能力胜任力要素总方差分解表

主成分	起始特征值			旋转后载荷		
	特征值	方差百分比（%）	方差累积百分比（%）	特征值	方差百分比（%）	方差累积百分比（%）
1	1.840	42.863	42.863	2.275	37.910	37.910
2	0.671	15.628	58.491	0.931	15.516	53.426
3	0.556	12.961	71.451	0.788	13.132	66.558
4	0.501	11.664	83.115			
5	0.433	10.090	93.205			
6	0.292	6.795	100.000			

第 9 章　成长企业的员工胜任力模型研究

表 9.15　自学能力胜任力要素旋转后因子提取结果

	主因子		
	1	2	3
经验总结 A_1	0.780	-0.191	-0.156
意见听取 A_2	0.747	-0.301	-0.433
信息收集 A_3	0.627	-0.083	0.201
全局观 A_4	0.446	0.349	0.369
勇于创新 A_5	0.443	0.862	-0.102
条理性 A_6	0.555	-0.251	0.648

（2）潜在素质胜任力要素主成分分析

潜在素质胜任力要素主成分分析如表 9.16—表 9.19 所示。

表 9.16　潜在素质胜任力要素相关系数矩阵

	心理抗压 B_1	执行力 B_2	办事高效 B_3	专业技能 B_4	冒险精神 B_5	归属感 B_6
心理抗压 B_1	1.000	0.098	0.298	0.170	0.210	0.200
执行力 B_2	0.098	1.000	0.259	0.336	0.374	0.272
办事高效 B_3	0.298	0.259	1.000	0.164	0.172	0.211
专业技能 B_4	0.170	0.336	0.164	1.000	0.504	0.270
冒险精神 B_5	0.210	0.374	0.172	0.504	1.000	0.348
归属感 B_6	0.200	0.272	0.211	0.270	0.348	1.000

表 9.17　潜在素质胜任力量表 KMO 和巴特利特检验

Kaiser – Meyer – Olkin	度量	0.731
Bartlett 的球形检验	近似卡方	237.788
	自由度 df	15
	显著性 $Sig.$	0.001

从表 9.17 可知，KMO = 0.731，球形度检验 $P < 0.05$，因此，潜在素质适合做主成分分析。

表9.18 潜在素质胜任力要素总方差分解表

主成分	起始特征值			旋转后载荷		
	特征值	方差百分比（%）	方差累积百分比（%）	特征值	方差百分比（%）	方差累积百分比（%）
1	1.907	38.504	38.504	2.305	36.141	36.141
2	1.018	20.556	59.061	1.508	23.638	59.779
3	0.646	13.046	72.107	0.993	15.564	75.342
4	0.525	10.595	82.701	—	—	—
5	0.464	9.363	92.064	—	—	—
6	0.393	7.936	100.000	—	—	—

表9.19 潜在素质能力胜任力要素旋转后因子提取结果

	主因子		
	1	2	3
心理抗压 B_1	0.897	0.003	0.210
执行力 B_2	0.805	0.298	−0.144
办事高效 B_3	0.032	0.870	0.132
专业技能 B_4	0.249	0.640	0.051
冒险精神 B_5	0.064	0.014	0.961
归属感 B_6	0.005	0.459	0.580

（3）合作能力胜任力要素主成分分析

合作能力胜任力要素主成分分析如表9.20～表9.23所示。

表9.20 合作能力胜任力要素相关系数矩阵

	人际交流 C_1	平易近人 C_2	乐于助人 C_3	客户导向 C_4	团队精神 C_5	诚信 C_6
人际交流 C_1	1.000	0.098	0.298	0.170	0.210	0.200
平易近人 C_2	0.098	1.000	0.259	0.336	0.374	0.272
乐于助人 C_3	0.298	0.259	1.000	0.164	0.172	0.211
客户导向 C_4	0.170	0.336	0.164	1.000	0.504	0.270
团队精神 C_5	0.210	0.374	0.172	0.504	1.000	0.348
诚信 C_6	0.200	0.272	0.211	0.270	0.348	1.000

表9.21 合作能力胜任力量表 KMO 和巴特利特检验

Kaiser – Meyer – Olkin	度量	0.711
Bartlett 的球形检验	近似卡方	249.556
	自由度 df	15
	显著性 $Sig.$	0.003

从表9.21可知，KMO = 0.711，球形度检验 $P < 0.05$，因此合作能力适合做主成分分析。

表9.22 合作能力胜任要素总方差分解表

主成分	起始特征值			旋转后载荷		
	特征值	方差百分比（%）	方差累积百分比（%）	特征值	方差百分比（%）	方差累积百分比（%）
1	2.514	40.921	40.921	2.289	38.148	38.148
2	1.013	16.492	57.414	0.990	16.501	54.649
3	0.840	13.672	71.085	0.895	14.909	69.558
4	0.743	12.092	83.177	—	—	—
5	0.597	9.717	92.894	—	—	—
6	0.437	7.106	100.000	—	—	—

表9.23 合作能力胜任要素旋转后因子提取结果

	主因子		
	1	2	3
人际交流 C_1	0.754	0.170	-0.022
平易近人 C_2	0.667	0.046	0.437
乐于助人 C_3	0.642	0.269	-0.032
客户导向 C_4	0.115	0.891	0.159
团队精神 C_5	0.307	0.772	0.022
诚信 C_6	0.023	0.127	0.957

（4）职业价值观胜任力要素主成分分析

职业价值观胜任力要素主成分分析如表9.24～表9.27所示。

表 9.24　职业价值观胜任力要素相关系数矩阵

	结果导向 D_1	责任感 D_2	价值感 D_3	追求卓越 D_4	职业道德 D_5	乐观自信 D_6
结果导向 D_1	1.000	0.504	0.270	0.117	0.310	0.290
责任感 D_2	0.504	1.000	0.348	0.191	0.292	0.329
价值感 D_3	0.270	0.348	1.000	0.051	0.280	0.321
追求卓越 D_4	0.117	0.191	0.051	1.000	0.220	0.152
职业道德 D_5	0.310	0.292	0.280	0.220	1.000	0.509
乐观自信 D_6	0.290	0.329	0.321	0.152	0.509	1.000

表 9.25　职业价值观胜任力量表 KMO 和巴特利特检验

Kaiser – Meyer – Olkin	度量	0.735
Bartlett 的球形检验	近似卡方	287.522
	自由度 df	15
	显著性 $Sig.$	0.001

从表 9.25 可知，KMO = 0.735，球形度检验 $P < 0.05$，因此职业价值观适合做主成分分析。

表 9.26　职业价值观胜任力要素总方差分解表

主成分	起始特征值			旋转后载荷		
	特征值	方差百分比（%）	方差累积百分比（%）	特征值	方差百分比（%）	方差累积百分比（%）
1	2.617	42.338	42.338	2.414	40.234	40.234
2	0.986	15.950	58.288	0.983	16.379	56.613
3	0.943	15.262	73.550	0.902	15.028	71.641
4	0.638	10.326	83.876	—	—	—
5	0.573	9.272	93.148	—	—	—
6	0.424	6.852	100.000	—	—	—

表9.27　职业价值观胜任力要素旋转后因子提取结果

	主因子		
	1	2	3
结果导向 D_1	0.830	0.130	0.058
责任感 D_2	0.754	0.145	0.143
价值感 D_3	0.438	0.288	-0.099
追求卓越 D_4	0.176	0.992	0.208
职业道德 D_5	0.265	0.895	0.001
乐观自信 D_6	0.076	0.107	0.998

9.3.3.2　胜任力各要素权重确定

在模型的权重确定上，采用的是层次分析法来获得胜任力各要素的权重，之前的章节已经详细介绍了层次分析法，在此就不再做介绍了，只需依照之前介绍的过程进行计算，就可得到所有要素的权重，如表9.28所示。

表9.28　房地产企业市场拓展岗位各要素权重

一级指标	一级权重	二级指标	权重
自学能力	$W1=0.482$	经验总结 A_1	0.215
		意见听取 A_2	0.102
		信息收集 A_3	0.071
		全局观 A_4	0.056
		勇于创新 A_5	0.021
		条理性 A_6	0.017
潜在素质	$W2=0.215$	心理抗压 B_1	0.065
		执行力 B_2	0.053
		办事高效 B_3	0.032
		专业技能 B_4	0.027
		冒险精神 B_5	0.023
		归属感 B_6	0.015
合作能力	$W3=0.166$	人际交流 3_1	0.048
		平易近人 C_2	0.037
		乐于助人 C_3	0.028
		客户导向 C_4	0.022
		团队精神 C_5	0.019
		诚信 C_6	0.012

续表

一级指标	一级权重	二级指标	权重
职业价值观	W4 = 0.137	结果导向 D_1	0.044
		责任感 D_2	0.029
		价值感 D_3	0.024
		追求卓越 D_4	0.015
		职业道德 D_5	0.014
		乐观自信 D_6	0.011
合计	W = 1.000		1.000

9.3.4 指标的神经认知验证

信息技术与脑认知学科的不断发展，使得基于神经学观测实验的脑认知研究在市场营销、心理测评等许多方面展开。在此，我们将采用神经学观测实验手段对胜任力要素指标认知进行研究。

9.3.4.1 神经学观测实验框架

基于神经学观测的房地产市场拓展人员胜任力要素指标认知实验框架主要由实验准备、认知实验生理学基础、实验设计、实验实施、数据处理和实验结果分析等组成（Dai et al., 2018），如图9.4所示。

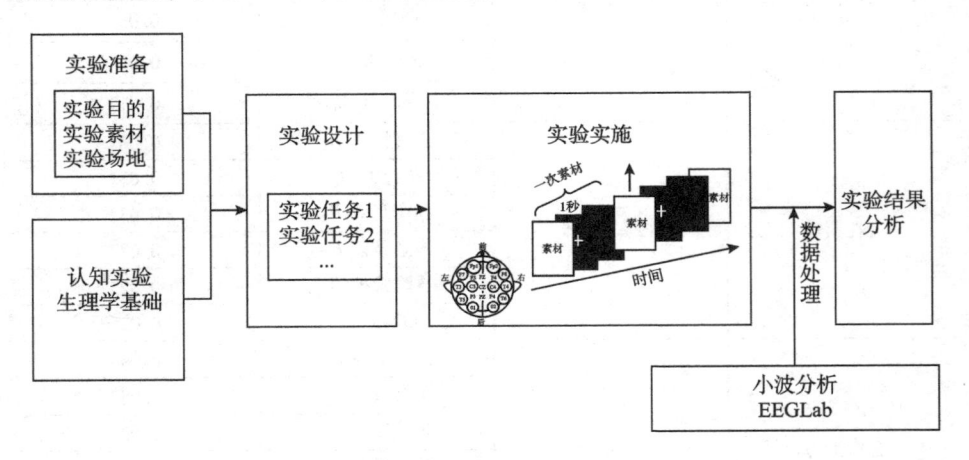

图9.4 实验框架

9.3.4.2 神经认知实验生理学基础

有关个体的认知与行为的研究，在认知心理学和人工智能领域已经产生了大量研究成果，其中，人类处理器模型（Human Processor Model，MHP）对认知与行为的过程机制给出了完整的描述，如图9.5所示，整个信息处理过程包括感知过程（Perceptual Process）、认知过程（Cognitive Process）和动作过程（Motor Process）三个阶段，其中，大脑对信息的存储、短期工作记忆和长期记忆以及动作反应与决策的神经活动是上述过程的主要组成部分（戴永辉，2016）。

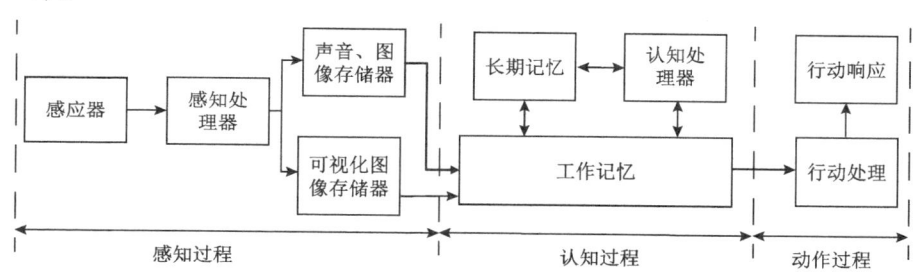

图 9.5 人类信息处理过程

个体认知与行为主要由选择性关注、认知与情绪、态度与行为三个关键过程构成。

（1）选择性关注

选择性关注是指人脑的一种主动、高效地选取信息的机制，当人脑面对社交媒体的大量表象信息和语义信息时，并不是表现为一视同仁，给予同等关注，通常会习惯性地根据自身的兴趣、需求或经验，对信息进行过滤和选取，具体表现为对一些信息进行回避，或视而不见，或听而不闻。著名的"看不见的大猩猩"实验表明：当人们事先圈定关注的信息时，其他无关的信息往往会被我们的大脑处理系统排除，不会进入大脑的感觉通路，即使是最明显的信息也会被我们"故意"漏掉。

（2）认知与情绪

在传统认识上，情绪的产生和表达是由边缘系统来完成的，外界情境刺激传入由丘脑、海马和杏仁核组成的边缘系统（Davidson，2000），边缘系统产生情绪。学术界对边缘系统的结构和功能的认识尚在不断探索中，目前认为人的情绪产生与杏仁核以及以杏仁核为核心的神经环路密切相关，这些神经环路包括前额叶皮层、扣带回皮层、下丘脑等。

人脑在对外界进行认识时，首先是外界刺激从感觉器官传入，经感觉丘脑皮层传递后送到杏仁核，并由其产生先天性的初始情绪，称为第一性情绪；与此同时，刺激从感觉器官经感觉丘脑皮层到达前额叶和海马等高级区域，这些区域对信息进行加工，加工完成后的信息传递到杏仁核，产生精细的情绪，称为第二性情绪。从情绪产生的整个过程来看，杏仁核参与了消极情绪的表达，在刺激奖惩价值的确定上发挥了关键作用，是自主神经系统中产生行为情绪的重要部位。海马则在情绪行为的背景调节上起重要作用，刺激信息和记忆信息的比对工作由其来完成，而刺激信息的理解和解释，则由前额叶皮层完成。

（3）态度与行为

在情绪认知过程中，信息接收者的认知结果往往会让其对收到的信息形成一定的态度。在态度的推动下，信息接收者容易对信息进行直接转发，或者对信息加工后转发，从而使得情绪在群体中传播。通常看来，态度与信息接收者的利益相关，倾向于保护自身的利益，只有在与自身利益无关时才在较大程度上受到社会关系和信任等因素的影响。

9.3.4.3 神经认知实验过程

（1）实验准备

① 被试对象招募。本次神经学观测实验共招募到12位被试，年龄为24~34岁，平均29.2岁。其中8位（5男3女）参加主实验，4位（2男2女）参加对照组实验。所有被试均是房地产行业内人士，对市场拓展岗位熟悉。他们在参加测试之前均签署了《实验知情同意书》。

② 素材准备。素材包含二类，第一类是中性词素材，第二类是胜任力刺激词素材。其中，中性词用以获得被试在不受到刺激时的EEG脑电波信号，参照以前研究成果（马庆国，2011），中性词往往取自人们的日常生活，如桌椅、毛巾、冰箱、电视机等，选取60个生活用词作为中性词。胜任力刺激词则是用于被试对其做出重要性判断。第二类胜任力刺激词素材，来自表9.7胜任力要素指标类别表里的词。

③ 实验目的。本次实验采集被试的EEG脑电信号，是为了研究被试对象对诱发素材表现出的脑认知，实验用的诱发素材包含有图片和文字，被试对象在安静的环境中观测素材，同时脑电信号数据将被采集，以用于分析被试者的认知状态，最终为胜任力指标权重确认和模型构建提供参考。

第 9 章 成长企业的员工胜任力模型研究

（2）实验步骤

本次脑认知实验步骤如下。

步骤 1：被试对象准备实验。被试对象坐在安静的、配有脑电测试设备的实验室里，戴上脑电帽，脑电帽上的各点电极通道负责测试相应位置的脑信号，测试准备如图 9.6 所示。

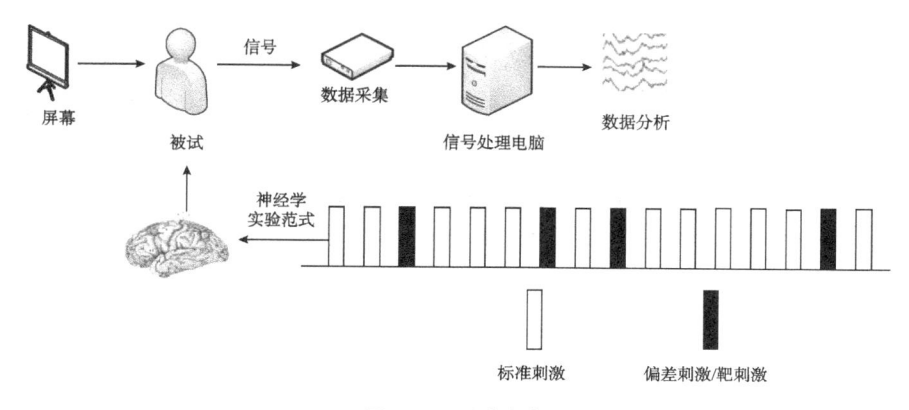

图 9.6　测试准备

步骤 2：开始实验。屏幕为黑色，被试对象与测试屏幕保持一定间距（50~90cm）和一定的视角，通常水平×垂直的视角约为 3.4°×2.4°。实验素材的呈现流程为：首先在屏幕中央显示"+"字提醒被试实验即将开始；然后过 1 秒后显示实验素材，被试者观看屏幕一定时间后，准备做判断；接着再次呈现黑屏"+"界面，1 秒之后出现黑色背景，等待被试者给出判断。在被试者做出判断之后，进入下一页素材观看实验，实验任务执行见表 9.29。

表 9.29　实验任务

任务：胜任力要素关键词认知	
序号	内　容
1	当前屏幕黑色，准备测试
2	开始
3	随机呈现实验素材一或实验素材二（5 个词依次标有①~⑤）中的词，显示 15 秒
4	如果当前是实验素材二，则测试者按 1~5 的一个数字给出哪个词最关键的回应（数字越大越关键）
5	黑屏 2 秒
6	重复序号步骤 3~5，直到完成 4 个实验素材二的浏览
7	结束

步骤3：数据采集。通过专有数据设备完成被试者的脑电实验数据采集，以供之后数据分析使用。

步骤4：实验后的交流。在完成脑认知实验后，让被试者对实验中的自身感受做主观表述，如测试时有无受到干扰等，如当时受到过干扰，则将受到干扰时间段的脑电波剔除。

(3) 数据处理

① EEG 数据去噪。在脑电实验中，被试对象在实验时注意力很难一直保持高度集中状态，难免会夹杂一些眨眼、头部晃动等动作，这会导致采集到的原始 EEG 脑电信号掺杂一些干扰噪声。由于脑电信号本身幅值在 $100\mu v$ 以内，比较微弱，而这些噪声的幅值偏大，容易将原始 EEG 信号覆盖掉。因此，为了尽可能地分离出 EEG 信号，需要采取一系列去除伪迹的数据处理步骤。在此，通过 Matlab 软件中的 EEGLab 工具箱来完成。该工具的工作原理是将不属于脑电信号研究频率段的波过滤掉，即只将信号在频率段（小于 30Hz）和幅度（小于 $100\mu v$）的波取出，从而过滤掉心电、眼电的干扰，是专门针对 EEG 数据去噪的一款工具。本研究去除伪迹是通过选取平均参考电极为基准来实现的，即首先计算出头皮上所有脑电极位置记录的电压的平均值，作为参考电极值，然后将之前各电极的记录值减去此平均参考电极值，将重新得到的各电极脑电 EEG 数据作为分析数据。此方法的原理来自人的头部近似球状，整个头部的正负电极数值相加总和为零，而伪迹信号由于不是真正的 EEG 信号，往往呈现的是一致的电位反应，因此用此方法能方便地去除或减弱一些伪迹，特别是在对那些无规则爆发性的伪迹去除上效果更佳。

② EEG 信号特征提取与重构。对 EEG 信号特征进行提取，可以看成是对信号的分类，一些经典分类算法都能达到特征提取的目的，如 SVM、人工神经网络、小波变换等。小波变换拥有多分辨率的特点，能通过平移和伸缩对信号进行多尺度聚焦分析，已经广泛应用在信号分析上，在此也采用小波变换来完成脑电 EEG 信号特征提取。

在信号去噪和重构上，由于小波包分解技术能对频带进行多个层次的划分，尤其在高频部分可以继续做分解。此外，在信号特征分析上它能自适应匹配信号频谱，提高时频分辨率，因而本研究也采用小波包分析技术对信号进行分解，然后过滤掉 30Hz 以上的脑电信号，再实施重构。

③ 节律波提取。预处理的脑电信号载入后，采用小波包分解函数对其进行分解，在此是选用 db10 小波包基对信号实行 4 层分解，因此第 4 层可获取

$2^4 = 16$ 个小波包子频带 $\{S(4,i), i = 0,1,2,\cdots,15\}$，因实验时采集数据的采样频率 fs 为 128Hz，因此，第 4 层每个子频带的频率宽度可根据公式 $\Delta f = \dfrac{1}{2^4} \times \dfrac{f_s}{2}$ 计算得到，约为 4Hz。

接着，采用 Shannon 熵设定阀值对脑电信号进行小波分解，4 层信号小波分解的分解树如图 9.7 所示，图中的（0，0）、（3，0）等是指第几层的第几个节点，其中第一个数字表示的是第几层，第二个数字表示第几个节点，均从 0 开始计数。由图可知，信号（0，0）在第一层里被分解成低频部分（1，0）和高频部分（1，1），然后再被逐层分解，第 4 层共有 24 个节点。

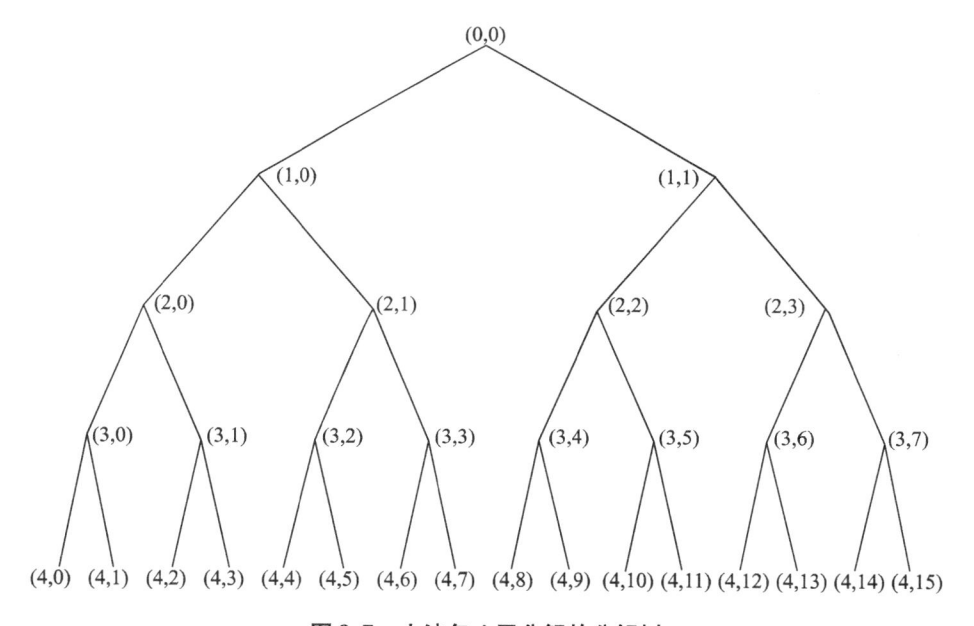

图 9.7　小波包 4 层分解的分解树

在上述分解中，每次分解信号频率得到的高频部分以 H 来表示，低频部分以 L 来表示，分解遵循的规律是：对低位为 L 的节点，信号的低频部分向左分解，高频部分向右分解；低位为 H 的节点，则相反，信号的低频部分向右分解，高频部分向左分解，分解过程中对信号频率的划分如图 9.8 所示。

按照分解规律进行 4 层小波包分解，得到的 16 个节点所对应的频率由低到高的排列顺序是：LLLL（4，0）、LLLH（4，1）、LLHH（4，3）、LLHL（4，2）、LHHL（4，6）、LHHH（4.7）、LHLH（4，5）、LHLL（4，4）、

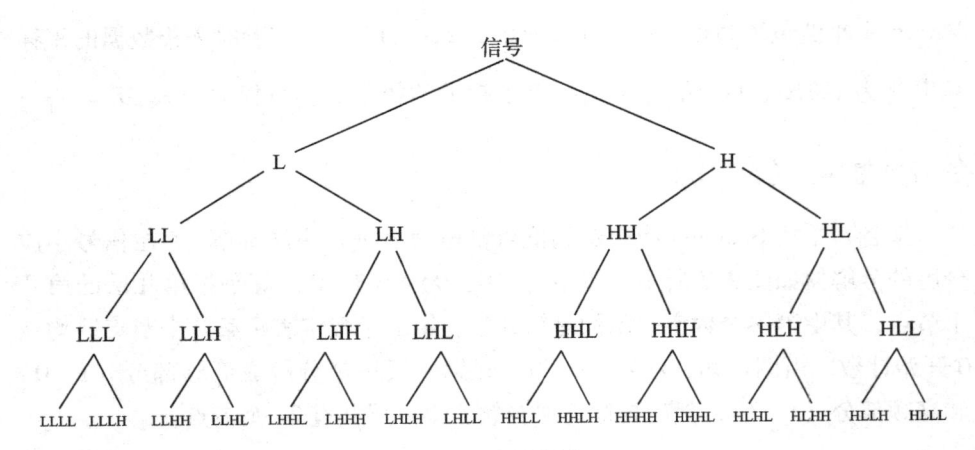

图9.8 频率划分

HHLL（4，15）、HHLH（4，14）、HHHH（4，13）、HHHL（4，12）、HLHL（4，11）、HLHH（4，10）、HLLH（4，9）、HLLL（4，8），每个节点频带宽度是4Hz。根据4种节律波（δ，θ，α，β）的频带范围，相应的子频带进行叠加重构，便可得到对应的4种节律波，如上述4层分解的脑电波的子频道如下：

δ [0.5 – 3.5Hz]：(4，0)

θ [4 – 7Hz]：(4，1)

α [8 – 13Hz]：(4，3)

β [14 – 30Hz]：(4，2) + (4，4) + (4，6) + (4，7)

9.3.4.4 基于神经学实验的胜任力要素指标权重

对所有被试对象的神经学实验完成后，进行平均值求值得到胜任力要素指标权重，如表9.30所示。

表9.30 胜任力要素指标类别

类别	类别名称	胜任力要素指标权重					
1	自学能力	经验总结A_1	0.22	意见听取A_2	0.09	信息收集A_3	0.06
		全局观A_4	0.04	勇于创新A_5	0.02	条理性A_6	0.01
2	潜在素质	心理抗压B_1	0.07	执行力B_2	0.06	办事高效B_3	0.04
		专业技能B_4	0.03	冒险精神B_5	0.02	归属感B_6	0.01
3	合作能力	人际交流C_1	0.06	平易近人C_2	0.04	乐于助人C_3	0.03
		客户导向C_4	0.02	团队精神C_5	0.02	诚信C_6	0.01
4	职业价值观	结果导向D_1	0.05	责任感D_2	0.03	价值感D_3	0.03
		追求卓越D_4	0.02	职业道德D_5	0.01	乐观自信D_6	0.01

9.3.5 模型指标权重的确定

将之前层次分析法得到的胜任力各要素权重与神经学实验获得的各要素权重进行综合，采用算数平均法得到最终的员工胜任力模型里的各要素权重如表9.31所示。

表9.31 房地产企业市场拓展岗位各要素权重

一级指标	二级指标	权重	认知权重	最终的权重
自学能力	经验总结 A_1	0.215	0.22	0.2175
	意见听取 A_2	0.102	0.09	0.0960
	信息收集 A_3	0.071	0.06	0.0655
	全局观 A_4	0.056	0.04	0.0480
	勇于创新 A_5	0.021	0.02	0.0205
	条理性 A_6	0.017	0.01	0.0135
潜力素质	心理抗压 B_1	0.065	0.07	0.0675
	执行力 B_2	0.053	0.06	0.0565
	办事高效 B_3	0.032	0.04	0.0360
	专业技能 B_4	0.027	0.03	0.0285
	冒险精神 B_5	0.023	0.02	0.0215
	归属感 B_6	0.015	0.01	0.0125
合作能力	人际交流 C_1	0.048	0.06	0.0540
	平易近人 C_2	0.037	0.04	0.0385
	乐于助人 C_3	0.028	0.03	0.0290
	客户导向 C_4	0.022	0.02	0.0210
	团队精神 C_5	0.019	0.02	0.0195
	诚信 C_6	0.012	0.01	0.0110
职业价值观	结果导向 D_1	0.044	0.05	0.0470
	责任感 D_2	0.029	0.03	0.0295
	价值感 D_3	0.024	0.03	0.0270
	追求卓越 D_4	0.015	0.02	0.0175
	职业道德 D_5	0.014	0.01	0.0120
	乐观自信 D_6	0.011	0.01	0.0105
合计		1.000	1.000	1.000

9.4 员工胜任力模型的应用

房地产市场拓展员工胜任力模型，目前已经在公司的人才考评管理、招聘与人才培养等方面得以应用。

（1）人才考评管理中的应用

根据所建立的房地产市场拓展员工胜任力模型，对公司市场部员工128人进行人才考评，从自学能力、潜力素质、合作能力和职业价值观四个维度上设计考评问卷，得到的平均考评分数如图9.9所示。

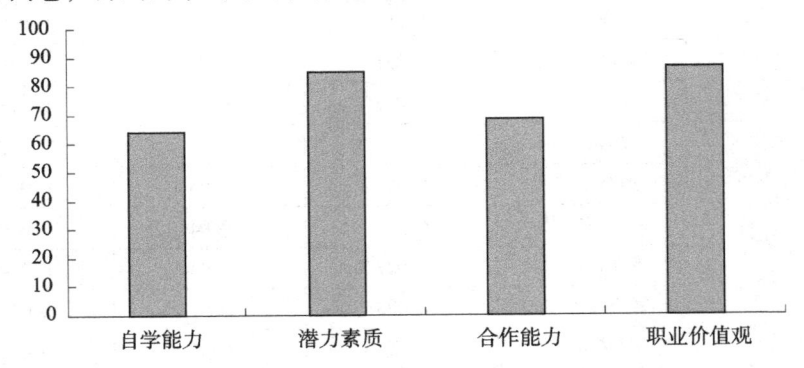

图9.9 四个维度上的考评分数

从图9.9可知，该房地产公司市场部员工整体潜力素质较高，职业价值观较为积极和明确，上述两项考评评分均超过85分，因此可以继续挖掘员工潜力，鼓励员工更好地为公司创造价值。在自学能力和合作能力两个维度上则亟待提升，考评评分均低于70，因此，可以在市场部有意识地加强一些经验分享和团队精神建设上的活动。

（2）招聘与人才培养上的应用

在招聘上，房地产市场拓展员工胜任力模型最为典型的应用就是有的放矢地设计招聘环节，根据应聘人员的表现来量化评估与分析其应聘岗位的胜任力吻合度。

在人才培养上，本模型同样大有用武之地。例如，应用模型对市场部员工进行胜任力评估之后，根据其各项得分高低进行相应的培训和引导，做好人才梯队的建设。

9.5 本章小结

本章对成长企业的员工胜任力进行研究。首先对胜任力素质理论、业绩理论、冰山模型、洋葱理论和胜任力在 IT 项目管理、医院、高校、银行等行业的应用进行介绍；然后对胜任力模型构建过程进行阐述，包括员工胜任力模型构建的 6 个步骤——建模前准备、确认绩效标准、选择分析效标样本、资料收集、模型建立和模型验证，接着以房地产员工市场拓展岗位胜任力为例，对该岗位的职责、绩效、胜任力要素等进行分析，在上述分析基础上，结合主成分分析、层次分析法和神经学实验观测等手段与方法，给出了员工胜任力因素的权重，并应用于公司的人才绩效管理、招聘与人才培养等方面。本研究在胜任力研究方法上进行了新的探索，为同类研究提供了新的研究思路。

第 10 章　大学生创业心智与创新创业实践

10.1　大学生创业心智模型

随着国家创新创业鼓励政策的不断出台以及高校创新创业教育的展开，大学生创办的优秀企业不断涌现，如旷视科技、美团网等，大学生已成为我国创业队伍中的重要力量。与此同时，高达 95% 的大学生创业失败率同样引人注目，大学生创业的相关研究也成为研究热点。在此，从大学生创业心智模型视角进行研究。大学生创业心智模型是指大学生在创业过程中，面对不确定环境下所形成的创业认识和体验，并用该认识和体验来"解释"自己的创业选择以及驱动自己执行创业的思维和行为。大学生创业心智模型涉及的内容主要有创业特质、创业胜任力、创业动机、创业认知和创业效能等（田荷梅等，2018）。优秀的创业心智是创业成功的基石，能加大企业获得成功的概率。对于大学生而言，创业心智的提升尤为重要，它能帮助大学生提升创新创业能力，进而提升创业成效。

10.1.1　大学生创业心智调研

（1）调研对象

调研对象来自作者所在单位——上海对外经贸大学的选修《创业管理》课程的 385 位学生，上述学生分别来自 8 个班级，其中大一的 1 个班级 41 位学生、大二的 2 个班级共 81 位学生、大三的 2 个班级共 130 位学生和大四的 3 个年级共 133 位学生。共发放问卷 385 份，回收问卷 385 份。其中，有效问卷 368 份，有效问卷回收率 95.58%。回收的有效问卷中的男生 103 人，占 27.99%；女生 265 人，占 72.01%；男生与女生比例不平衡，这与上海对外经贸大学是一所拥有经、管、文、法、理、工 6 大学科门类的多科性财经外语类大学相关，受到一些女生的偏爱。368 份有效问卷的统计信息，如图 10.1 所示。

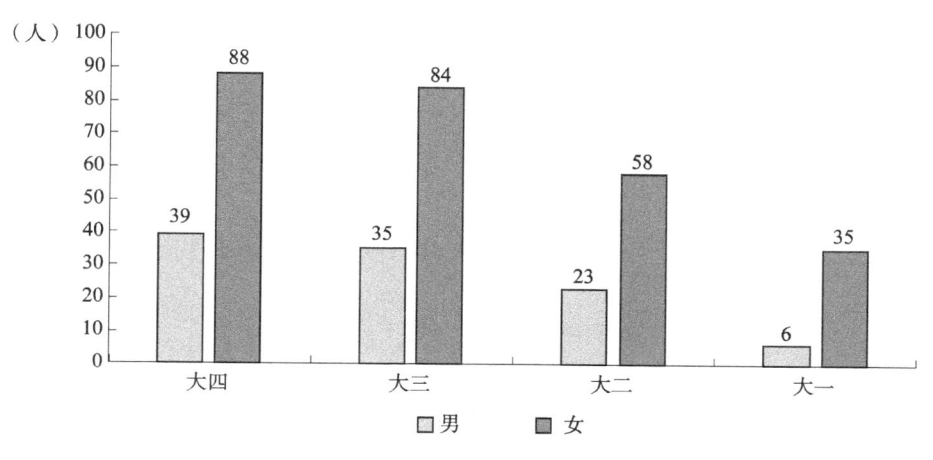

图 10.1 调研对象统计信息描述

（2）调研方法

本研究在参考以往学者所设计的《大学生创业心智量表》《大学生积极人格问卷》（谌志亮，2011；蔡太生等，2013）基础上，进行量表的设计，一共包含 36 个题目，每个题目提供 5 个选项，对应 1～5 分，涉及先验知识、创业机会识别、创业动机、创业效能感等维度。例如，大学生创业机会识别量表设计，如表 10.1 所示。

表 10.1 大学生创业机会识别量表设计

序号	题 目	选 项
1	我能够觉察到尚未满足的客户需求	A. 非常不同意 B. 比较不同意 C. 中立 D. 比较同意 E. 非常同意
2	我能够发现创业机会	A. 非常不同意 B. 比较不同意 C. 中立 D. 比较同意 E. 非常同意
3	您当前可以利用的人脉主要来自哪里	A. 参与的社会社团活动 B. 通过学校、老师获得 C. 家庭成员及其拓展关系网 D. 大学里的同学、朋友 E. 大学前的朋友
4	比起从人脉关系中发现创业机会，我更愿意发现创业机会后再寻找人脉关系	A. 非常不同意 B. 比较不同意 C. 中立 D. 比较同意 E. 非常同意

续表

序号	题 目	选 项
5	比起自己去建立新的人脉关系，我更喜欢依靠家庭拥有的人脉关系或者曾经的熟人	A. 非常不同意 B. 比较不同意 C. 中立 D. 比较同意 E. 非常同意
6	创业机会是时刻存在在市场中的，只有对其敏感的人才可以发现	A. 非常不同意 B. 比较不同意 C. 中立 D. 比较同意 E. 非常同意
7	我会努力关注周围的商机情况	A. 非常不同意 B. 比较不同意 C. 中立 D. 比较同意 E. 非常同意
8	在识别创业机会时，我更喜欢主动去寻找新的人脉关系来为我提供灵感	A. 非常不同意 B. 比较不同意 C. 中立 D. 比较同意 E. 非常同意
9	在发现创业机会后，我会自己主动去寻找与之相符的新的人脉关系来获得帮助	A. 非常不同意 B. 比较不同意 C. 中立 D. 比较同意 E. 非常同意
10	我对新的行业理念特别留意或有敏锐的视角	A. 非常不同意 B. 比较不同意 C. 中立 D. 比较同意 E. 非常同意

（3）信度检验及效度检验

大学生创业机会识别量表的信度检验如表 10.2 所示。

表 10.2 大学生创业机会识别量表整体信度检验

Cronbach 的 α 系数	基于标准化项目的 Cronbach 的 α 系数	项目个数
0.841	0.843	10

Cronbach α 系数为 0.843，表明该量表通过可靠性检验，具有较高的信度。大学生创业机会识别量表效度检验结果如表 10.3 所示。

表 10.3 大学生创业机会识别量表 KMO 和巴特利特检验

Kaiser-Meyer-Olkin	度量	0.791
Bartlett 的球形检验	近似卡方	1682.015
	自由度 df	289
	显著性 $Sig.$	0.000

由表 10.3 可知，KMO 值为 0.791，超过 0.7，表明该量表通过效度检验，具有良好的效度。

10.1.2 大学生创业心智分析

（1）创业心智基本信息分析

在 368 份有效问卷中，经管类专业的问卷为 173 份，人文类专业的问卷为 87 份，理工类专业的问卷为 64 份，法律类专业的问卷为 34 份，其他类专业的问卷为 10 份，如图 10.2 所示。

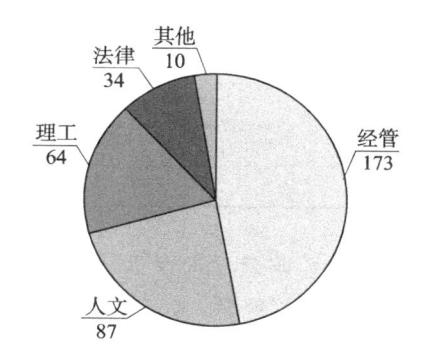

图 10.2　有效回收问卷的各专业统计信息

大学生创业心智量表总共 36 个题目，总分为 180 分，368 份问卷里各专业得分的描述性统计如表 10.4 所示。

表 10.4　大学生创业心智各专业得分的描述性统计

类别	数量	最小分值	最大分值	平均分值
全体调查者	368	79	168	116.73
经管专业	173	106	168	128.34
人文专业	87	99	147	102.86
理工专业	64	102	162	123.23
法律专业	34	79	145	98.16
其他专业	10	91	135	102.45

从表 10.4 可知，368 位全体调查者大学生创业心智平均分值为 116.73；经管专业在所有专业里的创业心智平均分值最高，为 128.34；还有一个要高于全体调查者平均分值的是理工专业的学生，其值为 123.23；而法律专业的大学生创业心智平均分值在所有专业里最低，为 98.16。以上调研结果与实际情况接近，学校的经管专业和理工专业学生对创业的理解以及参与创业，在全校来说确实是名列前茅的，法律专业的学生则相对来说较少。

(2) 先验知识分析

量表里与先验知识相关的题有 9 道题，总分值为 45 分，368 份问卷里各专业得分的描述性统计如表 10.5 所示。

表 10.5 先验知识各专业得分的描述性统计

类别	数量	最小分值	最大分值	平均分值
全体调查者	368	20	42	29.48
经管专业	173	27	42	32.08
人文专业	87	24	37	25.71
理工专业	64	26	41	30.81
法律专业	34	20	36	24.54
其他专业	10	22	32	25.61

从表 10.5 可知，368 位全体调查者先验知识平均分值为 29.48；经管专业在所有专业里的创业心智平均分值最高，为 32.08；还有一个要高于全体调查者平均分值的是理工专业的学生，其值为 30.81；而法律专业的大学生创业心智平均分值在所有专业里最低，为 24.54。以上调研结果表明，在先验知识运用于创业方面，学校的经管专业和理工专业学生会更多，法律专业的学生则相对来说较少。

(3) 创业机会识别分析

量表里与创业机会识别相关的题有 10 道，总分值为 55 分，368 份问卷里各专业得分的描述性统计如表 10.6 所示。

表 10.6 创业机会识别各专业得分的描述性统计

类别	数量	最小分值	最大分值	平均分值
全体调查者	368	22	47	32.75
经管专业	173	30	47	35.64
人文专业	87	27	41	28.57
理工专业	64	29	46	34.23
法律专业	34	22	40	27.27
其他专业	10	24	35	28.46

从表 10.6 可知，368 位全体调查者先验知识平均分值为 32.75；经管专业在所有专业里的创业心智平均分值最高，为 35.64；还有一个要高于全体调查者平均分值的是理工专业的学生，其值为 34.23；而法律专业的大学生创业心

智平均分值在所有专业里最低,为27.27。以上调研结果表明,在创业机会识别运用于创业方面,学校的经管专业和理工专业学生会更敏锐,法律专业的学生则相对来说较滞后。

(4) 创业动机分析

量表里与创业动机相关的题有11道题,总分值为55分,368份问卷里各专业得分的描述性统计如表10.7所示。

表10.7 创业动机各专业得分的描述性统计

类别	数量	最小分值	最大分值	平均分值
全体调查者	368	24	52	36.03
经管专业	173	33	52	39.21
人文专业	87	30	37	31.43
理工专业	64	32	51	37.65
法律专业	34	24	44	29.99
其他专业	10	26	39	31.31

从表10.7可知,368位全体调查者创业动机平均分值为36.03;经管专业在所有专业里的创业心智平均分值最高,为39.21;还有一个要高于全体调查者平均分值的是理工专业的学生,其值为37.65;而法律专业的大学生创业心智平均分值在所有专业里最低,为31.31。以上调研结果表明,在创业动机上,学校的经管专业和理工专业学生会更强烈,法律专业的学生则相对来说较柔和。

(5) 创业效能感分析

量表里与创业效能感相关的题有6道题,总分值为30分,368份问卷里各专业得分的描述性统计如表10.8所示。

表10.8 创业效能感各专业得分的描述性统计

类别	数量	最小分值	最大分值	平均分值
全体调查者	368	12	27	18.57
经管专业	173	16	27	19.44
人文专业	87	27	22	17.14
理工专业	64	15	25	18.67
法律专业	34	12	24	14.87
其他专业	10	13	19	15.52

从表10.8可知，368位全体调查者创业效能平均分值为18.57；经管专业在所有专业里的创业心智平均分值最高，为19.44，比全体调查者的平均分值要高；还有一个要高于全体调查者平均分值的是理工专业的学生，其值为18.67；而法律专业的大学生创业心智平均分值在所有专业里最低，为14.87。以上调研结果表明，在创业效能感上，学校的经管专业和理工专业学生会更突出，法律专业的学生则相对来说较平淡。

10.2 大学生创业热点发掘

为了对大学生创业热点进行发掘，本研究从两个方面进行，一方面从学者们对大学生创业进行的学术研究热点进行发掘，具体来说，是基于中国知网里的大学生创业相关的学术文献进行分析，来获得大学生创业的研究热点；另一方面从国家大学生创新创业项目的立项情况来分析，该项目是国家为了鼓励和支持大学生创业而设立的项目，在大学生中产生了广泛的影响，深受大学生欢迎。例如，2019年全国高校获批立项的项目达到38447项，起到了很好的引导和帮扶大学生创业的效果。

10.2.1 创业热点数据的收集

大学生创业项目的数据收集，主要来自中国知网知识发现网络平台和国家级大学生创新创业训练计划平台（http：//gjcxcy.bjtu.edu.cn）。以下以中国知网为例，介绍大学生创业热点数据的收集过程。

（1）数据收集

为了对大学生创业热点进行分析，在中国知网知识发现网络平台以"大学生""创业"为主题进行文献的搜索，搜索出的文献近8000篇，然后对这些文献以时间跨度2010—2019年为条件进行过滤，选取其中阅读次数较多的750篇作为有效文献，将这些文献通过Noteexpress工具以题录的方式导出后作为研究对象。数据收集的流程图如图10.3所示。

从图10.3可知，创业热点数据收集主要由文献题录采集、SATI题录转化、词频统计、生成共词矩阵、Ucnet转化、Netdraw可视化等步骤组成，首先使用Noteexpress工具对题录数据进行采集；接着采用SATI对采集到的题录数据进行转化；然后进行关键词的词频统计，并对关键词两两关联生成共词矩

第 10 章 大学生创业心智与创新创业实践

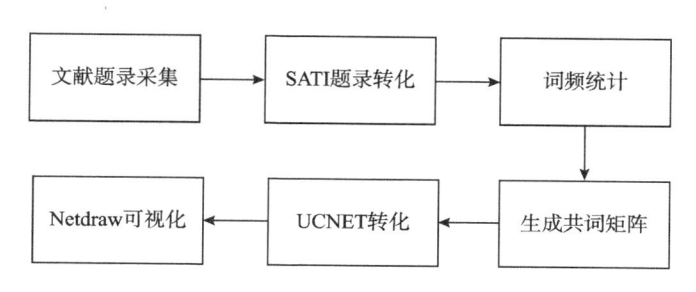

图 10.3 数据收集流程

阵；此后将矩阵导入到 UCINET 工具里进行转化；最后是运用 Netdraw 工具将创业热点进行可视化展现。

（2）数据处理

由于 SATI 较为常用的文献支持格式是 endnote，因此，在 noteexpress 导出题录时，直接选择 endnote 格式，然后将下载好的题录文本导入 SATI 中，再将其转换为 xml 格式，题录转化界面如图 10.4 所示。

图 10.4 题录转化界面

在图 10.4 中，在 Options 中可以选择想要统计的题录信息，本研究是以 Keywords 和 Authors 作为提取内容，接着选择"Extraction"对数据进行提取，并且通过"Frequency"对提取到的内容进行词频统计，最后选择"Matrix"生成词频共现矩阵，将产生的矩阵保存为 Excel 格式，供以后 Ucinet 进行处理和可视化分析。

(3) 数据处理工具

本研究用到的数据处理工具与方法，主要有文献题录信息统计分析工具、Ucinet 工具和共词聚类分析。其中，文献题录信息统计分析工具 SATI 是利用词频统计、共词聚类分析、相关性分析等方法，对数据进行处理，并以可视化的方式提供结果，使得表达更为清晰明了和直观；Ucinet 软件是一款用于数据分析、数据集成方面的软件，其主要的适用领域为一维数据与二维数据，通过 Netdraw 以可视化方式来呈现。作为一款专业软件，它能给数据分析者带来良好的服务体验，在社会化网络分析的研究中经常被采用。共词聚类分析作为一种文学计量方法，其原理是对出现在一篇文章里的一组词进行频率统计，看这些词是否两两一同出现在同一文献中，然后将这些词进行聚类，从而得出这些词之间的关系是否紧密。它能直观揭示词与词之间的关系，反映出一些可能存在的变化或趋势。使用共词聚类的流程如图 10.5 所示。

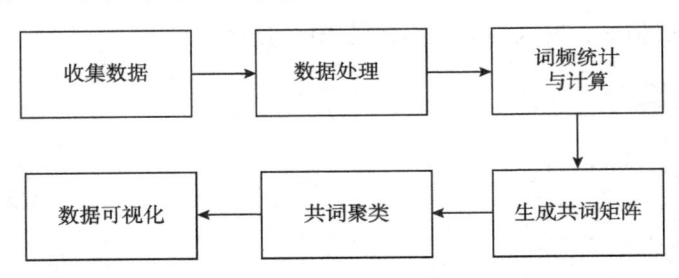

图 10.5 共词聚类流程

(4) 共词聚类分析

基于之前介绍的工具软件，从知网平台对大学生创业的文献进行数据采集之后，可以对创业关键词进行抽取和构建共词矩阵，并以可视化的方式呈现，如图 10.6 所示。

从图 10.6 可知，学术上对于大学生创业的研究热点主要聚焦在创业环境、创业政策、创业意愿、创新、融资、创业模式等方面。为了更准确地确定大学生创业领域的研究热点，对上述关键词进行了词频统计，前 16 个最高的关键词词频统计结果如表 10.9 所示。

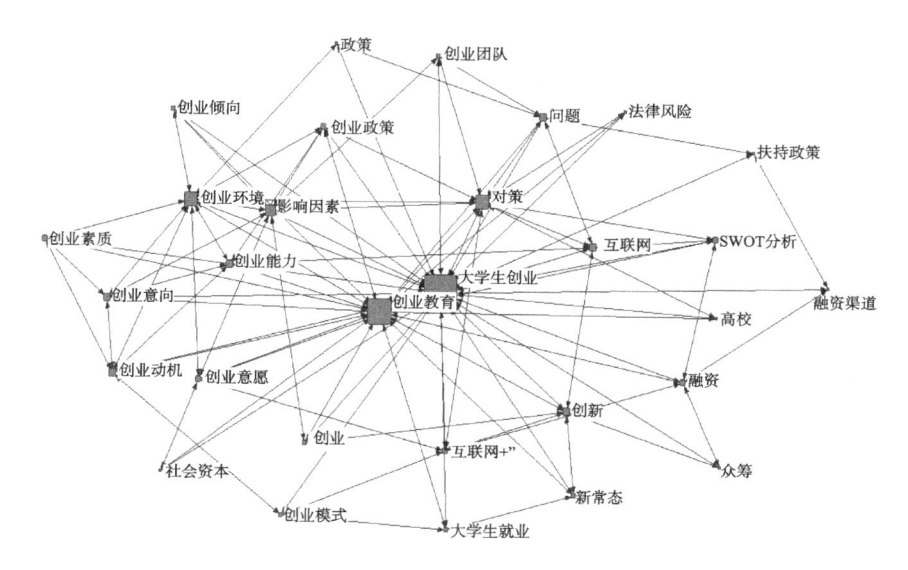

第 10 章 大学生创业心智与创新创业实践

图 10.6 大学生创业文献关键词共词

表 10.9 大学生创业研究文献词频统计

序号	1	2	3	4	5	6
关键词	大学生创业	创业教育	对策	影响因素	创业环境	创业能力
词频	749	108	33	33	24	22
序号	7	8	9	10	11	12
关键词	互联网+	创业政策	法律风险	大学生就业	创业意愿	创业意向
词频	21	20	16	16		
序号	13	14	15	16		
关键词	问题	融资	高校	创业模式		
词频	14	13	13	12		

从表 10.9 可知，除了"大学生创业"这一词高居第一之外，创业教育、对策、影响因素、创业环境、创业能力、互联网+、创业政策、法律风险、大学生就业、创业意愿、创业意向等也是学者们关注的热点。从上述的数据中虽然可以知道在当前的大学生创业研究上哪些是研究热点，然而由于这些关键词里很多不属于同类关键词，难以获得深层次的关联，为此，使用 Netdraw 软件进一步进行共词的中心化聚类分析，得到的结果如图 10.7 所示。

创业成长与心智模型

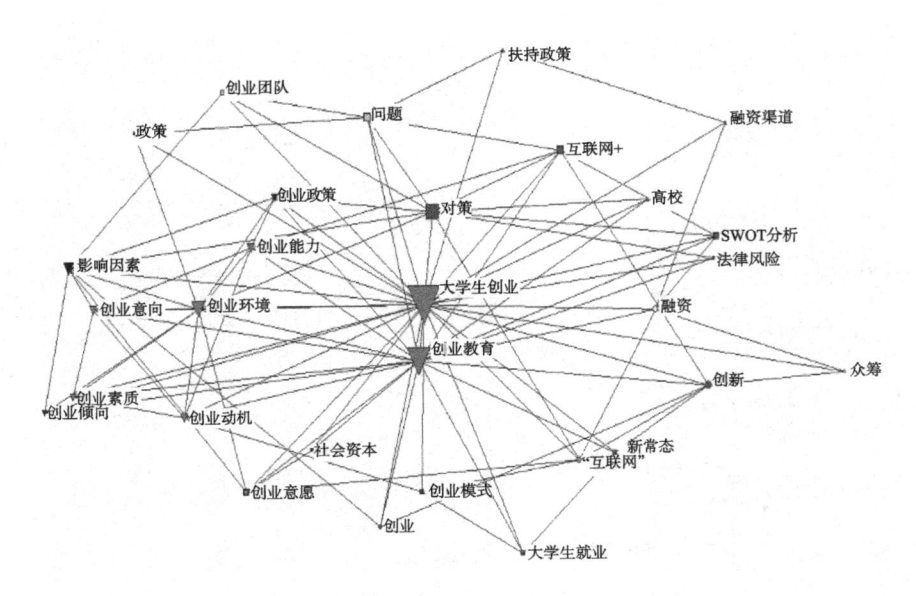

图 10.7 大学生创业文献关键词中心化可视

从图 10.7 可知，关键词被分成了若干不同的群组，其中较为突出的是图中正中心的"大学生创业"所属的三角形群组，该群组成员的主要词包含大学生创业、创业教育、创业环境、创业动机、创业能力、创业意向和创业素质。上述词聚集到了一类，对此的分析如下。大学生创业主要分成两种情况。一是大学生在进入大学之前，创业动机并未产生，随着其在大学中受到创业教育或接触到一些创业资源，从而逐步产生了在大学期间或大学毕业后创业的想法。该想法来自大学生本身所具有的专业知识和人格特征，在受到创业教育后，当自身能力和条件成熟时，就会开始其创业历程。二是大学生在进入大学之前，就存在创业的想法或意识，在大学里接受创业教育或创业相关的锻炼之后，帮助大学生进一步培养了创业所需的素养和能力，使得其具备了创业机会的识别能力和创业环境的适应能力，从而开启其创业历程。

在上述大学生创业的两种情况里，创业教育与大学生创业是直接相关的，且出现频率最高。创业教育一方面让那些原本创业意识不强的大学生，在受到创业教育之后，渐渐萌生了创业的想法，并且创业教育帮助大学生更好地了解创业；对于大学生创业而言，创业环境同样重要，创业环境的好坏直接影响到大学生创业时机的选择，正如信息科技和互联网的兴起，使得腾讯、阿里巴巴、百度等公司抓住机会创业成功；此外，图 10.7 中的创业动机、创业能力、创业意向和创业素质也都是与大学生创业直接或间接相关的因素，都会对大学生创业产生影响。

10.2.2 创业热点及趋势分析

为了分析大学生创业热点，从国家级大学生创新创业训练计划平台上，对近年的立项数据进行收集，然后再采用文本分析方法，从中提取关键词进行大学生创业热点的发掘和可视化呈现，如图10.8所示。

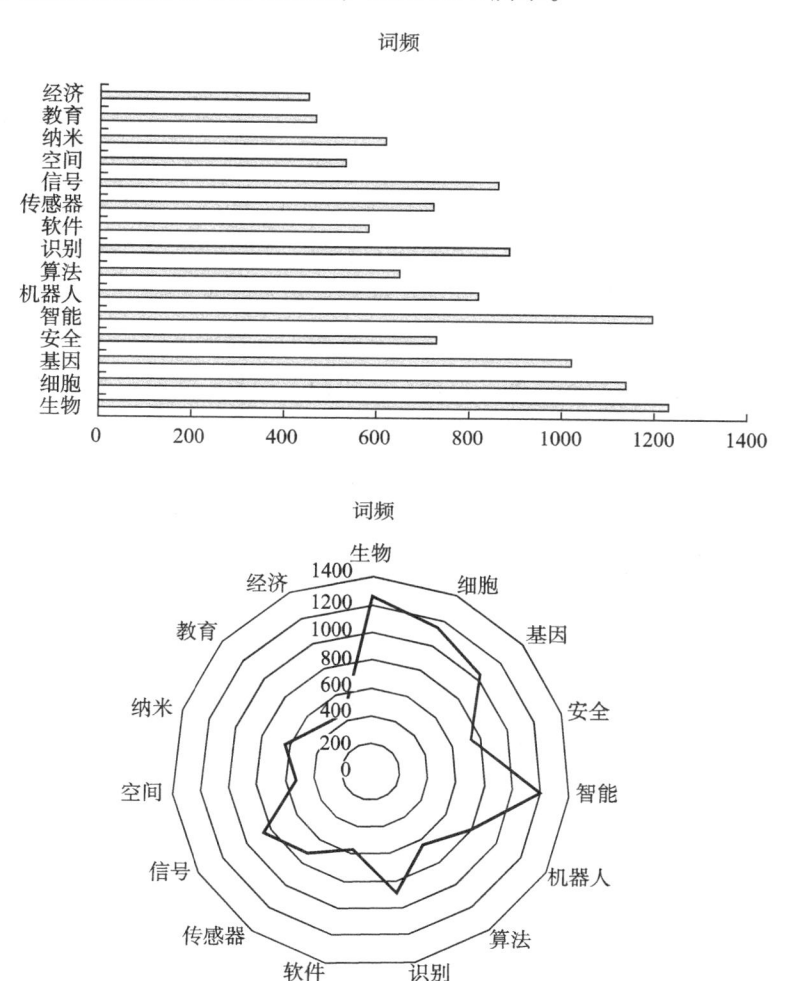

图 10.8 大学生创业热点柱状

从图10.8中可知，当下的大学生在选择创新创业的项目上，更多地偏向于类似于智能、无人机、识别等板块，这与当下社会一些热门的产业不谋而合，大学生较为关注的是朝阳行业。具体来看，大学生创新创业的热点类别有：①生物技术类——基因、生物、细胞；②互联网行业——安全、智能、机器人、算法、识别、软件；③通信行业——传感器、信号、空间、纳米；④经济类；⑤教育类。接下来根据文本分析给出的创业热点，结合创业政策和大学生群体特性，对上述热点进行分析。

在生物技术类这个行业中聚集了大量的大学生的创业兴趣。生物技术行业属于周期性较长的行业，发展到现在，同行业竞争者大多为一些行业领头羊，由于大学生在创业的时间、财力、资源等方面都无法与传统的生物技术行业巨头相比，因此选择此类行业进行创业的大学生，除了技术之外，往往还需具备良好的管理能力和沟通能力。生物医药行业虽然是当下大学生创新创业的热点，但是面临着创业起点较高、竞争激烈的状况，少量具备生物技术专业知识和良好资源的创业者可以选择此类行业来创业。

互联网行业是朝阳行业，产品的生命周期更迭速度较快，有很多未曾被探索的领域存在，而且其人力资本、土地资本等远远低于其他行业，甚至一个人一台电脑在家里也能开展业务，传递产品价值。而且，由于互联网行业需要的就是最新的知识、最新的观点，大学生自身具有接收信息快、接受力强和愿意学习前沿知识等特点，因而该行业非常适合当代大学生创业。

随着信息科技的发展，通信业在我国发展迅猛。例如，5G行业，参与5G关键技术的高通、华为等公司，无一不在研发上投入了大量资金。相对而言，该行业的创业成本较高，产品更新换代的速度快，需要一直关注行业的最新动态。选择此类行业进行创业的大学生，思维往往较活跃，喜欢尝试新的事物。通信行业作为新兴的发展产业，充满了生机。

对于经济和教育两大行业，成为创业的热门行业是很好理解的。同学们对这两大行业都较为熟悉，市场上对经济和教育方面的需求一直都十分旺盛，然而这两大行业的周期性均较长，准入门槛较高，对于大学生而言，选择上述两大行业去创业，既是机会，也是挑战。

10.3　大学生创新创业实践

随着国家对大学生创新创业扶持政策的不断出台，大学生参与创新创业实践的机会越来越多，其中，国家级大学生创新创业训练计划项目（以下简称国创计划）是教育部面向高校学生设立的创新创业资助项目，包括创新训练项目、创业训练项目和创业实践项目三类，其覆盖面之广、影响之大，从近年来的立项数目上便可窥见一斑。2016 年至 2019 年的三类项目立项数目如表10.10 所示。

表 10.10 国家级大学生创新创业训练计划项目数量统计

年份	2016	2017	2018	2019
创新训练项目	27375	29878	32807	32171
创业训练项目	3956	4124	4769	4508
创业实践项目	1723	1998	1999	1768

事实表明，国创计划项目对大学生的创新意识、计划组织、管理实践而言均是一次难得的锻炼与展现的机会，提升了大学生发现问题、思考问题、解决问题的能力。选择创新创业的大学生，通常具备自主学习能力较强、对事物的领悟力高、充满激情与自信、能敏锐地发现市场热点和机会等品性。在此，以本人所指导的教育服务行业和电子商务类两大热门行业的大学生创业实践为例进行介绍。

10.3.1 教育服务业创业实践

教育服务业作为大学生创业者热衷选择的创业热门行业之一，具有一定的代表性，在此以笔者指导的大学生创业赛事项目"暖阳高考咨询小帮手"为例进行大学生创业实践的介绍。

10.3.1.1 项目概况

高考是升入高等院校的重要途径，是连接高中教育与高等教育的桥梁，关系到学生未来就业与职业生涯的发展。高考制度，作为教育系统中极其重要的内容，肩负着为高等教育输送合适的人才，为基础教育指引方向的双重使命。高考志愿填报作为高考制度中的关键环节，一直以来深受社会、家长以及考生的关注。高考志愿填报对于考生而言是对于自己向往的大学进行选择，对于高校来说是对优质生源的遴选。因此，高考志愿填报是考生与高校之间相互联系、相互影响的纽带。自 1977 年恢复高考以来，高等教育在经济、人口、政策等因素作用下，得到了长足的发展。无论是报考人数还是录取率都取得了显著的增长，每年的报考人数，从1977年的约570万人增长到2018年的1031万人，录取率也从4.7%增长到81.13%。高校数量也持续增长，从1998年到2019年间，我国高校数量由1986所增加到2956所；高校的学生规模不断扩大，普通高等学校的在校生人数从1977年的56.4715万人发展到2019年的3833万人；2019年普通本专科毕业生753.31万人，比上一年增加17.48万人，增长2.38%。

我国高校招生录取的主要依据，是考生的高考分数和填报的志愿，因而高考志愿对考生而言极其重要。然而，考生在填报高考志愿时往往缺少对未来大学生涯的明确规划以及与高校相关的有效信息，在一定程度上造成了高考志愿的选择与大学生职业生涯规划的脱节，导致很多大学生对所学专业不满以及对未来职业生涯感到困惑。针对当前我国新高考改革背景下高考考生的生涯规划需求，本着"让我们的服务成为学生们心中的一缕温暖的阳光"的宗旨，推出"暖阳高考咨询小帮手"项目，致力于高考教育咨询产品，为高考考生们提供多种高考志愿填报服务，包括志愿填报查询、职业生涯规划测试与个性化定制服务，其中收费的服务包括提供中学生生涯规划、自主招生、高考报考、升学规划、志愿填报等服务。

10.3.1.2 项目可行性分析

项目的可行性分析主要从社会可行性、经济可行性与技术可行性等方面来进行。

（1）社会可行性

2019年普通高等学校的在校生人数达3833万人，从教育部公布的调研结果来看，高三学生对于高考志愿的了解程度不太乐观，选择"一小部分"和"完全不了解"的选项的比例占75.2%，在入大学之前对所报专业有所了解的学生占比只有3.4%，对毕业后的发展目标明确和充满信心的大学生比重仅占9%。本项目的前期调查显示，上海地区大学生受访者中有高达61.9%的学生表示并不喜欢现在就读的专业。

高考志愿咨询服务一方面可以帮助考生及家长避免盲目选择高考志愿，另一方面可以让学生提前对未来大学生涯以及职业生涯进行规划，帮助考生根据实际情况去选择自己希望就读的高校以及专业，提高志愿填报的满意度以及匹配度，以达到让每一个青年能尽量发挥自己所长、缓解家庭和社会矛盾的目的。在高等教育进一步发展与普及的情景下，有关高考志愿填报和大学生涯规划的需求日益增长。

（2）经济可行性

随着我国经济的持续发展，人们的生活和经济水平不断提升，对于学习和求学的观念也发生了很大的改变，聘请家教补课提升学习成绩、付费参加赛事培训等现象已经较为普遍。根据本项目的前期问卷调查显示，考生和家长愿意在高考志愿填报和大学生涯规划上花费一定费用的占半数以上。通过较为详细与明确的高考志愿填报指导以及大学生涯规划，可以使未来的大学生们有更好的发展，为社会培养更多的高素质人才。高考志愿咨询服务能够帮助考生因人而异地选择高校，降低盲目冲动导致的志愿与兴趣脱节现象，为考生未来的发展奠定坚实的基础。

（3）技术可行性

项目采用 B/S 架构，访问的网页兼容 IE、Chrome、Firefox、Safari 等主流浏览器，同时针对移动设备，进行了网页的界面定制，用户只需要一台装有浏览器的访问终端，联网后进入项目的主页，就可以进行咨询和享受服务。项目采用 MVC（Model-View-Control）分层的技术架构来实现，便于维护。在功能上，充分考虑了用户的需求，采用了人工智能技术，对用户输入的生涯测评结果进行匹配分析，快速给出成功率高、可靠性好、尽量符合用户需求的高考志愿结果。

10.3.1.3 市场需求分析

高考志愿咨询服务的市场需求分析主要从参加高考人数和产品的市场需求度两方面展开。

（1）目标市场分析

2019 年，全国参加高考的人数为 1031 万人，虽较最高峰 2008 年的 1050 万人少了 19 万人，但仍然是一个庞大的群体，统计数据显示，我国近年来参与高考的报名人数占同龄人口的比值基本稳定在 40% 左右。从上海市来看，2019 年上海市参加高考人数达 5 万人，与 2018 年相比保持稳定。随着二胎政策的放开和人口增长率的逐渐回升，在未来的十年将会迎来一个较为明显的回升，上海市高考生的数量会迎来一段增长期。近年上海市参加高考考生人数如图 10.9 所示。

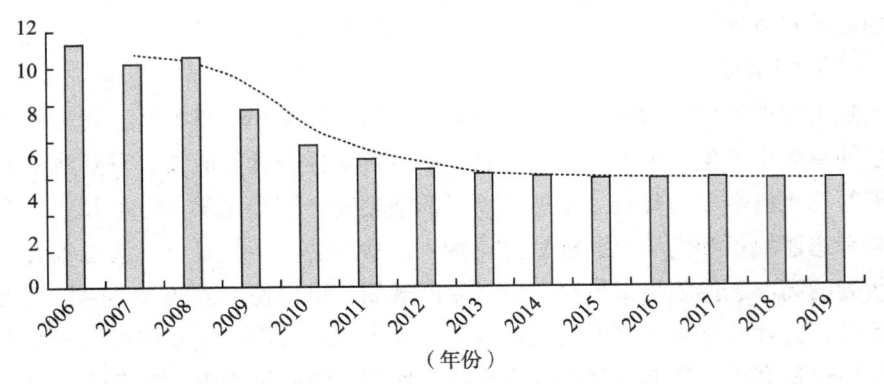

图 10.9　2006~2019 年上海市参加高考考生人数

在如此多的考生争夺大学入场券的高考中，个人能力在考试中固然重要，考后如何根据分数、个人兴趣以及未来的就业意向来填写志愿也是一个值得深思的问题。同时，上海市作为金融中心，人均 GDP 在全国领先。因此，在竞争日益激烈的高考中，家长和考生有能力也愿意接受有偿高考志愿咨询服务。近年来上海市人均 GDP 如图 10.10 所示。

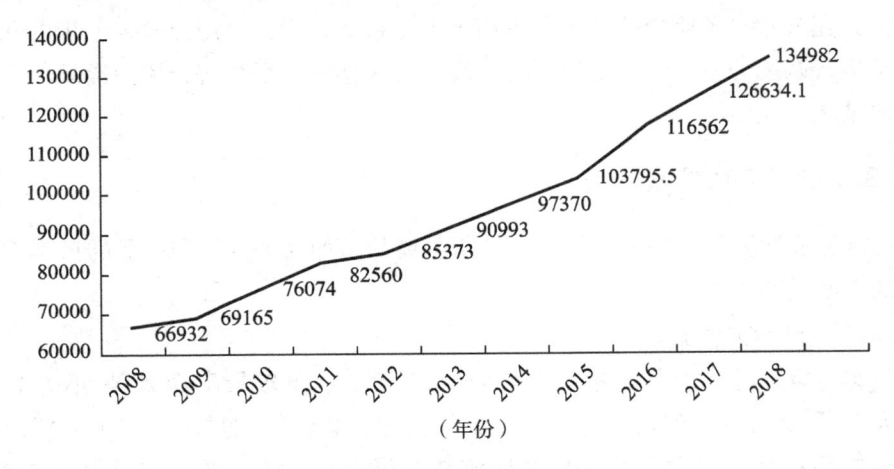

图 10.10　2008~2018 年上海市人均 GDP

因此，根据上海市稳定的高考人数以及人均 GDP，在上海市设立高考志愿咨询服务工作室，为考生提供志愿填报参考意见，设立较为合理的定价，市场的接受度也会较高。

（2）产品的市场需求度

随着高等教育的高速发展，我国高校的数量和专业在不同程度上得到了增长，这既给学生带来了更多的选择机会，同时也带来了如何选择的困惑。面对众多的高校与专业，家长与考生眼花缭乱，常常感到力不从心。很多学生在高考填志愿时，未能充分考虑自己的兴趣和将来的职业发展，仅仅凭感觉或从众心理盲目填报志愿。入学之后才发现，自己对所选的院校和专业并不满意，从而导致在学习上松懈和消极，宝贵的大学生活在浑浑噩噩中浪费掉。从前期的问卷调查结果来看，有将近61%的大学生表示不喜欢当年高考填报的专业。因此，帮助考生如何更好地填报志愿成为社会亟须解决的问题。考生及其家长志愿咨询渠道如图10.11所示。

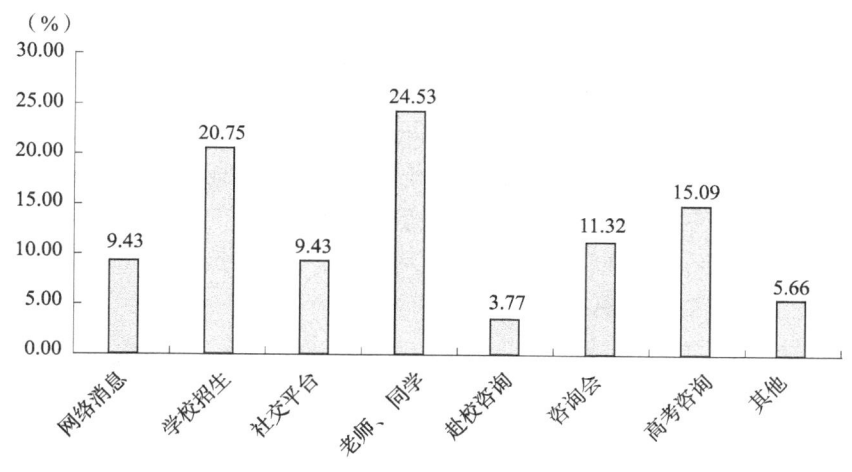

图 10.11　2019 年考生志愿咨询渠道占比

随着考生咨询需求的增长，针对高考为广大考生及其家长进行咨询服务的创业项目成为热点。这些创业项目基于政府和学校发布的数据，结合考生的分数、兴趣与规划进行分析，为考生填报志愿提供有益的参考，受到考生和家长的好评。尤其在上海市，近两年的上海市高考改革，使得上海市考生志愿咨询需求度大幅提升，通过咨询来降低填报志愿的风险性成为刚需。近两年上海市高考考生咨询需求度如图10.12所示。

从图10.12的调查可知，虽然上海市考生普遍希望得到志愿咨询的服务，但是真正了解或使用高考咨询服务的考生则相对较少，这表明当前上海市高考考生对于高考咨询产品的熟悉和认知程度还不够。大部分高考生不太认可当前市场上的高考咨询服务，面对市场上良莠不齐的高考咨询服务，考生希望能够获得优质的咨询服务。从产品的生命曲线上来分析，当前的高考咨询产品尚处于引入期向成长期过渡的阶段。虽然每年都有高考咨询会，但是填报志愿的考

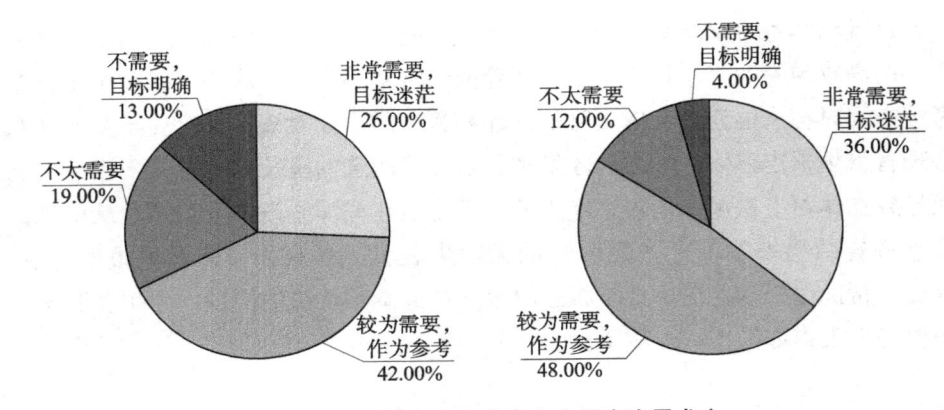

图 10.12　近两年上海市考生志愿咨询需求度

生及其家长数以万计，各个学校的招生办老师很显然没法去应对如此多的考生咨询，咨询会能帮助到学生的，往往只是一个大致的描述，无法为每个考生提供志愿的量身定制服务。因此，寻求高考志愿咨询平台的呼声越来越高，希望得到专业的解答和合理的收费价格，成为家长和考生的实际需要。咨询服务的价格接受度调研结果如图 10.13 所示。

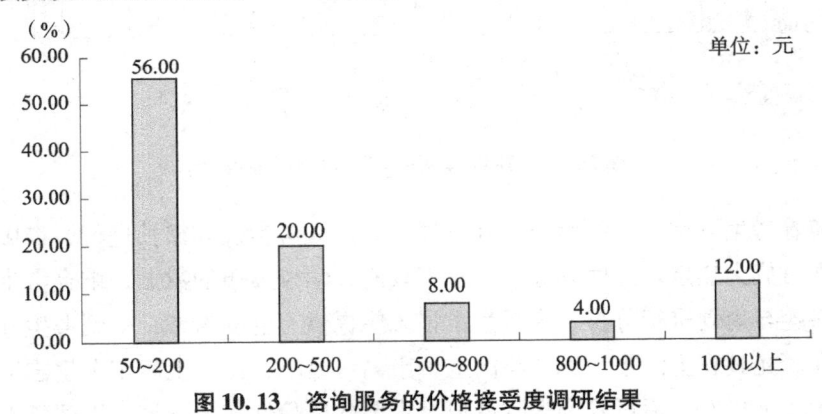

图 10.13　咨询服务的价格接受度调研结果

从图 10.13 可知，近 56% 的考生表示能够接受相对较低费用的高考咨询，因此这一部分的高考生是高考咨询服务的主要服务对象。针对这部分考生，设计了线上的人工咨询服务模块，为他们提供高考志愿填报指导以及典型案例分析。对于预算资金在 1000 元以上，对产品期望比较高的考生，设计了一对一线下的个性化高考咨询服务，帮助他们进行职业生涯规划和大学生涯的跟踪与回访，尽可能地根据他们的特点进行指导和服务。总的来看，志愿填报咨询市场尚处于起步阶段，市场需求度持续走高，并且客户付费意愿较高，咨询服务市场的前景广阔。

10.3.1.4 市场环境分析

（1）政策因素

2015年，教育部发布的《关于做好2015年普通高校招生工作的通知》里明确指出，为了降低考生落选风险，采取适当增加平行志愿数量的方式，并且鼓励有条件的省份在录取模式上探索"一档多投"。因而，考生在填报志愿上面临更多的选择，也更加复杂，促使越来越多的考生和家长开始寻求他人或机构的帮助，因此政策的发布推动了高考志愿咨询服务机构的快速发展。此外，随着二胎政策的放开以及人口增长率的逐渐回升，在未来的十年左右，考生人数会迎来一个较为明显的回升。因而，从未来人口分布趋势以及高考咨询服务的呼声来看，这一行业的未来发展将会更加蓬勃有力。

（2）经济因素

随着人们消费水平的提升和消费观念的改变，付费购买信息或者付费获得咨询服务这一模式被人们逐渐接受，为了让考生在高考志愿和大学生涯规划上获得成功，有偿高考咨询服务的市场需求旺盛。从上海市来看，上海市作为国内的一线城市，城镇居民的可支配收入水平常年在全国保持前列，为高考咨询服务的收费提供了良好的基础。与此同时，中国经济的飞速发展，城镇居民可支配收入的不断增加，为高考咨询服务的发展提供了有利的条件。

（3）社会因素

随着就业门槛越来越高，人们意识到高等教育的地位越来越重要，选择一所合适的高等院校则成为重中之重，高等院校作为步入社会的敲门砖，在求职抑或升学中有着举足轻重的地位。成功地进入理想高校，个人能力固然很重要，但是恰当地填写志愿、有效规避风险同样非常重要，因而志愿填报咨询服务机构受到越来越多考生和家长的光顾。我国高考考生整体数量庞大，对于高考咨询服务机构而言，市场潜力巨大。

（4）技术因素

随着信息技术的发展，报考信息的收集越来越容易，尤其是人工智能技术的发展，通过整合全国所有高校的专业、往年分数线等信息，并结合考生个人兴趣，人工智能便会推荐一份完整的志愿填报推荐表，大大地提高了考生的填写速度，缩小了考生的检索范围。除此之外，人工智能还可以预测填报后录取的概率，算法更为完整，提供了更为精确的填报志愿指南。

10.3.1.5 市场竞争分析

在市场竞争分析上，主要从现有竞争产品、产品业务和产品的优势、劣势、机会、威胁等，即SWOT（Strengths，Weaknesses，Opportunities，Threats）进行。

（1）现有竞争产品

随着高考人数和考生志愿填报咨询需求的接连攀升，围绕高考的相关业务市场规模达到千亿元级别。面对如此庞大的市场，众多的投资者和创业者纷纷投入，各类高科技产品、大数据、人工智能等新兴技术的应用以及各类志愿填报App如雨后春笋般在市场上出现，如求学宝、完美志愿、高考志愿君、掌上高考、报考大学、高考志愿填报专家、优志愿、精锐教育、昂立教育等市面上较为流行的志愿填报App和平台，上述志愿填报咨询平台与本项目暖阳高考咨询小帮手，共同为高考学生和家长提供服务。

（2）产品业务分析

从当前市面上各App产品对学生填志愿的咨询服务业务归纳来看，主要如表10.11所示。

表10.11 学生填报志愿咨询服务业务

类型	名称	核心业务	兴趣测评和职业专业服务		高考指南服务
线上	优志愿	国内高校AI大数据+模拟填报+普通咨询	测评兴趣专业职业	职业专业大全	高中选科指南
	高考志愿榜	国内高校AI大数据+模拟填报+普通咨询	测评兴趣专业职业	职业专业大全	
	完美志愿	国内高校AI大数据+模拟填报+普通咨询	测评兴趣专业职业	职业专业大全	高中选科指南
	求学宝	国内高校AI大数据+模拟填报	测评兴趣专业职业	专业大全	高中选科指南
	申请方	国内外高校模拟填报+定制咨询		职业专业大全	夏令营指导
	报考大学	国内高校信息汇总+智能填报+普通咨询+定制咨询	测评兴趣专业	专业大全	高中学习资源
	高考志愿君	国内高校信息汇总+智能填报+普通咨询+定制咨询	测评兴趣专业	专业大全	

第 10 章　大学生创业心智与创新创业实践

续表

类型	名称	核心业务	兴趣测评和职业专业服务		高考指南服务
线上	掌上高考	国内高校信息汇总+智能填报	测评兴趣、专业	专业大全	高中选科指南
	高考志愿填报	国内高校信息汇总+定制咨询	测评兴趣、专业		高中选科指南
	暖阳	国内高校AI大数据+上海市高校对比报告+模拟填报+定制咨询	AI测评兴趣、专业、职业	职业、专业大全和所需证书	竞赛指导
线下	暖阳	国内高校（含港澳台地区高校）AI大数据+上海高校对比报告+模拟填报+定制咨询（只针对上海市考生）	AI测评兴趣、专业、职业	职业、专业大全和所需证书	深度游学
	精锐教育	国内高校AI大数据+模拟填报+定制咨询	测评兴趣、专业、职业	职业、专业大全	
	昂立教育	国内高校AI大数据+模拟填报+定制咨询	测评兴趣、专业、职业	职业、专业大全	综评指导

由表 10.11 可知，市面上高考志愿填报平台提供的业务大同小异，并没有十分明显的区分度，大家都通过提供学校、专业、历年分数线、就业、薪酬等信息指导学生填报志愿。本项目分为线上和线下两个运营平台，通过细化高校报考信息、增添多元化服务来吸引客户，为客户带来良好的体验感。具体来说，线上生涯测评利用 AI 机器学习技术，结合霍兰德、MBTI 等测试，为考生得出精准的性格报告和职业报告，从而为考生提供符合考生兴趣、适合自身发展的高校。同时，为考生提供各种职业所需证书，让考生提前准备，提前为今后的发展方向做准备。并且考虑到综招考和特殊招生的需求，邀请了具有丰富经验的学生和具有竞赛指导经验的老师进行指导服务。线下平台主要深耕上海市，为上海市考生提供港澳台高校的报考信息，在线下开展"深度游学"，组织全国有兴趣的考生前往高校进行参观与体验，给学生带来"未来体验"。

（3）产品价格比较

当前市面上各 App 产品的收费价格如表 10.12 所示。

表10.12 业务价格

类型	名称	信息查询（元/次）	智能查询（元/次）	定制咨询（元/次）	生涯测评和职业专业大全（元/次）
线上	优志愿	免费	360	—	免费
	高考志愿榜	免费	38	—	38
	完美志愿	免费	358	—	358
	求学宝	免费	免费	—	498
	申请方	免费	免费	按需定制价格	—
	报考大学	免费	298	2980	免费
	高考志愿君	免费	98	8800	38
	有据升学	0.2~0.4	免费	—	—
	掌上高考	免费	免费	—	免费
	高考志愿填报	免费	无	3980	168
	暖阳	0	266	1666	免费
线下	暖阳	0	266	1666	免费
	精锐教育	0	50	6588	
	昂立教育	0	199	6800	

从表10.12的价格来看，本项目"暖阳高考咨询小帮手"的收费在价格方面具有一定的竞争优势。由于高考志愿填报咨询平台鱼龙混杂，诈骗现象时有发生，因而，除了价格之外，信誉与口碑对于商家而言同样非常重要。

（4）SWOT分析

"暖阳高考咨询小帮手"的SWOT分析如表10.13所示。

表10.13 SWOT分析

优势：	劣势：
(1) 暖阳高考咨询服务工作室相对咨询机构成本更低，价格更加合理亲民 (2) 生涯测评与模拟填报采用更为先进的AI技术加大数据技术，测评结果更贴近实际 (3) 工作室深耕上海市，提供更为详细的上海市高校对比报告，同时增加港澳台地区高校招生咨询服务，而且大学生咨询师能从校内学生角度设身处地、更为客观地提供学校的详细情况 (4) 工作室内部的学生可以更快获悉高校招生信息，更容易邀请到学校内的招生经验丰富的专业老师来解答，提供的服务更有价值	(1) 由于工作室内大多数为学生，没有接受正规的指导，因而在回答顾客的提问上，可能不是很准确，但是通过不断的经验累积，能够更好地为考生提供服务 (2) 公司不是专业的AI技术研发公司，团队里AI和大数据技术能力一般，后期将通过招聘、培养、购买他人技术等相结合的方式，提升技术，以便更好地提供服务

续表

机遇： （1）高考咨询服务市场潜力巨大，高考咨询服务、自主招生服务类市场需求巨大，每年参加高考的考生人数庞大，很多考生在高考志愿填报上需要进行指导 （2）咨询服务市场鱼龙混杂，收费不一，本项目以诚信为原则，为考生提供价格实惠的服务，在市场上树立良好口碑，为以后的发展打下了良好的基础	威胁： （1）市面上的服务机构，在搜集资料、分析数据、提供服务上有专人负责。本项目的创业者均为大学生，在创业之余，还有学业要完成，只能在假期和闲暇时间里搜寻资料，提供服务 （2）专业的服务机构，资金上比较充足，大学生创业，在资金和融资渠道上要缺乏一些，一旦出现资金紧张，容易出现运营困境

10.3.1.6　商业模式分析

高考志愿填报主要解决两个问题：一是回答考生"想考上"的问题，帮助考生从自身出发寻找到合适的高校，如根据考生的高考考分、兴趣爱好去筛选出合适的高校和专业；二是回答考生"考得上"的问题，需要基于大量的历史数据和当年的考试情形，帮助考生分析志愿形势，给出志愿填报方案。本项目所提供的志愿填报方案是借助于自身团队研发的智能匹配预测算法实现的，是在对历年的高校录取分数线、高考人数、冷热门专业等数据的收集基础上建立的智能填报模型，具有匹配精度高、智能分析的特点。总的来说，本项目在帮助考生提供咨询服务时的基本原则是："弄清志愿规则，从自身需求出发选择学校和专业。"

本项目根据高考考生的类型来提供对应的服务，收取不同的费用。例如，A同学在成绩等各方面都十分优秀，具有明确的目标，希望通过综招进入理想大学，此时只需要向其提供综招材料填报、面试等方面的指导，收费可以较低；B同学在成绩等各方面一般，目标不明确，针对这样的客户，需要进行学生的生涯跟踪和回访，根据其特点进行未来院校填报的指导服务，收费可以较高。通过服务对象的类型划分，来减少冗余服务带给考生的不必要的支出，尽可能地满足个性化高考志愿咨询的定制服务。

（1）咨询服务形式

基于AI人工智能和O2O（Online to Offline）线上与线下相结合的服务模式，提供的咨询服务形式如表10.14所示。

表 10.14　咨询服务形式

类别	信息查询	智能查询	定制咨询
时间	全天	全天	双休日全天
内容	院校信息、分数线等	生涯测试与数据匹配	个性化定制分析
平台	网站	网站	工作室
讲师	无	无	个性化咨询团队
形式	无	AI 匹配分析	一对一个性化咨询
特点	及时、免费	高效、及时	详细、具有针对性

（2）信息查询服务

高考志愿填报，要首先考虑的是考生自身的分数定位，也就是具体的高考分数区间，高考分数在填报志愿过程中起着决定性作用。在了解自己的分数定位以及相应的学校、专业的往年分数线后，可以根据自己对于学校特点的要求（如 985、211 或理工科院校、综合院校），或对于地域、文化的类型方面的要求进行查询服务。

用户可自行查阅目标院校学校的专业情况、历年分数线、就业情况、薪酬等信息。与此同时，考虑到上海市作为全国考生的热门报考地，因而基于大数据技术以及上海各所高校历年发布的教育质量报告，为全国考生免费提供在沪高校的对比报告。从学校层面，提供在沪高校的本地排名、开设专业、重点学科、就业率、毕业平均薪酬等具体情况；从专业层面，比较在沪各所高校相同专业的排名、就业率、就业方向、平均薪酬等，增添当下主流咨询平台所缺失的在沪高校具体信息。

（3）智能查询服务

考生进入"暖阳高考咨询小帮手"平台进行兴趣和能力测试，通过机器学习技术，对考生的兴趣以及能力评估结果进行分析，为考生提供适合其发展以及目标价值需求的志愿填报方案，并为其推荐所报考院校的优劣势分析。智能查询界面如图 10.14 所示。

（4）个性化定制服务

对于有更多需求和针对性更强的咨询服务的客户，本公司能够提供个性化的定制咨询服务。在个性化定制咨询服务前期，会根据客户的定制要求对客户进行全方位评估分析，根据评估结果，为客户提供个性化定制的志愿填报咨询报告。基于咨询报告，对目标院校的各个学院和系给出评估分析，并且对该院

图 10.14 智能查询界面

校的专业进行详尽的大学生生涯分析，给出毕业生情况分析报告，让考生能够对目标院校有更清晰、更深入的了解。

个性化定制咨询主要集中在双休日和节假日，由专门的个性化咨询团队来负责，一个咨询团队由一名案例分析员、一名数据收集员、一名咨询师以及一名客户联络员组成。案例分析员主要对类似案例以及该客户特点进行详细分析；数据收集员主要对咨询过程中所需要的常见数据以及相关数据进行收集；咨询师需要整合整个咨询报告，并对客户的咨询进行答复；客户联络员主要与客户联系，了解客户需求和对客户进行长期跟踪了解。咨询团队将会在预约的时间里为客户提供咨询服务，并提供一份详尽的分析报告和可供参考的高考志愿填报方案。个性化服务的内容，如表 10.15 所示。

表 10.15 个性化服务内容

类别	深度游学	港澳台地区高校志愿填报	竞赛指导
时间	寒暑假	双休日全天	双休日全天
内容	个性化定制	个性化定制分析	个性化定制分析
平台	工作室	工作室	工作室
讲师	个性化咨询团队	个性化咨询团队	个性化咨询团队
形式	一对多带队游学	一对一个性化咨询	一对一个性化咨询
特点	具有针对性、生动	详细、具有针对性	长期、具有针对性

各项目服务内容如下。

① **深度游学**：在高考填报志愿前提供一个前往高校学习的机会，类似于

夏令营。通过统计各位客户的目的院校，选取部分热门院校，与高校、第三方机构达成合作，为客户提供为期3~5天的未来体验。

②中国港澳台地区高校志愿填报指导：根据考生自身情况，为有意愿前往港澳台地区就读大学的高考考生，提供志愿填报咨询服务和前期港澳台地区高校各类面试日程、报名方式、申请资料等信息。

③竞赛指导：随着高考改革，越是顶尖的大学，越是注重分数之外的综合素质和实际能力，而竞赛正是其中重要的一部分。但是，大部分的学生对竞赛信息掌握不够，找不到合适的参赛项目，组队成员单一，占用学习时间较多。此项服务的对象主要为高一和高二的有志于未来通过综招等方式进入理想大学的学生，通过聘请有丰富竞赛指导经验的大学生或老师，为客户比赛提供指导分析，帮助其获取好的成绩。

（5）付费方式

付费方式分为线下服务和线上付费两种方式。线下付费指的是客户到指定的办公地点进行付费，线上付费则是通过微信、支付宝等方式进行网上付费。

（6）盈利模式

公司的盈利主要来自两个渠道：一是通过收取考生的咨询服务费，另一个是其他公司的教育类产品到本平台投放广告的费用。咨询服务费如表10.16所示。

表10.16 服务收费

类型	免费版	会员	高级会员
价格（元）	0	266	1666

广告宣传费是其他企业在平台上进行广告投放收取的费用。在首页有三个广告位，这三个广告位是通过滚动依次显示的。前一个月网站的广告全部是免费的，一个月后开始收费，根据不同的广告类型收费标准不同，具体费用如表10.17所示。

表10.17 广告宣传费

广告位置	数量	价格（万元/月）	价格（万元/年）
首页位置	3	0.1	1
网站链接	5	0.05	0.5

10.3.1.7 营销模式分析

面对激烈的市场竞争，本着"为有志青年插上理想的翅膀"的营销理念为新生代准大学生提供诚信服务，搭建高考咨询服务平台，"尽心尽力为每一个客户提供优质咨询"，吸引更多的准大学生享受我们的服务，促使更多的准大学生成为拥有理想、努力奋斗的青年人。在营销业务推广上，采用线上与线下相结合的方式。

（1）线上平台推广

在线上的推广，主要是依托各类网络服务平台和网络社交平台进行。例如，在微博、抖音等平台上注册账号，购买平台内的广告推送以及链接进行推广；在微信平台上建立官方公众号，发布推送并通过有偿分享的方式提高推广力度；与微博、哔哩哔哩等平台内的一些知名人士，如微博"大V"、学习区版主等开展合作，通过其账号发布推广信息，使推广的受众面更大。

（2）线下实地推广

线下实地推广采用多种营销方式。例如，聘请校园大使进入多所高中开设讲座介绍公司的服务；邀请高校寒假招生宣传志愿者，在返校宣讲时对本产品进行推广介绍；高考结束之际，到多所高中派发传单、摆摊，等等，与考生进行交流，了解他们的需求，取得其信任。与此同时，各校园大使以朋辈互助的形式对考生进行跟踪回访，帮助考生提前了解大学生活。

10.3.1.8 财务分析

公司注册资本10万元人民币，实缴10万元人民币，由6位合伙创始人共同出资构成，其中主要创始人一次性出资6万元人民币，其他5位创始人各出资0.8万元人民币。公司未来三年的财务收入预测如表10.18所示。

表10.18 未来三年收入预测表

业务类别	内容	年份		
		2020	2021	2022
高考咨询业务	免费（次）	2000	4000	7000
	会员服务（元）	500×266=133000	2000×266=532000	6000×266=1596000
	高级会员服务（元）	50×1666=83300	200×1666=333200	800×1666=1332800
	咨询业务总收入（元）	216300	865200	2928800

续表

业务类别	内容	年份		
		2020	2021	2022
广告投放业务	首页投放（元）	2×10000=20000	4×10000=40000	10×10000=100000
	网站链接投放（元）	6×5000=30000	12×5000=60000	20×5000=200000
	广告业务总收入（元）	50000	100000	300000
总销售额（元）		266300	965200	3228800
办公、管理费用（元）		20000	30000	50000
销售费用（元）		20000	40000	80000
人工费用（元）		80000	160000	300000
营业利润（元）		146300	735200	2798800

10.3.2 电子商务类创业实践

电子商务类创业因其门槛较低、时间灵活、高效等特点，成为众多大学生创业者的首选，在此以笔者指导的"崇明岛农商网络服务站"电子商务类创业项目为例，对大学生创业实践进行介绍。

10.3.2.1 项目背景

崇明岛是中国第三大岛，隶属于上海市，岛上常住人口67.1万，居民以农、林、畜、牧、渔业为主，全岛水产养殖总面积8.5万亩，白山羊年出栏14.82万头，岛内农产品特色鲜明，崇明金瓜、香酥芋、崇明糕、白山羊肉、崇明老酒等味美可口的食品深受消费者喜爱。然而，在上述农产品的销售上，崇明本地居民大多采用的是传统的摆摊销售和等待上门收购，一旦遇到恶劣天气或旅游淡季，产品的销售就会受到很大的影响，严重影响到居民的收入。因此，针对上述现状，本创业项目"崇明岛农商网络服务站"，通过搭建农产品销售者与顾客之间沟通的桥梁，帮助双方更方便地进行交易，具有广阔的应用前景。

10.3.2.2 产品介绍

崇明岛农商网络服务站是一款网上交易平台，该平台依托互联网技术，提供崇明特色农产品的一站式采购服务，吸引对绿色产品有极大需求的用户进行消费，为当地农民或商铺增加外来客户量，从而扩大对崇明特色产品的宣传和普及，形成一个创新销售渠道，帮助农户增加收入。产品的结构如图10.15所示。

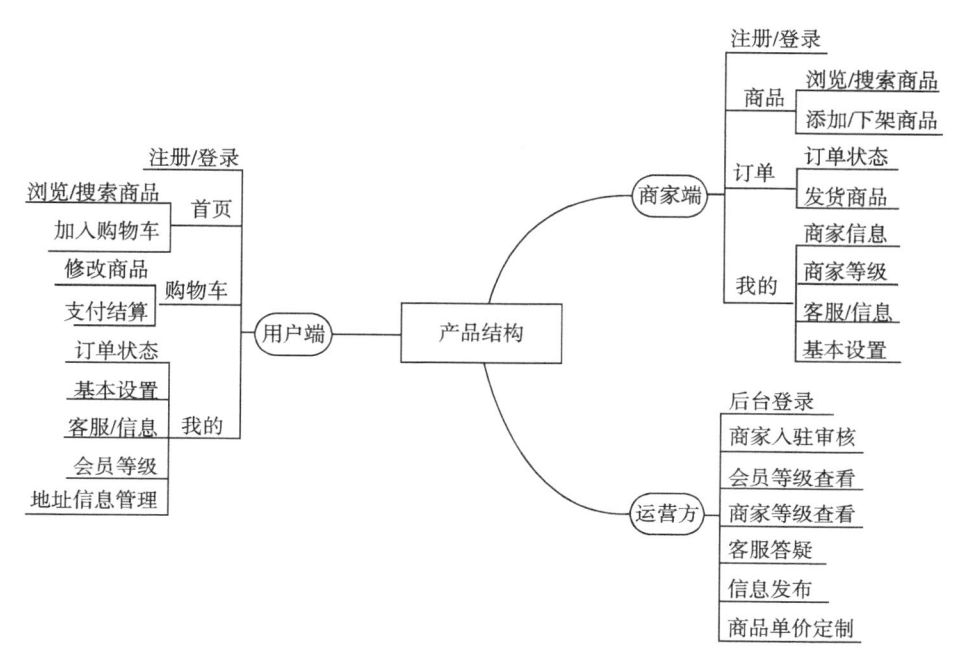

第 10 章　大学生创业心智与创新创业实践

图 10.15　产品结构

用户端：消费者可以注册并登录平台，在【首页】页面上浏览或搜索相应商品，把感兴趣的商品加入购物车，在【购物车】页面可以修改商品数量及性质等信息，确认后进行支付结算。在【我的】页面可以查询订单状态，询问客服不明白不清楚处，查看自己的会员等级以及管理地址手机信息。用户端首页如图 10.16 所示。

图 10.16　用户端首页

265

商家端：商家可以注册入驻平台，在【商品】页面上浏览搜索商品；并进行上下架商品操作；在【订单】页面可以查询订单状态，选择发货商品订单上的商品；在【我的】页面可以设置商家信息，查看商家等级，询问客服并缴纳入驻费。商品管理界面如图 10.17 所示。

图 10.17　商品管理界面

运营方：运营方通过后台登录，审核、通过商家的入驻申请，查看商家和会员的等级，答疑相应问题，发布活动信息以及制定所有商品单价信息。

订单查看：商家可在该页面查看当前已卖出的商品及商品的发货情况，以及时对商品进行发货操作。

10.3.2.3　市场与竞争分析

（1）行业及市场概述

崇明隶属于上海市，是中国最大的河口冲积岛，被誉为"长江门户、东海瀛洲"，早在 2005 年，上海市政府就发文将崇明定位为现代化综合生态岛。2016 年崇明"撤县设区"，为其迎来了新的历史发展机遇，"世界级生态岛"的发展规划与定位，让崇明充满了活力。崇明岛内空气清新，水土肥沃，适合发展种植业、渔业、畜牧业和林业，在 2018 年 12 月，崇明被农业农村部确定为第二批中国特色农产品优势区。

随着人们生活水平的提升，越来越多的人开始追求高品质的生活，健康食品、绿色食品成为一些人的首选，为崇明的农产品带来了广阔的市场空间。崇明的优质大米、金瓜、白山羊、崇明糕、老毛蟹、香酥芋、甜芦粟等一系列特色优质农产品和食品，深受消费者喜爱。崇明的农产品，响应上海市政府的号召,致力于让消费者吃上放心安全的平价菜。崇明的农产品在市场上受到消费者欢迎的同时,也面临着销售渠道的考验。崇明当前从事农产品种植与销售的人员,普遍存在年龄较大、受教育水平普遍不高的特点。上述人员很多出生在20世纪60年代,他们对互联网销售的接受度普遍较低,缺乏互联网操作能力,在网络销售过程中会出现各种各样的问题。崇明当地的年轻人,愿意从事农业的不多,使得崇明农产品的销售基本还是依赖传统的摆摊、定时收购等方式。此外,崇明岛的交通问题一直以来都是制约农产品销售的瓶颈。以往去崇明岛依靠的是轮渡,固定轮渡的出现虽然一定程度上解决了崇明人的出行难问题,但是崇明的交通依然不够便利。建立门店销售崇明农产品,在一定程度上能满足一部分人的需求,但受到门店地址、门店经营等多方面因素的影响,无法将崇明农产品更好地进行销售。因此,借助互联网,打造"崇明岛农商网络服务站",让顾客更加便捷地了解和购买崇明农产品,具有重要的实践价值和广阔的发展前景。

(2) 目标市场分析

"崇明岛农商网络服务站"是一个连接崇明岛特色农产品和全国各地潜在客户的平台,其特色是方便、环保、绿色。根据产品的研发以及推广程度,目标市场主要分为两个阶段。

第一阶段的目标市场是来源于邻近地区的小批量订单。初期的产品研发和推广并不稳定,存在很多改善的空间,此时的目标市场可以针对性地定位为邻近地区的消费者群体。通过本项目的网络服务站,顾客可以足不出户就能体验到新鲜、高品质的农产品,而这些农产品相对于广大消费者来说是生活中平日里比较难以买到的。

第二阶段的目标市场是国内范围的大批量订单。在一段时间后,本项目的产品在市场上拥有了一定知名度和美誉度,产品研发和推广进入了稳定阶段。此时,可加大营销力度和提升营销理念,把市场目标定位为全国各地的广大消费者。

(3) 竞争优势分析

随着信息科技的发展,互联网与农业结合日趋紧密,农产品销售渠道越来越广,如天猫生鲜、盒马鲜生、叮咚买菜等陆续上线,占据了较大的市场份额,并且形成一定的规模。但是,它们的主要营销目的是让消费者足不出户在家买到农产品,而对于农产品的品牌经营并不重视。我们则立足于品牌建设,用心打造崇明特色农产品品牌。与常规的生鲜不同,我们注重产地效应,并且从源头对产品进行检测,保证产品的新鲜和安全。相较于盒马鲜生和每日优鲜,SWOT 分析如表 10.19 所示。

表 10.19 SWOT 分析

优势: 专业化地打造崇明特色农产品品牌,产地直发,保证产品新鲜和安全,从源头控制产品质量,具巨大的市场潜力和区位优势	劣势: 新产品,知名度低,电商人才匮乏,需要更多的技术支持和资金链
机会: 崇明农业在政策支持下快速发展,本地跨境交通发展速度快,人工智能等技术兴起	威胁: 已有的竞争对手和新竞争对手带来的威胁,平台缺乏准入机制,定位存在严重偏差

优势:本项目在农产品线上销售快速发展的时候入场,能分享到一部分发展红利,打造专一地区品牌模式使得我们不必直接与现有大平台正面竞争。同时,与其他生鲜品牌不同,我们注重产地效应,运用人员与技术从原产地保证产品质量,以顾客安全健康为首任,将产品送至餐桌上。同时,崇明地处长三角地区,拥有得天独厚的区位优势,利用其位处上海市的优势,可实现逐步走出上海市、辐射长三角,再从长三角市场扩大为全球市场的战略目标,便利的交通条件,也使得产品的新鲜度得到保证。

劣势:作为一个平台,目前的知名度不高。同时,产品市场推广人员和研发经费有限,需要尽快完善产品研发和进行宣传。电商人才匮乏,需要更多的技术支持。作为一个网络平台,需要互联网技术以及大数据分析技术在不同的时刻做出战略决策,例如,市场调查、平台建设等。资金也是公司是否能长期发展的一个重要问题,作为一家新生的企业,若没有稳定的资金支持,是很难发展的,甚至会面临倒闭。

机会:崇明的地区优势带来了创业机会,而且崇明重点发展农业的政策非常适合实施本项目。人工智能的迅速发展,使得农产品从生长开始便能得到检测,确保农产品在生产到收获都能处于最好的状态,技术的不断发展使得农业获得了更大的发展机会。同时,崇明的跨境交通也在不断发展,沟通四邻使得其与周边省市更为紧密。

威胁:已有的电商平台资金雄厚,且更为知名,它们一旦打造为地区品牌将更具优势。而接下来也将有新的平台进入这一行业,分走部分客户。平台缺乏准入机制和监督,定位一旦出现偏差,会使企业的发展面临威胁与挑战。

10.3.2.4 商业模式分析

（1）零售渠道创新

在传统的崇明岛农户看来，销量似乎是一个无法预测的未知数。其原因主要在于无法预测恶劣天气出现以及交通状态极为不便利。销量大多是根据经验估算会卖出多少，存在靠天吃饭的心态。大多数农户都是土生土长的崇明人，不太熟悉互联网技术。他们拥有丰富的农业知识，但在销售方面仍然靠传统的摆摊为主。"崇明岛农商网络服务站"为上述群体提供了一个创新的销售渠道。只要相关人员在我们的网站上完成注册、提交资料以及等待审核的进程，即可轻松简单地在我们的网站上架自己的各类农作物与加工品，使得自己的产品运至全国各地成为现实。

由于崇明当地农户的受教育程度以及年龄等原因，让每一个农户都能够掌握经营网店的方法不太合乎实际。平台的创新点在于，用户仅需简单的操作即可成为商家，对产品进行轻松的上架与下架操作。相关的物流管理、营销宣传等可由平台一手操办，最大限度地免去了不擅长互联网操作的客户端不必要的麻烦。同时，随着平台里商家数量的不断壮大，将会逐步形成相关的品牌效应。大平台的大数据——海量崇明绿色产品，为顾客们提供了多种多样的选择组合方式，使得每一位顾客都能够在平台上购买到自己心仪的各类农产品。长此以往，当顾客们想要采购相关的崇明农作物或加工品时，"崇明岛农商网络服务站"便会成为他们的首要选择。周而复始的良性循环，既能够使得农民们的农作物即加工品，获得前所未有的关注以及利润，也让顾客们能够在平台上获得数量、质量皆优的购物体验，真正实现"双赢"，体现平台的内涵。

（2）会员等级福利

在当今多元化消费时代的背景下，越来越多的消费者对于商家的促销手段习以为常，他们面对商家采用的折扣、优惠券、团购等促销手段已经习以为常。想要打动这些见多识广的消费者，让其保持重复消费和持续消费，除了上述促销手段之外，采用会员制营销是商家的另一重要手段。该方式是一种关系营销模式，是为了维护顾客的长期交易关系而推出的营销模式。通过建立会员等级制度，吸引顾客加入并且成为"回头客"。会员制营销策略能够对客户信息进行价值挖掘，培养客户忠诚度，提升营销效果，通过为忠诚的客户提供个性化服务，进行精准营销活动来获得利润。事实表明，此营销手段对于顾客满意度、顾客黏性的提升均有帮助。具体的会员等级可以根据顾客的消费情况进行划分。例如，会员的 5 个等级划分以及享受的优惠，如表 10.20 所示。

表 10.20　各等级消费的福利

等级	条件	优惠
Lv.1	在平台中消费满 1 笔	开启积分功能，享受商品 9.9 折的付款优惠
Lv.2	在平台累计消费满 3 笔	9.5 折的付款优惠，每月能有一次免运费的优惠
Lv.3	在平台累计消费满 5 笔	9 折的付款优惠，更多的优惠券
Lv.4	在平台累计消费满 10 笔	9 折的付款优惠，更多的优惠券，生日等重要时刻赠送礼物
Lv.5	在平台累计消费满 30 笔	9 折的付款优惠，更多的优惠券，生日等重要时刻赠送礼物，崇明旅游参观

会员等级认定的细则如下。

① 在平台中满 1 笔消费，即可升级为 Lv.1，并且开启积分功能，同时享受商品 9.9 折的付款优惠。通过积分的累计，可以兑换奖品或各种优惠券。

② 在平台累计消费满 3 笔消费，升级为 Lv.2，在享受 Lv.1 的福利的同时，折扣也从 9.9 折升级为 9.5 折的付款优惠，同时每月能有一次免运费的优惠。

③ 在平台累计消费满 5 笔消费，升级为 Lv.3，在享受 Lv.2 的福利的同时，折扣也从 9.5 折升级为 9 折的付款优惠，每月有更多的优惠券可供用户使用。

④ 在平台累计消费满 10 笔消费，升级为 Lv.4，在享受 Lv.3 的福利的同时，折扣也从 9.5 折升级为 9 折的付款优惠，每月拥有更多优惠券可使用，遇到用户生日等重要时刻有礼物赠送。

⑤ 在平台累计消费满 30 笔消费，升级为 Lv.5，在享受 Lv.4 的福利的同时，折扣也从 9.5 折升级为 9 折的付款优惠，每月拥有更多优惠券可使用，遇到用户生日等重要时刻不仅有礼物赠送，还可获得崇明旅游参观机会。

（3）营销策略

① 邮件。向企业发送一些推广邮件。目前，很多企业在发展中容易遇到瓶颈，在资金、技术、管理以及规模等方面容易遇到困难，与相关企业建立企业联盟是平台推广的有效手段。虽然邮件被忽视的可能性较大，但是发送邮件成本较低，作为一个新产品，邮件的方式可以让产品进入管理者的视线。

② 社交平台。新媒体是在电视、报刊以及广播等传统媒体之后，依托互联网的便捷和影响而发展起来的新的媒体形态，如当前被广泛使用的抖音、微

博、QQ、微信和社区论坛等。企业可以依托农商网络平台，从事网络营销和电子商务，开辟网上销售的新市场。由于各大社交平台日均浏览量都很大，推广成功率也相对较高，可操作性强。例如，在抖音、微博、B 站等平台制作软文、短视频等，通过这些新兴模式进行推广，吸引消费者，提高崇明岛农商网络服务平台的知名度，并且运用图片、文字以及视频等表现形式对产品与服务进行描述。上述新媒体营销花费与传统的电视、户外媒体营销相比要更为经济与可控，更适合创业初期的企业。

③ 公众号。相对于社交平台面对的外部潜在消费者，公众号作为"朋友圈"营销平台，更能面向亲朋好友等，不仅能增加崇明岛农商网络服务平台的可信度，还更有利于平台初期定位于上海市的推广发展。

（4）盈利预测

本创业项目的盈利预测如表 10.21 所示。

表 10.21　盈利预测

时间	说明	费用累计
第 1~6 个月	每月投入 5000 元用于调研、实习生招募、场地费、日常开支 处于市场开拓期，收入预计为 0	投入： 5000×6=30000 元 收入：0 元 盈利：-3 万元
第 7~12 个月	每月投入 5000 元用于调研、实习生招募、场地费、日常开支。同时，快递外包费开支 1 万元 三种模式预计收入： 采购价和销售价之间的差价：6 月×100 元/件×200 件/月=120000 元 广告收入：12 月×1000 元/月=12000 元 商家入驻费用：1 年×30000 元/年×5 家=150000 元	投入： 5000×6+10000=40000 元 收入： 120000+12000+150000=282000 元 盈利：28.2-4=24.2 万元
第 13~24 个月	每月投入 5000 元用于调研、实习生招募、场地费、日常开支。同时，快递外包费开支 2 万元 两种模式预计收入： （1）采购价和销售价之间的差价：12 月×100 元/件×300 件/月=360000 元 （2）广告收入：12 月×1000 元/月=12000 元 （3）商家入驻费用：1 年×30000 元/年×10 家=300000 元	投入： 5000×12+20000=80000 元 收入： 360000+12000+300000=672000 元 盈利：67.2-8=59.2 万元

续表

时间	说明	费用累计
第25~36个月	一次性投20万用于网站、公众号和移动App软件开发 每月投入5万用于正式员工的工资、实习生招募、场地费、日常开支。同时，快递外包费开支3万元 预计收入： （1）采购价和销售价之间的差价：12月×200元/件×1000件/月=2400000元 （2）广告收入：12月×5000元/月=60000元 （3）商家入驻费用：1年×30000元/年×20家=600000元	投入： 200000+50000×12+30000=830000元 收入： 2400000+60000+600000=3060000元 盈利：306-83=223万元
备注	盈利预计： 第一年盈利：21.2万元 第二年盈利：59.2万元，增长率：（51.2-21.2）/21.2×100%=142% 第三年盈利：223万元，增长率：（223-59.2）/59.2×100%=277%	

10.4　本章小结

　　本章对大学生创业心智与创新创业实践进行介绍。首先从大学生创业心智调研出发，在先验知识、创业机会识别、创业动机、创业效能感等四个维度上进行调研，对368位大学生的创业心智得分，依据他们所学的专业类别和创业心智维度进行描述性统计分析；其次，基于大学生创业学术研究和大学生创新创业立项项目的收集，对大学生创业热点进行发掘，得到了当前大学生创业热点主要聚焦在生物技术类、互联网行业、通信行业、经济类和教育类等五个方面；最后，以本人所指导的教育服务业和电子商务类两大创业热点项目为例，对大学生创业实践项目进行阐述，为大学生创新创业实践提供参考。

第 11 章 研究总结与展望

11.1 研究总结

创业企业管理的本质是要实现持续成长。然而，创业企业因其抗风险能力弱、规模较小等实情，面临"存活时间短、失败率高"的状况。创业企业要想获得成功，需要"天时、地利、人和"，其中创业者作为关键因素之一，其人格特质、内在秉性及其经验所形成的心智模式对于创业机会的把握、风险的认知、团队的构建、社会资本的利用及其决策行为等具有重大影响，关系到创业企业的成败。因而，开展创业成长与心智模型的研究，帮助创业企业客观地认识企业、制定合理的发展策略、降低创业风险具有重要的研究价值和实践意义。

本书从创业成长与心智模型视角对创业企业开展理论与实践相结合的研究，在创业生态系统理论、企业成长理论、约束理论、系统动力学理论和心智模型等理论基础上，结合 Netlogo 仿真、心智模型测量、网络心理计算、神经学实验、标签画像等技术与方法对创业成长与心智模型展开创新性研究，具体做了以下工作。

① 从理论上对创业成长进行了剖析，系统性地介绍了创业生态系统理论、企业成长理论、约束理论、系统动力学理论和心智模型等理论，基于上述理论对创业的商业模式与成长机制进行了分析，探讨了创业企业战略、创业环境、创业资源整合对企业成长的影响，并结合实际的创业企业成长案例，对创业市场服务、企业生态环境、企业商业模式与企业成长机制进行了分析。

② 对创业企业成长指标及仿真进行了研究，围绕创业企业成长指标的选取，给出了指标设置原则、指标选取方法和指标评价方法，包括模糊综合评价模型、判断矩阵构建、指标权重系数计算和模糊综合评价分析等，并且基于生

态群落的指标进行仿真研究，以众多创业者所选择的跨境电商的供应链指标为例，采用 Netlogo 软件对商品品类数量、商品品类在架时长、新增用户数量、用户留存时长、购买转化率等指标进行仿真研究，在企业成长的观测和分析上进行了新的研究手段的探索，为今后的同类研究提供参考。

③ 基于系统动力学对创业企业成长进行了研究，从系统动力学视角对创业企业的界定与特征、创业企业成长影响因素、创业活动及其动力机制进行了分析，并完成了创业活动系统动力模型的构建，采用 Vensim 工具软件建立了因果关系图和流图，对创业活动模型进行了参数估计和检验分析，为创业企业更好地成长提供帮助。

④ 对心智模型分析与创业者心智画像进行研究，分析了心智模型在先天和后天方面的影响因素，给出了基于心理反应和基于生理指标的两种心智模型测量方法，并对创业者心智模型要素进行了归纳，包括创业者个体先验知识、个体人格特质和创业机会识别等，对创业者心智画像构建进行了实证研究，在走访调研计算机服务和软件业、生物医药、培训、教育业等多个行业的创业者基础上，结合可穿戴式实验进行画像数据分析，通过聚类分析、关联规则分析等数据挖掘方法，得到了创业者心智标签，给出了成功自信型、理智谨慎型、盲目冲动型和冷静生存型等四类创业者心智的画像。上述研究立足于创业者心智画像的研究视角，在创业管理研究上进行了新的探索，为今后创业管理研究提供帮助。

⑤ 对心智模型与网络心理计算的应用进行了研究，归纳总结了网络创业特点与创业模式，对网络客户的心智模型进行了分析，提出了网络教育的用户心智模型的获取方法并进行了实验，将学习用户的心智信息归纳到界面元素、框架需求、交互易用性、操作习惯等方面，为从事网络教育的创业者提供参考。给出了网络心理计算过程与方法，包括网络文本情感计算、网络语音情感计算和网络行为认知计算等，然后进行了在线客户的网络心理计算实验和社群情绪的网络心理计算实验，对用户网购行为与心理行为之间建立计算关系进行了探索，采用 AIDA（Attention，Interest，Desire，Action）消费者行为模型，对在线客户的网络心理进行了分析，并对社群情绪传播的作用过程和计算进行了研究，研究结果为创业企业在产品设计、营销策略制定等方面提供了依据。

⑥ 基于心智模型对企业员工胜任力进行了研究，阐述了胜任力模型构建过程的 6 个步骤——建模前准备、确认绩效标准、选择分析效标样本、资料收集、模型建立和模型验证，以房地产员工市场拓展岗位的胜任力为例，对该岗

位的职责、绩效、胜任力要素等进行分析，结合主成分分析、层次分析法和神经学实验观测等手段与方法，给出了员工胜任力模型，并应用于公司的人才绩效管理、招聘与人才培养等方面。上述研究在胜任力研究方法上进行了新的探索，为同类研究提供了新的研究思路。

⑦ 对大学生创业心智与创新创业实践进行研究，基于以往学者的研究成果，对影响大学生创业心智的先验知识、创业机会识别、创业动机、创业效能感等四个维度开展调研，给出了大学生所学的专业类别和创业心智维度的描述性统计分析，并结合创新创业实践，给出了大学生创业热点及趋势分析，以创业热门类行业（教育服务业和电子商务类）的大学生创业项目为例展开分析，为大学生创新创业实践提供参考。

相较以往的研究，本著作研究工作的主要创新体现如下。

① 从多学科交叉角度对创业成长与心智模型的理论及应用做了系统性研究和阐述，主要包括创业生态系统与创业者心智模型理论、创业企业的成长机制及约束理论等，采用广义生态群落理论、系统动态学仿真方法、情感智能分析技术、网络心理计算技术、神经学实验观测技术等从理论联系实践视角对创业成长相关问题作了探索性研究，为创业成长与心智模型的研究、发展与应用提供了新的理论、方法及技术手段。

② 在研究内容上，一方面以创业企业成长为研究内容，对创业企业的商业模式、成长机制、成长指标、创业生态系统、企业成长瓶颈、创业活动系统动力学模型等进行研究，给出了创业企业战略、创业环境、创业资源整合对企业成长的影响以及创业企业的评价指标等一系列重要研究成果；另一方面以同创业成长密切相关的心智模型为研究内容，对创业者心智模型要素、创业者心智画像、心智模型测量、网络心理计算、员工胜任力模型、大学生创业心智等进行研究，从创业者个体先验知识、个体人格特质和创业机会识别等方面进行创业者心智画像以及获取网络用户的心智模型方法，为创业企业在产品设计、营销策略制定等方面提供了依据。综合来看，上述两方面的研究内容为创业企业的研究提供了新的思路，为创业企业的健康成长提供参考。

③ 在研究手段上，采用了数据挖掘、Netlogo 仿真、模糊综合评价法、情感计算、小波分析、主成分分析法等方法与技术对创业成长与心智模型展开创新性研究，采集了问卷调研数据、客户网上行为数据、神经科学实验数据等多个来源的数据，进行实证研究，给出了创业企业评估、员工胜任力评价、客户网络心理等方面量化计算与分析的方法，为量化研究创业企业的成长提供了新的手段。

11.2 研究展望

本书从创业成长与心智模型视角对创业企业开展理论与实践相结合的研究，获得了一些有意义的结果，但是仍然存在一些需要完善的地方，值得今后继续开展更为深入的研究，具体内容如下。

① 在创业企业的成长指标选取上，可以进行分类筛选与扩充，依据信息传输、计算机服务和软件业、生物医药、培训、教育业、批发与零售、服装等不同行业的创业企业特性来进行指标的选取，以便建立不同分类的创业企业成长评价模型。

② 在创业者心智的测量手段上，可以更为丰富。目前的研究是以问卷调查和神经学实验为主进行数据的收集和分析，在今后的研究中可以加入更多的可穿戴式设备，如血压测试仪、眼动测试设备、近红外脑功能成像测试设备和声音检测设备等进行多通道数据的收集与分析，多方位地采集被试的生理自然反应数据，更加精准地分析创业者心智。

③ 在某些研究的样本数量上，因研究条件所限，收集到的有效数据尚有进一步提升的空间，如员工胜任力研究的有效问卷是 278 份，大学生创业心智的有效问卷是 368 份，今后的研究可以进行更多样本数据的收集，从而进行更加完善的研究。

参考文献

[1] 白新文，刘武，林琳. 共享心智模型影响团队绩效的权变模型 [J]. 心理学报，2011，43（5）：561-572.

[2] 毕先萍，胡珊珊. 新创企业和成熟企业创业影响因素比较研究 [J]. 科技进步与对策，2013，(17)：83-87.

[3] 蔡莉，彭秀青，Nambisan S.，等. 创业生态系统研究回顾与展望 [J]. 吉林大学社会科学学报，2016，56（1）：5-16.

[4] 蔡莉，王玲，杨亚倩. 创业生态系统视角下女性创业研究回顾与展望 [J]. 外国经济与管理，2019，41（4）：46-58，126.

[5] 蔡莉，肖坚石，赵镝. 基于资源开发过程的新创企业创业导向对资源利用的关系研究 [J]. 科学学与科学技术管理，2008，(1)：100-104.

[6] 蔡曙山，薛小迪. 人工智能与人类智能——从认知科学五个层级的理论看人机大战 [J]. 北京大学学报（哲学社会科学版），2016，(4)：145-154.

[7] 蔡太生，罗艳红. 大学生积极人格特质量表的初步编制 [J]. 中华行为医学与脑科学杂志，2013，22（2）：179-181.

[8] 蔡壮华，杨旭辉，李耀炜. 创业环境评价指标体系构建 [J]. 商业时代，2008，(34)：51-52.

[9] 陈晓. 大学生创新型创业成功要素研究 [J]. 高教与经济，2011，(4)：42-45.

[10] 陈勇. 基于创新与创业能力培养的财经类高校创业人才培养模式研究 [J]. 当代教育理论与实践，2015，(10)：125-127.

[11] 谌志亮. 大学生创业心智模型问卷的初步编制与实测 [D]. 上海师范大学，2011.

[12] 褚珊珊. 创业者心智模式、错误学习与企业绩效的关系研究——基于环境动态性的影响 [D]. 浙江理工大学，2019.

[13] 曹佳蕾，胡荣宝. 基于AHP和熵权法的应用型本科高校大学生创业能力评价 [J]. 鸡西大学学报：综合版，2017，17（1）：9-13.

[14] 畅玉玺. 企业生态系统理论对企业成长的影响 [J]. 对外经贸，2014，(1)：123-124.

[15] 陈春花，陈鸿志. 德鲁克管理经典著作的价值贡献 [J]. 管理学报，2013，10（12）：

1860-1867.

[16] 陈海建. 慕课环境下学习者兴趣挖掘研究 [D]. 上海财经大学, 2015.

[17] 陈敬贵. 市场的自然选择与企业演化——基于演化经济学视角 [J]. 经济问题, 2007, (3): 53-55.

[18] 陈霖. 认知科学的三大基石 [J]. 中国科学基金, 2017, (3): 3-4.

[19] 陈龙. 科技部: 全国有众创空间5500家独角兽企业151家 [EB/OL]. ofweek 工控网, https://gongkong.ofweek.com/2018-01/ART-310058-8400-30191120.html, (2018-01-22).

[20] 陈琪, 金康伟. 创业环境问题研究述评 [J]. 浙江师范大学学报（社会科学版）, 2008, (5): 116-120.

[21] 陈文峰, 刘烨, 禤宇明, 等. 互联网数据的情感认知计算 [J]. 中国计算机学会通讯, 2014, 10 (2): 19-25.

[22] 程媛. 基于胜任力理论的J公司人才评价体系研究 [D]. 大连海事大学, 2018.

[23] 陈耀. 波特产业结构理论的修正与企业发展战略新选择 [J]. 管理世界, 2002, (12): 149-150.

[24] 陈艳艳, 王萌. 共享心智模式对团队创新绩效的影响机制研究——基于知识密集型服务业研发团队的实证分析 [J]. 华东经济管理, 2014, (1): 139-143.

[25] 崔彩周. 马克思与新制度经济学学者企业边界观点比较研究——以企业边界扩张约束问题为视角的分析 [J]. 财经理论与实践, 2008, 29 (1): 2-6.

[26] 戴鑫, 覃巧用, 杨雪, 等. 创新创业初期成功者的胜任力特征及影响因素——基于2015年"福布斯中国30位30岁以下创业者"的分析 [J]. 教育研究, 2016, (12): 89-96, 111.

[27] 戴永辉. 社交媒体语音信息的情感计算及情绪传播研究 [D]. 上海财经大学, 2016.

[28] 戴永辉, 陈汉敏, 潘好媛. 创业教育中理论与实践相结合的教学分享——以TOC约束理论与企业运营瓶颈为例 [J]. 创新与创业教育, 2019, 10 (2): 134-137.

[29] 戴永辉, 魏农建, 李珊. 基于心智模式的慕课学习资源设计研究 [J]. 上海管理科学, 2019, 41 (4): 120-125.

[30] 戴永辉, 魏农建, 袁莹, 等. 基于广义生态群落的跨境电商软性供应链仿真分析 [J]. 上海大学学报（社会科学版）, 2020, 37 (3): 107-117.

[31] 杜海东. 公司创业精神与经营绩效关系的研究现状与思考 [J]. 科技管理研究, 2012, (9): 213-216.

[32] 方元春. 基于E-HUC的集成供应链管理平台设计与实现 [D]. 复旦大学, 2011.

[33] 冯康. 认知科学的发展及研究方向 [J]. 计算机工程与科学, 2014, (5): 132-142.

[34] 高瑞泽. 电子商务生态群落内部演化和竞争机理研究 [D]. 北京交通大学, 2012.

[35] 高雪升, 闫子光. 体验式学习技术在高校创业教育过程中的应用 [J]. 当代教育科

学，2011，(23)：63-64.

[36] 葛宝山，王立志，姚梅芳，等. 经典创业模型比较研究 [J]. 管理现代化，2008，(1)：10-12.

[37] 共青团中央，中华全国青年联合会，国际劳工组织. 大学生 KAC 创业基础（教师用书）（修订版）[M]. 北京：高等教育出版社，2015.

[38] 郭师绪. 优化营商环境，民企大有可为 [J]. 新产经，2018，(5)：32-34.

[39] 郭晓丹. 基于 GEM 模型框架的辽宁省创业环境解析与评价 [J]. 财经问题研究，2009，(11)：24-31.

[40] 韩婧斐. 房地产企业投资拓展人员的胜任力对绩效影响的研究 [D]. 上海对外经贸大学，2020.

[41] 郝臣. 中小企业成长：外部环境、内部治理与企业绩效——基于23个省市300家中小企业的经验数据 [J]. 南方经济，2009，(9)：5-14.

[42] 何慧，段双洋，胡恒. 基于用户端的进口跨境电商供应链运作现状的调研分析 [J]. 物流工程与管理，2018，40（5）：93-95.

[43] 何良兴，张玉利，宋正刚. 创业情绪与创业行为倾向关系研究 [J]. 研究与发展管理，2017，29（3）：13-20.

[44] 贺小刚，沈瑜. 创业型企业的成长：基于企业家团队资本的实证研究 [J]. 管理世界，2008，(1)：88-101，120.

[45] 何志聪，王重鸣. 企业成长与公司创业精神的培育 [J]. 科研管理，2005，(3)：51-54.

[46] 黄俊，许秀川，贾煜. 中国中西部地区农民创业意愿及其影响因素——基于1524份调查问卷数据 [J]. 湖南农业大学学报（社会科学版），2014（6）：60-64.

[47] 黄咪丽. 心智模型引导下的移动界面设计研究 [J]. 艺术科技，2015，(6)：243-243.

[48] 黄芹. 中小企业发展瓶颈及对策 [J]. 中共银川市委党校学报，2016，18（6）：88-91.

[49] 吉燕勇. 拥抱大数据 驾驭新未来 [J]. 软件和集成电路，2016，(6)：32-33.

[50] 贾珈，王晓慧，任竹，等. 互联网数据的情感认知计算 [J]. 中国计算机学会通讯，2014，10（2）：38-43.

[51] 江国良. 培育和建设企业家文化 [J]. 江南论坛，2003，(6)：23-24.

[52] 蒋春燕，赵曙明. 社会资本和公司企业家精神与绩效的关系：组织学习的中介作用——江苏与广东新兴企业的实证研究 [J]. 管理世界，2006，(10)：90-99.

[53] 蒋景媛. 新创企业的创业风险识别与规避 [J]. 中国市场，2013，(45)：53-55.

[54] 姜军，蒋士杰，陈德棉. 不同视角下的创业者素质研究：文献综述 [J]. 现代管理科学，2005，(6)：17-19，12.

[55] 姜卫韬. 中小企业自主创新能力提升策略研究——基于企业家社会资本的视角 [J].

中国工业经济, 2012, (6): 107-119.

[56] 杰弗里·蒂蒙斯, 小斯蒂芬·斯皮内利. 创业学（第六版）[M]. 周伟民, 吕长春, 译. 北京: 人民邮电出版社, 2005.

[57] 兰建平, 苗文斌. 着力扶持创新型创业发展——从创新型创业的内涵与特征谈起[J]. 浙江经济, 2007, (17): 29-30.

[58] 李柏洲, 孙立梅. 论企业成长力与企业竞争力的相互关系[J]. 科学学与科学技术管理, 2004, 25 (11): 126-129.

[59] 李柏洲, 徐广玉. 共享心智模式、组织学习空间与创新绩效关系的研究[J]. 科学学与科学技术管理, 2013, 34 (10): 171-180.

[60] 李德毅. AI——人类社会发展的加速器[J]. 智能系统学报, 2017, (5): 5-11.

[61] 李海涛, 宋琳琳. 用户使用网站的心智模式测量方法的选择及应用[J]. 情报理论与实践, 2015, 38 (2): 11-16.

[62] 李红军. 理性创业才明智[J]. 劳动保障世界, 2015, (12): 19-19.

[63] 李华晶. 创业环境、公司创业战略与组织绩效——基于我国大中型企业科技活动的实证分析[J]. 经济管理, 2008, (19): 44-48.

[64] 李军波, 蔡伟贤, 王迎春. 企业成长理论研究综述[J]. 湘潭大学学报（哲学社会科学版）, 2011, (6): 24-29.

[65] 李莎. 技术创业者社会资本对新创业绩效影响研究[D]. 西安电子科技大学, 2010.

[66] 李雪灵, 马蕾, 梁瑞昕, 等. 基于经济学与制度学视角的可持续创业机会研究[J]. 管理学报, 2015, 12 (10): 1496-1503.

[67] 林嵩. 创业资源的获取与整合——创业过程的一个解读视角[J]. 经济问题探索, 2007, (6): 170-173.

[68] 林嵩. 创业生态系统: 概念发展与运行机制[J]. 中央财经大学学报, 2011, (4): 58-62.

[69] 林奕琳, 韦岗, 杨康才. 语音情感识别的研究进展[J]. 电路与系统学报, 2007, (1): 92-100.

[70] 林子建. 大学生英语技术创新环境与创业绩效关系研究的可行性报告——以珠海市高新区为例[J]. 中国高新区, 2018, (12): 56-58.

[71] 刘云海. 生态学创业原理研究[J]. 科技与企业, 2015, (19): 167-167.

[72] 吕晓俊. 共享心智模型对团队效能的影响——以团队过程为中介变量[J]. 心理科学, 2009, (2): 185-188.

[73] 刘变叶, 宁一博. 纾解中小企业融资瓶颈的创业投资发展模式研究[J]. 产业经济评论, 2015, (2): 66-73.

[74] 刘灿德. 建构主义视角下的创新创业教学模式研究[J]. 教书育人: 高教论坛, 2017, (4): 70-71.

[75] 刘宏. 解决中小企业发展瓶颈的有效途径——创业投资 [J]. 现代商业, 2010, (12): 31-32.

[76] 刘林林, 曲海英. 胜任力视角下创新人格的研究进展 [J], 校园心理, 2016 (5): 333-335.

[77] 刘晓敏, 刘其智. 整合的资源能力观——资源的战略管理 [J]. 科学学与科学技术管理, 2006, (6): 87-92.

[78] 柳青, 蔡莉. 新企业资源开发过程研究回顾与框架构建 [J]. 外国经济与管理, 2010, (2): 11-17.

[79] 柳燕. 创业环境、创业战略与创业绩效关系的实证研究——基于汽车行业大型跨国企业的创业经验 [D]. 吉林大学, 2007.

[80] 刘扬, 涂春龙, 郑逢斌. 面向视听跨媒体检索的神经认知计算模型研究 [J]. 计算机科学, 2015, 42 (3): 19-30.

[81] 刘智勇. 基于冰山模型的出版行业上市公司董事素质特征研究 [J]. 出版发行研究, 2016, (8): 25-28.

[82] 马海群, 蒲攀. 信息素质链: 信息素质内涵的多维度延伸与工具介入 [J]. 情报资料工作, 2019, 40 (3): 89-98.

[83] 马庆国, 戴珅懿. 网络游戏成瘾量表研究——事件相关脑电位辅助分析 [J]. 管理工程学报, 2011, 25 (2): 21-29.

[84] 南智敏, 钱松荣, 网页兴趣度度量方法及其在兴趣模型中的应用研究 [J]. 微型电脑应用, 2012, 28 (6): 29-31.

[85] 宁炳龙. 安徽烟草商业企业成长评价指标体系的构建 [D]. 安徽财经大学, 2015.

[86] 宁德, 张辉. 素质模型合理性评价方法 [J]. 企业改革与管理, 2006, (1): 62-63.

[87] 宁金焕, 蒋元涛. 基于 NetLogo 平台的电子商务国际化仿真研究 [J]. 物流科技, 2014, 37 (4): 69-72.

[88] 教育部高等教育司. 关于公布 2018 年国家级大学生创新创业训练计划项目名单的通知 [EB/OL]. http://www.moe.gov.cn/s78/A08/A08_gggs/A08_sjhj/201809/t20180919_349332.html, 2018-09-08.

[89] 毛翠云, 崔艳梅, 李洪波, 等. 双重网络嵌入与创业绩效的关系——创业机会异质性的中介作用 [J]. 技术经济, 2014, 33 (4): 58-63.

[90] 潘建林. 中小企业创业胜任力的素质与能力双维度冰山模型 [J]. 统计与决策, 2013, (9): 188-190.

[91] 潘燕, 程显毅. 沃森机器人给我们的启示 [J]. 微电子学与计算机, 2011, (10): 60-62, 66.

[92] 前瞻产业研究院. 2020 年中国在线教育行业市场现状及发展趋势分析 疫情加速推动向三四线市场下沉 [EB/OL]. 深圳前瞻资讯股份有限公司. https://bg.qianzhan.

281

com/report/detail/300/200303-330b6019.html, (2020-03-03).

[93] 尚会永. 企业成长的理论分析框架比较 [J]. 当代经济研究, 2011, (5): 30-35.

[94] 尚泉泉. 社会资本、资源整合能力与新创企业绩效之间关系的研究 [D]. 南京财经大学, 2011.

[95] 沈洁, 占丽. 跨境电商模式下供应链管理中的订单实施问题分析 [J]. 经济研究导刊, 2018, 377 (27): 152-154.

[96] 施蹦蹦. 基于心智模型的大学生课堂笔记移动应用软件设计研究 [D]. 浙江工业大学, 2015.

[97] 宋雷. 创业精神对零售企业成长绩效的影响研究 [D]. 东北财经大学, 2018.

[98] 宋姗姗. 创业生态系统的共生形成及演化研究 [D]. 吉林大学, 2018.

[99] 孙尊涛. 基于多 Agent 的企业生态群落仿真研究与实现 [D]. 复旦大学, 2011.

[100] 田荷梅, 谌志亮, 王沛. 大学生创业心智模型问卷的编制 [J]. 心理技术与应用, 2018, 006 (11): 654-664.

[101] 田莉, 薛红志. 新技术企业创业机会来源: 基于技术属性与产业技术环境匹配的视角 [J]. 科学学与科学技术管理, 2009, (3): 63-70.

[102] 田志伟, 李远远. 销售人员胜任力模型的构建 [J]. 现代经济信息, 2012, (9): 69-69.

[103] 汪英晖. 我国大学生创业胜任力研究 [D]. 北京科技大学, 2018.

[104] 王飞. 失败学习视角下大学生创业核心能力提升研究 [J]. 高校教育管理, 2017, (6): 66-72.

[105] 王国文. 敏捷供应链及其价值 [J]. 物流技术与应用, 2014, 19 (12): 100-103.

[106] 王辉. 创业管理战略成长视角 [M]. 北京: 北京大学出版社, 2017.

[107] 王辉, 常阳. 大学生创业能力构成及实证研究——以长株潭地区高校为例 [J]. 当代教育论坛, 2017, (1): 81-88.

[108] 王洪东. 以高校"双创"教育为抓手培养大学生的创业精神 [J]. 教育现代化, 2017, (4): 21-23.

[109] 王鸣华. 创业者核心素质指标体系的构建研究 [J]. 中国商论, 2017, (31): 192-193.

[110] 王效金, 何飞. 企业需要危机感与冒险精神——古井酒厂风险战略的思考 [J]. 华东经济管理, 1990, (1): 92-93.

[111] 王艳波, 唐根丽. 创业与创业环境评价研究的理论发展评析 [J]. 中国集体经济, 2011, (9): 92-93.

[112] 王义华, 苏文娟. 城市商业银行行长胜任力模型研究 [J]. 金融论坛, 2013, (7): 28-33.

[113] 王志良, 郑思仪, 王先梅, 等. 心理认知计算的研究现状及发展趋势 [J]. 模式识别与人工智能, 2011, 24 (2): 215-225.

[114] 文亮, 李海珍. 中小企业创业环境与创业绩效关系的实证研究 [J]. 系统工程, 2010, (10): 71-78.

[115] 吴俊杰, 戴勇. 企业家社会网络、组织能力与集群企业成长绩效 [J]. 管理学报, 2013, 10 (4): 516-523.

[116] 吴晓波, 朱培忠, 吴东, 等. 后发者如何实现快速追赶?——一个二次商业模式创新和技术创新的共演模型 [J]. 科学学研究, 2013, (11): 128-137.

[117] 吴晓翠. 企业成长的一个悖论分析: 效率与适应 [J]. 商业研究, 2005, (17): 47-49.

[118] 伍晔, 熊勇清. 基于胜任力冰山模型的企业营销人员培训研究 [J]. 企业家天地下半月刊 (理论版), 2010, (1): 47-48.

[119] 吴子稳, 胡长深. 企业家心智模式形成及其对企业发展的影响 [J]. 华东经济管理, 2007, 21 (1): 111-114.

[120] 谢治菊. 人类认知五层级与生态移民社会适应探讨——基于HP村的实证调查 [J]. 吉首大学学报 (社会科学版), 2018, 39 (3): 105-113.

[121] 许乃如, 刘家保, 阮冰花. 敏捷供应链管理研究综述 [J]. 重庆工商大学学报: 社会科学版, 2014, 31 (6): 62-70.

[122] 薛静. 创业者特质、社会资本与创业企业绩效——研究述评及展望 [J]. 管理现代化, 2018, 38 (6): 128-131.

[123] 闫晓丽, 杨辉. 护士长胜任力模型构建的初步研究 [J]. 护理研究, 2010, (19): 65-67.

[124] 颜正恕. 高校教师慕课教学胜任力模型构建研究 [J]. 开放教育研究, 2015, (6): 104-111.

[125] 杨德林, 王乐, 张剑, 等. 中关村科技型创业者行为与特点分析 [J]. 科学学研究, 2002, (5): 53-58.

[126] 杨发文. 企业成长力评价指标体系及应用研究 [D]. 西南财经大学, 2009.

[127] 杨光明. "互联网+汽车后市场" 运作模式分析 [J]. 汽车维护与修理, 2015, (11): 28-35.

[128] 杨佳颖. 创业者心智对创业绩效的影响研究 [D]. 上海对外经贸大学, 2020.

[129] 杨俊, 薛红志, 牛芳. 先前工作经验、创业机会与新技术企业绩效——一个交互效应模型及启示 [J]. 管理学报, 2011, 08 (1): 116-125.

[130] 杨晓霞. 跨境电商保税进口物流模式的应用研究 [J]. 商学研究, 2018, 25 (2): 88-94.

[131] 杨欣. 创业者个人特质、制度环境对大学生创业行为的影响机理研究 [D]. 辽宁大学, 2017.

[132] 杨颖, 雷田, 张艳河. 基于用户心智模型的手持移动设备界面设计 [J]. 浙江大学

学报（工学版），2008，（5）：82-86，126.

[133] 姚翔，王垒，陈建红. 项目管理者胜任力模型 [J]. 心理科学，2004，27（6）：1497-1499.

[134] 叶光毓. 企业边界理论探究 [J]. 商业时代，2009，（5）：53-55.

[135] 叶蕊. 浅议企业人力资源管理者胜任力的开发 [J]. 中国经贸，2013，（8）：84-85.

[136] 尹俊，黄鸣鹏，王辉，等. 战略领导者成就动机、冒险倾向与企业国际化 [J]. 经济科学，2013，35（3）：72-86.

[137] 于佳乐. 三进三结合模式助推双创教育发展——访江西应用科技学院创新创业学院副院长干甜 [J]. 经济，2016，（31）：78-79.

[138] 余绍忠. 创业资源对创业绩效的影响机制研究——基于环境动态性的调节作用 [J]. 科学学与科学技术管理，2013，（6）：133-141.

[139] 余祖德. 基于电子商务的柔性供应链优化管理研究 [J]. 科技管理研究，2011，31（5）：183-186.

[140] 袁娜，王倩倩. 基于胜任力及业绩的项目经理动态选拔机制研究 [J]. 项目管理技术，2019，17（4）：107-110.

[141] 袁莹. 跨境电商企业生态群落的建模与仿真研究 [D]. 复旦大学，2017.

[142] 曾凡奇，郑慕强，刘倩. 创业意向的影响因素实证研究——基于大学生社会创业问卷调查 [J]. 汕头大学学报（人文社会科学版），2015，(3)：72-78，104.

[143] 曾华玲. 创业者个人素质与创业成功之间的关系 [D]，华东理工大学，2013.

[144] 张默，任声策. 创业者如何从事件中塑造创业能力？——基于事件系统理论的连续创业案例研究 [J]. 管理世界，2018，34（11）：140-155，202.

[145] 张玉利，李乾文. 公司创业导向、双元能力与组织绩效 [J]. 管理科学学报，2009，12（1）：137-152.

[146] 张玉利，薛红志，陈寒松，等. 创业管理（第4版）[M]. 北京：机械工业出版社，2016.

[147] 张玉利，陈寒松，薛红志，等. 创业管理（第4版·基础版）[M]. 北京：机械工业出版社，2017.

[148] 赵辰羽. 心智模型在以用户为中心设计中的应用研究 [D]. 清华大学，2013.

[149] 赵旭东. 社会公共安全事件信息的情感计算与情绪传播仿真研究 [D]. 复旦大学，2015.

[150] 郑宝华，陆玉梅. 农业科技园区创业环境对创业者创业行为的影响研究 [J]. 农业技术经济，2016，（11）：117-124.

[151] 中国互联网络信息中心. 第44次《中国互联网络发展状况统计报告》[EB/OL]. http：//www.cnnic.net.cn/hlwfzyj/hlwxzbg/hlwtjbg/201908/P020190830356787490958.pdf，2019-08-30.

[152] 周双喜. 科研实践共同体中共享心智模型对团队绩效的影响研究 [J]. 西南民族大学学报（人文社科版），2018，39（1）：230-234.

[153] 周元成. 小企业成长影响因素与成长策略研究 [J]. 中小企业管理与科技，2013，(15)：7-10.

[154] 张帆. 我国企业中层管理者胜任力模型分析 [J]. 商场现代化，2009，(19)：155-157.

[155] 张慧玉，李华晶，胡望斌. 创业直觉研究述评及展望 [J]. 科学学与科学技术管理，2016，37（8）：20-33.

[156] 张仁懿，袁建立，史小明. 基于 Netlogo 建设生态学虚拟仿真实验库的实践 [J]. 实验室科学，2018，21（4）：67-69.

[157] 张廷国，陈忠华. 认知科学对话语分析学科的本体论渗透 [J]. 山东外语教学，2004，(4)：63-65，88.

[158] 张文辉，胡蓓. 创业者核心创业力的实证研究 [J]. 中国科技论坛，2010，(5)：93-97，116.

[159] 张夏恒. 跨境电商类型与运作模式 [J]. 中国流通经济，2017，31（1）：76-83.

[160] 张兴安. 企业商业模式及结构体系研究 [J]. 商品与质量，2012，(3)：30-31.

[161] 张秀娥. 创业者社会网络对新创企业绩效的影响机制 [J]. 社会科学家，2014，(3)：16-21.

[162] 张秀娥，郭宇红. 创业企业成长及其动因研究综述 [J]. 现代经济信息，2012，(14)：66+70.

[163] 中国政府网. 刘鹤主持召开国务院促进中小企业发展工作领导小组第一次会议 [EB/OL]. http：//www.gov.cn/guowuyuan/2018-08/20/content_5315204.htm，(2018-08-20).

[164] 中华人民共和国国务院. 国家中长期科学和技术发展规划纲要（2006—2020 年）[EB/OL]. http：//www.gov.cn/gongCao/content/2006/content_240244.htm，2006-12-05.

[165] 邹晓晖. 共享心智模型视野下中职校教学团队建设研究 [D]. 福建师范大学，2014.

[166] 周慧. 基于 PAD 三维情绪模型的情感语音转换与识别 [D]. 西北师范大学，2009.

[167] 朱萍萍. 基于"洋葱模型"的营销管理人员激励方案研究 [J]. 合作经济与科技，2015，(15)：79-80.

[168] 朱文沛，唐虹. 大数据视阈下高校图书馆员职业能力影响因素研究 [J]. 产业与科技论坛，2018，(9)：232-233.

[169] Ademar Schmitz, David UrCano, Gertrudes Aparecida Dandolini, et al. Innovation and Entrepreneurship in the Academic Setting: A Systematic Literature Review [J]. International Entrepreneurship & Management Journal, 2017, 13 (2): 369-395.

[170] Andersen O. Kheam L. S. Resource-based Theory and International Growth Strategies: An Exploratory Study [J]. International Business Review, 1998, 7 (2): 163 – 184.

[171] Chen HJ, Dai YH, Feng YJ, et al. Construction of Affective Education in Mobile Learning: The Study Based on Learner's Interest and Emotion Recognition [J]. Computer Science and Information Systems, 2017, 14 (3): 685 – 702.

[172] Carroll G. R., Negro G. Organizational Ecology [J]. Annual Review of Sociology, 2015, 10 (4): 358 – 363.

[173] Christopher M., Towill D. R. Supply Chain Migration from Lean and Functional to Agile and Customised [J]. Supply Chain Management, 2000, 5 (4): 206 – 213.

[174] Covin J. G., Slevin D. P. A Conceptual Model of Entrepreneurship as Firm Behavior [J]. Social Science Electronic Publishing, 1991, 16 (1): 7 – 25.

[175] Dai W. H. Generalized Ecological Community: Theory and Application in IT-driven Emerging Industry [J]. Advances in Systems Science and Applications, 2010, 10 (4): 666 – 670.

[176] Dai, W. H., Han, D. M., Dai, Y. H., et al. Emotion Recognition and Affective Computing on Vocal Social Media [J]. Information & Management, 2015, 52 (7): 777 – 788.

[177] Dai Y. H., Chen J. J., Chen H. J., et al. Study on Learner's Interest Mining Based on EEG Signal Analysis [J]. CCF Conference on Computer Supported Cooperative Work and Social Computing, Chinese CSCW. 2018: 398 – 409.

[178] Dai Y. H., Han D. M., Dai W. H., Modeling and Computing of Stock Index Forecasting Based on Neural Network and Markov Chain [J]. Scientific World Journal, 2014, Article ID 124523, 9 Pages.

[179] Duncan R. C.. Characteristics of Organizational Environments and Perceived Environmental Uncertainty [J]. Administrative Science Quarterly, 1972, 17 (3): 313 – 327.

[180] Gartner, William C. "Who Is an Entrepreneur?" Is the Wrong Question [J]. American Journal of Small Business, 1988, 12 (4): 11 – 32.

[181] Han, D. M., Dai, Y. H., Dai, X. Y., et al. Explore Awareness of Information Security: Insights from Cognitive Neuro-mechanism [J]. Computational Intelligence and Neuroscience, 2015, (1): 1 – 8.

[182] Hutchinson P. Small Enterprise: Finance, Ownership and Control [J]. International Journal of Management Reviews, 1999, 1 (3): 343 – 365.

[183] Hvide H. K. The Quality of Entrepreneurs [J]. Economic Journal, 2009, 119 (539): 1010 – 1035.

[184] Inci E.. Occupational Choice and the Quality of Entrepreneurs [J]. Boston College Working Papers in Economics, 2007, 92 (666): 1 – 21.

[185] Kumar N., Verma V., Saxena V. Cluster Analysis in Data Mining Using K-Means Method [J]. International Journal of Computer Applications, 2013, 76 (12): 11 – 14.

[186] Lee, K., Kim, Y., Koh, D. Organizational Learning, Top Management Team's Entrepreneurial Alertness, and Corporate Entrepreneurship in High-tech Firms [J]. Asian Journal of Technology Innovation, 2016, 24 (3): 338 – 360.

[187] Liebert M. A. Using Instant Messaging for Internet-Based Interviews [J]. Cyberpsychology & Behavior, 2013, 9 (5): 552 – 559.

[188] Lorenzo D., Danilo L. L. Dynamics of Global Business Cycles Interdependence [J]. Journal of International Economics, 2016, (102): 110 – 127.

[189] Luo A., Xie W., Luo J., et al. Preliminary Analysis of Competency Assessment of Organ Donation Coordinators in Hunan Province, China [J]. Transplantation Proceedings, 2017, 49 (6): 1221 – 1225.

[190] Ma Q. G., Jin J., Wang L. The Neural Process of Hazard Perception and Evaluation for Warning Signal Words: Evidence from Event-Related Potentials [J]. Neuroscience Letters, 2010, 483 (3): 206 – 210.

[191] Ma Q. G., Feng Y. D., Xu Q., et al. Brain Potentials Associated with the Outcome Processing in Framing Effects [J]. Neuroscience Letters, 2012, 528 (2): 110 – 113.

[192] Margaret E, Alldredge, Kevin J, Nilan. 3M's Leadership Competency Model: An Internally Developed Solution [J]. Human Resource Management, 2000, 39 (2 – 3): 133 – 145.

[193] Magretta, J. Why Business Models Matter [J]. Harvard Business Review, 2002, 80 (5): 85 – 92.

[194] Markman G. D., Caron R. A. Person-entrepreneurship Fit: Why Some People are More Successful as Entrepreneurs Than Others [J]. Human Resource Management Review, 2003, 13 (2): 281 – 301.

[195] Picard R. W. Affective Computing. Cambridge [M]. USA: MIT Press. 1997.

[196] Ricarda B. Bouncken, Viktor F. Business Model Innovation in Alliances: Successful Configurations [J]. Journal of Business Research, 2016, 69 (9): 3584 – 3590.

[197] Richard E, Boyatzis. The Competent Manager: A Model for Effective Performance [M]. NewYork: John Wiley and Sons, 1982.

[198] Shepherd, D. A., Detienne, D. R. Prior Knowledge, Potential Financial Reward, and Opportunity Identification [J]. Entrepreneurship Theory & Practice, 2010, 29 (1): 91 – 112.

[199] Sirmon D. G., Hitt M. A. Managing Resources: Linking Unique Resources, Management and Wealth Creation in Family Firms [J]. Entrepreneurship Theory and Practice, 2003, 27 (4): 339 – 358.

[200] Stevenson H. The Heart of Entrepreneurship [J]. Harvard Business Review. 1985, (3): 85-89.

[201] Schumpeter J. A. The Theory of Economic Development [M]. Cambridge. MA: Harvard Universioty Press, 1934.

[202] Schmidtke, J. M., Cummings, A. The Effects of Virtualness on Teamwork Behavioral Components: The Role of Shared Mental Models [J]. Human Resource Management Review, 2017, 27 (4): 660-677.

[203] Shah S. F. H., Nazir T., Zaman K., et al. Factors Affecting the Growth of Enterprises: A Survey of the Literature from the Perspective of Small-and Medium-Sized Enterprises [J]. Journal of Enterprise Transformation, 2013, 3 (2): 53-75.

[204] Thagard P.. Theory and Experiment in Cognitive Science [J]. Artificial Intelligence, 2007, 171 (18): 1104-1106.

[205] Timmers, Paul. Business Models for Electronic Markets [J]. Electronic Markets, 1998, 8 (2): 3-8.

[206] Zhou X., Dai W. H., Xu D., et al. The Evolution of Ethnic Cultural Industry Towards a Cyberspace: A Perspective of Generalized Ecosystem [C]. 2016 IEEE International Conference on Systems, Man, and Cybernetics, Cudapest, Hungary, 2016: 4756-4761.

[207] Saikia D., Das K K. Entrepreneurship and Micro and Small Enterprises Growth in Assam [J]. IUP Journal of Entrepreneurship Development, 2013, 10 (2): 54-64.

[208] Standifer R. L., Wall J. A. Conflict in Business-to-Business E-Commerce (B2B): A Study of B2B Relational Structure and Perceptions of Conflict, Power, and Relationship Success [J]. Negotiation & Conflict Management Research, 2010, 3 (3): 205-231.

[209] Wilson N., Martin L. Entrepreneurial Opportunities for All? Entrepreneurial Capacity and the Capacities Approach [J]. The International Journal of Entrepreneurship and Innovation, 2015, 16 (3): 159-169.

[210] Soares F. O., Sepúlveda M. J., Monteiro S. et al. An Integrated Project of Entrepreneurship and Innovation in Engineering Education [J]. Mechatronics, 2013, 23 (8): 987-996.

[211] Zahra S. A., Nielsen A. P., Cogner W. C. Corporate Entrepreneurship, Knowledge, and Competence Development [J]. Entrepreneurship Theory and Practice, 1999, 23 (3): 169-189.

[212] Zhang Y. Z., Dai Y. H., Lu S. Q., et al. Design of Intelligent Learning Resources for MOOC Based on Mental Model [C]. Proceedings of 2019 IEEE 3rd Information Technology, Networking, Electronic and Automation Control Conference, ITNEC, 2019, 1028-1032.

致　谢

　　感谢我的工作单位——上海对外经贸大学给予我的帮助，自从2016年博士毕业进入单位以来，单位里领导和同事的支持、鼓励以及无私的关怀与帮助，让我能静下心来完成本书的撰写，在此表示由衷的感谢！

　　感谢徐波教授、韩冬梅教授、魏农建教授、陈海建教授、王朝晖教授、张永忠教授等在科研合作与专著撰写过程中给予的帮助和支持！

　　感谢上海对外经贸大学硕士学生李珊、王颖、杨佳颖、韩婧斐、郑天洋、龚斯越和本科学生林瑶、朱韵桐、宋珊蔚、潘好媛、刘烨、吴子彦、王佳依等为本书的调查、访谈和文献整理所做的付出和帮助！

　　感谢卢盛祺、陈汉敏、王梓懿、马小龙等博士同学的帮助和支持！

　　感谢厦门立桐投资管理有限公司王玲女士、上海瓦肯科技有限公司刘世军先生的帮助和支持！

　　感谢知识产权出版社的支持！

戴永辉

2020年4月16日